做好高校思想政治工作，要因事而化、因时而进、因势而新。要遵循思想政治工作规律，遵循教书育人规律，遵循学生成长规律，不断提高工作能力和水平。

——习近平

本书编委会

百年风华树人新

——兰州大学贯彻落实全国高校思想政治工作会议精神的实践与探索案例集

◎主　编　曹爱辉

◎副主编　安俊堂

蘭州大學出版社
LANZHOU UNIVERSITY PRESS

图书在版编目（C I P）数据

百年风华树人新 : 兰州大学贯彻落实全国高校思想政治工作会议精神的实践与探索案例集 / 曹爱辉主编. -- 兰州 : 兰州大学出版社, 2021.6
ISBN 978-7-311-05998-9

Ⅰ. ①百… Ⅱ. ①曹… Ⅲ. ①高等学校－思想政治教育－中国－文集 Ⅳ. ①G641-53

中国版本图书馆CIP数据核字(2021)第103956号

责任编辑　宋　婷　刘爱华　马媛聪
封面设计　马晓伟

书　　名　百年风华树人新
　　　　　——兰州大学贯彻落实全国高校思想政治工作会议精神的实践与探索案例集
作　　者　曹爱辉　主编
出版发行　兰州大学出版社　(地址:兰州市天水南路222号　730000)
电　　话　0931-8912613(总编办公室)　0931-8617156(营销中心)
　　　　　0931-8914298(读者服务部)
网　　址　http://press.lzu.edu.cn
电子信箱　press@lzu.edu.cn
印　　刷　西安日报社印务中心
开　　本　710 mm×1020 mm　1/16
印　　张　19.75(插页4)
字　　数　335千
版　　次　2021年6月第1版
印　　次　2021年6月第1次印刷
书　　号　ISBN 978-7-311-05998-9
定　　价　38.00元

序　言

2016年12月，习近平总书记在全国高校思想政治工作会议上指出："高校思想政治工作关系高校培养什么样的人、如何培养人以及为谁培养人这个根本问题。要坚持把立德树人作为中心环节，把思想政治工作贯穿教育教学全过程，实现全程育人、全方位育人，努力开创我国高等教育事业发展新局面。"高校肩负着为党育人、为国育才的重要职责和使命，要培养担当民族复兴大任的时代新人，必须牢牢把握做好思想政治工作这一"生命线"。

四年多来，兰州大学在思政育人的原野中"守望麦田"、辛勤耕耘，在继承与创新、改革与发展的育人道路上孜孜前行，在构建全员、全过程、全方位育人的格局中，让思政育人的光芒照亮青年学生立志成才之路。学校坚守育人育才初心使命，把牢方向、挺起腰杆、鼓足底气，精心谋划、统筹部署、夯基架梁，先后推动实施了思想政治工作"十大专项"任务、思想政治工作质量提升攻坚行动、学院（研究院）"三全育人"综合改革达标建设、加快构建思想政治工作体系等一系列重点工作。全校上下共同育人的意识明显增强，思想政治教育贯穿融入教育教学全过程、各环节，且越发深入，广大教职员工思想政治素质进一步提升，为培养德智体美劳全面发展的社会主义建设者和接班人奠定了更加坚实有力的思想政治基础。

为庆祝中国共产党成立一百周年，学校党委于2020年7月，组织开展“深学践悟新思想，爱国奋斗担使命”思政工作典型案例征集活动，深入分析当前高校思政工作面临的新形势新任务，思考探索新时代学校思政工作创新发展的新路径，以引导各中层单位认真总结在创新思想政治工作、提升育人能力水平方面好的做法、好的举措和经验典型，以展示成效，学习交流，共同进步，加快构建更具兰大特色的思政工作体系，不断完善全员、全过程、全方位育人的“大思政”格局，激励广大教职工解放思想、改革创新、奋发图强，为加速推进中国特色世界一流大学建设而不懈努力。

今天，呈现给大家的这本《百年风华树人新——兰州大学贯彻落实全国高校思想政治工作会议精神的实践与探索案例集》，就是本次征集活动的成果体现，展现了全校教职工思政育人的风采，汇集了全校30个中层单位的50篇优秀思政工作案例，涵盖了理论学习、“三全育人”、师德文化、学生思政、资助育人、实践育人、舆论引导等内容，反映了学校在落实高校思政会精神、推动思政工作创新发展中的思考、努力和探索、实践。

育才造士，为国之本。在新的历史新起点上，要继续坚持以习近平新时代中国特色社会主义思想为指导，从党的百年奋斗史中汲取智慧和力量，遵循思政工作规律、教书育人规律、学生成长规律，因事而化、因时而进、因势而新，勇于创新思路、方法和载体，改进老办法，沿用好办法，探索新办法，以“春风化雨、润物无声”的思想政治工作方法铸魂育人、启智润心，教育、引导和培养青年学生立足中华民族伟大复兴战略全局和世界百年未有之大变局，心怀“国之大者”，把握大势，敢于担当，善于作为，努力为国家富强、民族复兴、人民幸福贡献力量。

2021年5月

目 录

1

兰州大学：从“心”出发 化危为机
提升统筹推进疫情防控和事业发展的舆论引导力

《《《《

兰州大学疫情防控专题网站

》》》》

引　言

2020年初，新冠肺炎疫情暴发。在全国上下齐心协力共同抗疫的背景下，按照习近平总书记对宣传舆论工作的指示，遵循学校党委对宣传工作的统一部署，兰州大学党委宣传部（新闻中心）迅速反应、谋定而动，及时深入宣传党中央的重大决策部署和教育部、甘肃省的相关政策与举措，大力宣传全校上下联防联控的措施成效，讲好兰大人的战“疫”事迹。

通过统筹网上网下、国内国际、大事小事，全面策划、全面动员、全面发声，学校宣传部围绕疫情防控与事业发展进行了一系列科学、专业的宣传报道，收获了良好的传播效果，营造了“坚定信心、同舟共济、众志成城、科学防治”的浓厚氛围，有效凝聚了师生力量，大力弘扬了抗疫精神，全力聚焦重点难点，营造了干事创业的氛围，共同构筑起抵御疫情的严密防线，为打赢这场疫情防控阻击战奠定了坚实的基础。

一、背景情况

2020年2月3日，正是抗击疫情的关键时刻，习近平总书记在中央政治局常委会会议上指出：“宣传舆论工作要加大力度，统筹网上网下、国内国际、大事小事，更好强信心、暖人心、聚民心，更好维护社会大局稳定。”兰州大学党委以习近平总书记这一讲话为根本遵循，在新闻舆论工作中加强统筹，充分发挥校园媒体优势，及时准确传递党和政府的声音，发布疫情信息，普及防疫知识，宣传抗疫部署，讲好战“疫”故事，不断提高宣传舆论工作的精准度和时效性，为坚决打赢疫情防控阻击战提供强有力的思想保障和良好的舆论氛围。

秉承着“让群众更多知道党和政府正在做什么、还要做什么”的理念，从“心”出发，化危为机，通过一篇篇生动及时的报道展现了兰大人在推进新冠肺炎疫情防控和学校事业发展两个“战场”中的强大正能量，有效汇聚起了建设中国特色世界一流大学的磅礴力量。

二、主要做法

（一）坚持强化显政提信心

1.把握工作重点，及时深入宣传党中央的重大决策部署和教育部、甘肃省的相关政策举措

从2020年1月22日校园网发布《教育部部署教育系统做好新型冠状病毒感染的肺炎疫情防控工作》信息，到1月25日开通学校疫情防控专题网站，同时上传《中共中央政治局常务委员会召开会议 研究新型冠状病毒感染的肺炎疫情防控工作 中共中央总书记习近平主持会议》一文，兰州大学校园媒体紧跟人民日报、新华社等中央媒体和国家卫健委、教育部、甘肃省权威发布平台，第一时间转发中央重大决策部署、教育卫生系统与地方联防联控的措施成效等信息，传播科学防护知识，加强传染病防治法的宣传教育，努力做到校媒受众全覆盖。

2.回应师生关切，大力宣传全校上下联防联控的措施成效

学校防控工作的宣传要有成效，首先要想师生所想，急师生所需。疫情期间，平台将学校官微发布权限从每天1次提高到6次，兰州大学校园媒体平台成为疫情期间师生了解学校联防联控工作的主要渠道。从《如何防控新型冠状病毒感染的肺炎》的温馨提示，到全国首批发布《关于延迟2019—2020学年春季学期开学时间的通知》，再到《全校党员，行动起来！》等一批报道的迅速推出，兰州大学统筹推进疫情防控和学校事业发展，以及“保学习、保就业、保科研”的担当与作为受到央视新闻、光明日报、中国教育报、中国科学报等媒体的关注报道。

（二）讲好战“疫”故事暖人心

1.把大爱无疆的兰大人故事讲好

疫情暴发后，我校附属医院及相关学科专家接到了成立省级定点救治医院并组建援鄂“先锋战士”、专家组组长等重要任务，涌现出一批为学校捐赠防控物资的外教、留学生、校友群体。为此，学校新闻采编人员同各级媒体和校内相关单位深入沟通，在中国日报、微言教育、梨视频等多家媒体进行报道，受到中共中央宣传部、甘肃省委宣传部的点赞和表扬；同时，在校内报道了校友企业驰援武汉火神山和雷神山医院建设、为陕西援鄂医护人员捐款1500万元等先进事迹。内部宣传与外部宣传同时发力，学校官方微博、抖音、快手和校报、广播、电视、橱窗等全媒体平台传播了满满的正能量。

2.把学校和老师对学生的关爱故事讲好

疫情之初，在校长的倡议和支持下，学校宣传部门与教务部门联动，创新落实教育部“停课不停学”的部署，推出《治学大家谈》网络专栏，邀请名师、大家、校友、学生等开展互动，谈读书治学，讲人文道理，论济世方略，在百十兰大文化精神的交流互鉴中，引发心灵共振、理想共鸣，为这个寒冷的早春营造了一派温暖的阳春绿园景象。

同时，宣传部门把上百名教师坚守一线、护航学生返校，外教克服时差、跨越万里进行线上教学，楼管帮学生浇花、收寄快递等故事推送到了人民网官方微信，以及中新社、中国教育报官方微信等众多媒体；疫情期间，后勤推出的“流动餐车”举措经媒体报道，更是登上了新浪热搜前12名。

（三）弘扬抗疫精神聚民心

1.弘扬抗疫精神 凝聚师生奋进力量

进入疫情防控常态化阶段，学校宣传部门联合人民网和甘肃省教育工作委员会，邀请一线医护人员和思政课教师录制《我与思政课》《开学同上一堂战“疫”思政大课》《让青春在党和人民最需要的地方绽放绚丽之花》等专题节目，还支持学校博物馆策划兰大人抗击新冠肺炎疫情纪实与思考特展，在校内外形成了深远影响。

除了宣传抗疫精神，我们也希望把这种精神伟力引导注入学校的事业发展之中。为此，策划推出了《我们兰大人》《“双一流”进行时》《科学头条》《精彩一课》等校园专栏……通过颂扬先进、尊崇英雄，引导更多师生结合教学、科研、学科发展，坚定强国之志，实践报国行动。

2.聚焦重点难点 营造干事创业氛围

学校不仅能把疫情防控做好，也能把改革发展事业推进好。围绕脱贫攻坚，推出《我在扶贫一线》专栏，发布扶贫专题片《使命》，联合人民网开展“大道康庄”甘肃站宣传活动，相关工作成效和人物事迹被人民日报和中国教育电视台报道。学校第十届党代会前夕，七篇发展成就系列报道从党建思政、科学研究、人才培养、社会服务、条件保障、文化传承等方面全面总结学校发展历程，在校内外受到好评；同时，相关报道在中国教育报和甘肃日报头版刊发。围绕学校教育教学工作会议，主动梳理学校近年来本科生和研究生培养过程中的教育亮点，推出课程思政、专业硕士培养、研究生导学团队、体育教育四篇高质量专题报道，同样受到多家媒体关注并刊发。

三、取得成效

截至2020年9月30日，我校官方网站、微博、微信、头条号、澎湃号、百家号、抖音、快手、微视等校级平台共发布相关信息5000余条，总阅读量超过了1.5亿次，点赞量600万。其中，4个短视频平台在疫情期间影响力呈爆发式增长，阅读量超1亿，收获了绝佳的宣传效果；百家号浏览量超过1000万次；微信浏览量超过300万。与此同时，社会各级各类媒体对兰州大学的报道超过2600条，其中抗疫新闻近1500条。

为了加强宣传报道的集中性和统一性，党委宣传部（新闻中心）专门成立“新型冠状病毒肺炎防控工作专题网站”，汇集了疫情防控期间全校所有相关新闻宣传报道，仅《中央精神》和《防控知识》两个栏目就已经上传内容2089条，为全校师生及时掌握中央精神和国家政策，以及最新形势、最新举措提供了权威、科学的平台。

其间，由校级平台发布的数篇原创报道均取得突出的传播效果，如《关于延迟2019—2020学年春季学期开学时间的通知》《重磅！兰州大学2020年强基计划招生正式启动》两篇推文在兰州大学官方微信发布后，迅速取得了“10万+”的点击量。官方微信转发的《返校隔离？高考延期？考研复试延期？权威解答来了！》《重磅！甘肃省新冠肺炎疫情防控应急响应级别由一级调整为三级》《硕士扩招18.9万人：怎么扩，如何招？》《看全文！教育部发布高等学校新型冠状病毒肺炎防控指南》《刚刚，甘肃省开学时间定了！》等信息，阅读量均在万次以上，最高达6.2万次。特别是《直击！兰州大学错峰上班第一天，防疫服务两不误！》《全体师生员工请注意！后续工作学习这样安排》《3月16日起，取消轮值到岗，恢复正常上班！》三篇报道连发，让师生全面了解学校的后续防疫安排，起到了稳定人心的作用。4月下旬，学校启动返校复课工作后，为让学生和家长了解学校在返校、就餐、住宿、上课等全方位的准备工作，宣传部门一周一策划，一天一调度，新开通《返校进行时》和《疫线师生》两个栏目，共组织融媒体报道84篇（次），有效保障了学生后续返校工作的顺利进行。

与此同时，大量报道被各级各类媒体发布、转载，部分获得上级部门的表扬、点赞。如，《战“疫”，我们在一起》被教育部微言教育公众号报道，《“我想好了，婚我先不结了！”》被梨视频等多家媒体报道，中国日报报道的《兰州大学外教面对疫情温暖逆行》被中宣部点赞，《原创文章《兰大学子“花式”战“疫”》被甘肃省委宣传部表扬。这些报道在社会上引起了强烈的反响，展示了兰大人的抗疫先进事迹与自强不息的精神。

四、经验启示

（一）统筹网上网下

要充分整合校内全媒体资源，坚持传统媒体和新媒体相结合，坚持网上网下同频共振，并与校外主流媒体报道有效联动。发挥新媒体“快、准、狠”的特点，让师生通过简单“刷屏”就能迅速了解学校疫情防控和发展的最新形势；突出传统媒体“精、深、广”的优势，深度挖掘报道背后的感人事迹和经验做法，通过有温度有情怀的故事打动人，进而做好全面参与疫情防控的引导。

（二）统筹国内国际

既要讲好兰大人勇于争先、抗击疫情的故事，展现兰大人团结一心、同舟共济的独特精神风貌，也要拓宽视野、聚焦国际，用生动的形式介绍国外友人在特殊时期对兰大人、对中国人的关心与帮助，以及对中国抗疫工作的高度评价和支持，一方面让国际友人更加有认同感，另一方面让师生乃至国人感受到人间大爱。

（三）统筹大事小事

疫情防控期间的宣传工作，不能高高在上，更不能低俗无趣，而是要兼顾精神与实践，统筹宏观与微观。既要集中宣传好担当奉献的“逆行者”的大爱精神，打造“心往一处使、劲往一处用”的良好战“疫”状态；也要生动讲好晾衣晒被、浇花养鱼等暖心小事，让受众不仅有积极的精气神，而且有被行动感染的暖心时刻，努力营造团结奋进、昂扬向上的校园氛围。

（安俊堂、谢益群、罗小芳、法伊莎、肖坤、许文艳、王耀辉、孔子俊、任妍、陈浩、马强、高诗尧，党委宣传部）

2

天南海北兰大人同唱一首歌

——兰州大学网络拉歌接力活动生动讲述兰大人扎根人民、奉献国家的大爱故事

《《《《

天南海北兰大人同唱一首歌

》》》》

引 言

2019年是中华人民共和国成立70周年，在2019年五四青年节前夕，全国多所高校共同发起了一场主题为“青春为祖国歌唱”的网络拉歌接力活动，兰州大学原创视频《震撼！天南海北兰大人同唱一首歌》参与其中，引起了师生、校友、社会各界人士的广泛关注和现象级传播。2019年5月1日晚，央视《新闻联播》播出了《青春为祖国歌唱·传承篇：兰州大学歌唱祖国》的网络拉歌活动报道，展现了兰州大学莘莘学子和一代代扎根基层的兰大人从雪域高原到戈壁荒滩，从三尺讲台到科研一线，用实际行动奉献祖国的爱国情怀。全国高校参与该活动后，兰州大学也是最早被新闻联播报道的两所高校之一，由此说明，一代代坚守奋斗的兰大人“扎根人民、奉献国家”的这一深刻主题被国家级媒体肯定。该作品经过国家与地方、主流与商业、线上与线下全媒体交汇传播，使本次主题宣传得到海内外社会各界的广泛关注与高度赞扬，最终，我校荣获教育部颁发的“网络拉歌最佳传播奖”，该新闻荣获人民网“2019年中国高校校园好新闻”。

一、背景情况

2018年5月2日，习近平总书记在北京大学师生座谈会上号召当代青年学生：“爱国，不能停留在口号上，而是要把自己的理想同祖国的前途、把自己的人生同民族的命运紧密联系在一起，扎根人民，奉献国家。”

2019年是中华人民共和国成立70周年，因此，在2019年五四青年节来临前夕，一场名为“青春为祖国歌唱”的网络拉歌接力活动悄悄在全国高校酝酿起来。各大高校共同选取经典名曲《歌唱祖国》作为接力歌曲，编排制作出各具特色的视频节目。

如何在这场全国高校网络拉歌活动中唱响兰大的声音，并成为经典永流传的名片？如何在相同的旋律、相同的歌词中编排出新意、摄制并表现出兰州大学师生校友特别的贡献与价值？这是兰州大学党委宣传部紧盯的两大目标。经过集中精锐力量的多轮作战式研讨，摄制组确定该主题落实到兰州大学就是：到祖国最需要的地方去，扎根基层、奉献青春。2019年4月30日，兰州大学应清华大学拉歌挑战，用歌唱的方式为新中国70华诞献礼。

二、主要做法

（一）选择典型人物

摄制组选取扎根人民、奉献国家的有代表性的4位（组）师生校友，去往新疆，四川西昌，甘肃玉门、榆中等工作一线采访拍摄，进行原型原声展示。

代表人物一：刘铭庭。1957年毕业于兰州大学生物系，50年坚持在塔克拉玛干沙漠治沙，世界著名治沙专家，被尊称为“刘红柳”，是国家领导人批示过的先进典型，中央级媒体曾对他做过多次集中报道，被中宣部等多部门授予“最美奋斗者”“最美支边人”。他代表了老一代扎根基层、奉献青春的兰大人。拍摄地点：刘铭庭校友和当地治沙的农民在塔克拉玛干沙漠边缘，作为“青春为祖国歌唱”活动的分会场之一。开篇，刘铭庭老先生唱响第一句“五星红旗迎风飘扬”，由口琴伴奏。

代表人物二：胡学平、许平平夫妇。二人都是兰州大学2006级大气科学类专业国防生、2012级气象学专业硕士研究生，是情定兰大、相约航天、携手一生的兰大硕士夫妻。他们代表了青年一代扎根基层、奉献青春的兰大人。拍摄地点：西昌卫星发射中心，作为“青春为祖国歌唱”活动的分会场之二。融入爱情、温情元素，邀请许平平吹奏口琴。

代表人物三：黄建平。旅美归国博士、“长江学者奖励计划”特聘教授、全国优秀科技工作者、全国创新争先奖获得者、“全国高校黄大年式教师团队”负责人。他代表了中青一代扎根基层、奉献青春的兰大人。拍摄地点：黄建平教授率领青年学者在“一带一路”气象监测站，作为“青春为祖国歌唱”活动的分会场之三。

代表人物四：张婷。兰州大学2010届校友、玉门油田老君庙采油二队技术员。拍摄地点：张婷与同事、校友等在玉门老君庙油矿，作为“青春为祖国歌唱”活动的分会场之四。

代表群体五：留学归国博士方阵、援疆援藏援滇扶贫教工方阵、中国青年志愿者扶贫接力计划研究生支教团方阵。拍摄地点：兰州大学体育场（主会场）。核科学与技术学院陈熙萌教授团队成果成功应用于我国嫦娥三号、四号探测器月球软着陆任务，获得国家航天部门的肯定和表彰。此部分通过陈熙萌讲授与登月相关的内容承上启下，体现兰州大学科研水平和兰大人的爱国情怀。紧接着，留学归国博士方阵、援疆援藏援滇扶贫教工方阵、中国青年志愿者扶贫接力计划研究生支教团方阵、国旗护卫队、管弦乐团进入体育场，带领全校2000名师生挥舞国旗、共唱《歌唱祖国》，使全片达到高潮。之后，片尾再通过歌曲《我爱你中国》的最后几句歌词“我爱你中国，我爱你中国，我要把美好的青春献给你，我的母亲，我的祖国”点题。最后，镜头落在体育场看台的巨幅国旗上，表达了全体兰大人把青春献给祖国的壮志和雄心。

（二）选择师生校友扎根奉献的典型地点

该作品力求体现出大学生应该如何爱国，那就是：到祖国最需要的地方去，扎根基层、奉献青春。因此，摄制组奔赴位于甘肃武威的兰州大学西营河科学研究站，以及位于甘肃张掖的寺大隆生态监测站等地，拍摄纪录师生校友在基层工作的实际场景，呈现了祖国西部特别是甘肃地区壮美的自然风光，增加了节目的可视性，又精准地表达了以兰大为代表的高校师生扎根基层、为祖国奉献青春的风采。

（三）选择拍摄与采访并重的制作手法

邀请重点出场人物讲述心路历程，如刘铭庭讲述为什么60多年前向国家申请到边疆工作，胡学平、许平平夫妇讲述为何报考国防生、成为西昌卫星发射中心的一员，黄建平讲述为什么放弃美国优越的生活、回到兰州大学服务祖国……这些娓娓道来的讲述均勾勒出兰大人对这片土地和人民的深爱之情，以及把个人理想融入国家民族发展大业之中、用行动谱写歌唱祖国最动人的旋律的心灵轨迹。在片尾，通过主会场、分会场的现场采访，兰大师生简约质朴但热情洋溢的话语，表达出兰大人为国奉献、扎根基层的决心和祝福祖国更加繁荣昌盛的美好愿望。由此，歌曲演唱以兰大人奉献祖国的故事做铺垫，夯实了“歌唱祖国”这一主题的情感基础，使得“青春为祖国歌唱”活动更加自然而真实，使该片也富有了恒久的生命力。

（四）选择多元素、多场景呈现方式

在形式和结构上，作品打破传统的MV、快闪制作方式，把“歌唱祖国”这一主题从原来单一的校园主场景，通过互联网视频延伸到兰大校友所在的各个工作领域。在合唱阶段，镜头先给校园内授课的陈熙萌教授，随后，小号声响起（代表集合信号），镜头依次切换至校园内的小号手身上、管弦乐队走向校园体育场、聚集在国旗下演奏等几个场景。此时，镜头下有学生通过手机或平板电脑拍摄，做网络直播状。伴随着旋律声，兰大师生从手机直播中穿过兰州地标性雕塑黄河母亲，校园地标校史馆、图书馆、林荫小道等标志性场景向主会场汇集，跟随乐队的演奏自发演唱；与此同时，手机网络连接四个分会场的刘铭庭，胡学平、许平平夫妇，黄建平，张婷等人，实现了天南海北兰大人同屏共唱一首歌的奇妙连接与壮阔景象。

三、取得成效

该视频于2019年4月30日早上7点在兰州大学官方微博、微信、网站、校内各二级媒体平台同时首发，微信在6个小时内突破“10万+”点击量，随后，被央视新闻客户端、央视网、新华网、央广网、人民日报海外网、微言教育微信公众号、中国教育报微信公众号、甘肃卫视微博、丝路明珠网、兰州晨报微博、兰州晚报微博、凤凰网、搜狐网、腾讯网、封面新闻客户端、腾讯视频、新浪视频、优酷视频、爱奇艺、网易新闻、火山视频、梨视频、西瓜视频、好看视频等数十家中央、省市和商业媒体广泛传播，同时在兰州城市公交广场和校园等各处大屏滚动播出，产生了井喷式的传播效果。据仅能看到的少部分前台数据不完全统计，一周内全网播放量（浏览量）519.58万，用户互动量（点赞、评论、转发等）约为7.3万。

2019年5月1日晚，《新闻联播》播出了《青春为祖国歌唱·传承篇：兰州大学歌唱祖国》的网络拉歌活动报道，再现了兰大师生、校友对祖国的祝福和对西部经济社会发展做出的贡献，肯定了一代代兰大人“到祖国最需要的地方去，扎根基层、奉献青春”这一深刻主题，引起了兰大师生校友的二次传播与广泛共鸣，体现了该视频通过深刻的内涵主旨引发广泛社会效应的意义与价值。

从媒介形式上看，该视频在新闻网站、视频网站、微信、微博、短视频、客户端、公交车载屏幕、户外大屏等多平台集中持续播发，走出校园，走到群众中间，形成了传播合力；从目标受众上看，该视频经过国家与地方媒体、主流与商业媒体、校外与校内媒体的广泛传播，基本覆盖了各类受众，受众在新媒体强有力宣传的互动性特点下，积极反馈观后感，使本次主题宣传得到海内外社会各界的广泛关注与高度赞扬。

四、经验启示

（一）内容差异化 实现价值最大化

其他高校的拉歌活动大多停留在表现大学生的爱国之情上，而本次兰大的“青春为祖国歌唱”活动，不仅表现出大学生的爱国之情，而且体现出大学生应该如何爱国，那就是：到祖国最需要的地方去，扎根基层、奉献青春。因此，本次活动的组织及视频的拍摄也可以称作是2019年高校系列拉歌活动的升级版，是对高校思想政治工作的创新，得到了教育部和兄弟高校的高度评价。

（二）形式创新化 实现节目可视化

与其他高校拉歌活动大多局限于校园拍摄、“画面+歌曲”等重新编排的形式不同，该片摄制组走进不同的四地，通过互联网拓展场景，把歌唱祖国从原来单一的校园主场景延伸到兰大校友所在的各个工作基层。通过歌唱活动与新闻采访的融合，丰富了节目的可视性，持续调动了观众的关注力。

（三）情绪深入化 实现使命代入化

全片呈现手法让歌曲本身的情感得到充分展示，做到了自然、真实、感人。场面从小到大，人物从少到多，配器从独奏到合奏。有层次、有递进，从细腻到激昂，情绪不断积累，如涓涓细流汇成大江大河，抒情开场，气势收尾。有网友评论：“我爱我的祖国，不仅是唱出来的，还是用生命谱写出来的！”“兰大人，真正做到了把青春奉献给祖国最需要的事业和地方，赞！”“热泪盈眶，我们的兰大永远是我们的骄傲！”

（四）节点两重化 实现传播最大化

2019年9月还是兰州大学建校110周年，以此为契机，兰州大学以“坚守·奋斗”为主题，恰好表达了兰大人与新中国70年来始终同向同行的使命和默默奉献的精神，使得“青春为祖国歌唱”活动的内涵更丰富，参与人员更具代表性，节目更有兰大特色，因此，引发了全球兰大人及全社会的现象级传播。

（郭琦、安俊堂、谢益群、罗小芳、法伊莎、肖坤、马强、韩志刚，党委宣传部）

3

打造精品 引领招生宣传工作再上新台阶

——兰州大学策划推出招生宣传系列报道

《《《《

兰州大学2020年招生宣传片《千万分之一的你》

》》》》

引　言

生源是一所学校的办学基础。走进新时代，采用年轻人喜闻乐见的媒介融合形式积极展示学校形象、持续吸引优秀生源、实现办好人民满意的教育成为招生宣传工作的突破点。近年来，兰州大学宣传部联合招生办公室、各学院，在学校官方新媒体平台连续推出涵盖文字、图片、短视频、宣传片等多种形式的高质量招生宣传内容，助力学校提高生源质量，引起社会各界强烈反响，提升了兰州大学的社会影响力。

一、背景情况

2019年6月23日，兰州大学官方微信发布推文《为什么要报考兰州大学?》，在广大考生填报高考志愿时期推出，助力学校招生工作赢得主动。推文立足考生和家长视角，发出“为什么要报考兰州大学?”这样一问，引起读者兴趣。为此，基于对考生和家长在微信朋友圈的人际传播规律的基本判断，一篇集图片、文字、视频多种形式全方位展示兰大形象的招生宣传推文应运而生。

2020年初，新冠肺炎疫情打破了原本的教学计划，但招生宣传工作没有停止脚步。5月6日，兰州大学官方微信推出《重磅！兰州大学2020年强基计划招生正式启动》，为吸引优秀生源赢得了契机。

还是这一年，高考延期，报考人数突破千万。面对一系列特殊情况，宣传部联合招生办公室策划制作并发布了招生宣传短片《千万分之一的你》，赢得师生、校友和广大考生及家长的广泛赞誉。

每年5月至7月都是招生宣传的集中时间段，兰州大学官方微信持续推出《报考兰大的11个理由》《重磅！兰州大学2019年本科招生章程发布》《“多少分，能上兰大?”为高考生转!》《相约校园开放日，30项参访体验让你爱上兰大》《祝贺你，已被兰州大学录取!》《选择兰大，来赴这场梦想之约!》《兰大，等你来“拼”!》等招生宣传系列推文，踩准考前预热、报考指导、校园参观、招生录取等时间节点，一路陪伴考生及家长报考兰大。

二、主要做法

（一）瞄准时机 精准设置推送节点

《为什么要报考兰州大学?》《谨以此片，送给高考追梦的〈千万分之一的你〉》等爆款推文在高考成绩发布后、填报大学志愿前发出，紧密跟进考生和家长的报考动态，提前策划，卡准时机，融合图片、文字、视频等多种报道形式，主动将“兰州大学”作为名片推介给全国各地的考生和家长，让兰州大学进入广大考生和家长的视野，确保了招生宣传工作的精准度。推文《重磅！兰州大学2020年强基计划招生正式启动》也精准把握了新政策出台的时机，成为全国第一家公布“强基计划”的高校。

（二）巧妙叙事 注重作品沟通技巧

招生宣传微电影《千万分之一的你》以2020年参加高考的千万考生作为切入视角，以兰州大学毕业生小A高中和大学的成长作为线索，一明一暗，前后呼应，用平行蒙太奇式的叙述手法向观众传达了本片主旨：千万分之一的你有千万种的可能性。短片制作周期长达3个月，首次利用全电影制作流程，创意新颖、视角独特、重点突出，表现手法灵动，站在大学生的角度，与高中时的自己和未来的自己真诚对话，富有极强的代入感，建立了与高中毕业生的沟通桥梁，引发共鸣，深入人心。

（三）换位思考 把握规律妙对误读

《为什么要报考兰州大学?》一文主要以考生和家长心中可能存在的疑问为基点，通过标题精准切入主题，换位思考受众心理。考虑到社会上存在一些对于兰州大学学习生活环境的误读情况，容易对考生和家长起到负面的心理暗示作用，因此，在推文中多角度真实展示了省情、市情、校情，以第一人称口吻将学校的整体情况、师资力量、人才培养、校园生活等方方面面进行“导游式”介绍，条理清晰，直观可见。通过换位思考的方式把握传播规律，达到广泛传播的效果。

（四）“点面”俱到 层层推进立体呈现

《为什么要报考兰州大学?》一文在形式上融合了图片、文字、视频等，形式丰富。图片精选了甘肃省内由西北至东南的不同地域风貌，再聚焦至兰州、兰大，图文紧密配合，既展示了真实壮美的甘肃、精致兰州，又展示了学校强劲实力和校园生活魅力。视频主要选择了官方视角的宣传片《至公之路》和学生视角的宣传片《兰大一分钟》，更加直观地补充了图文内容，真实反映了兰大学生的学习生活场景，为考生和家长乃至师生、校友提供了全面了解兰大的机会。

（五）真诚对话 答疑解惑服务考生

招生宣传系列推文不仅形式选择有考虑，内容更是以服务考生为主旨贯穿全文，为招生宣传发挥了积极作用。《为什么要报考兰州大学?》一文，提前与校内相关单位、各学院沟通交流，收集整理了考生和家长最常关注和咨询的“TOP5”问题，进行归纳总结，针对问题清单逐一准确回复。作为一个单独的部分“小兰解惑”板块，字斟句酌解答考生和家长的疑问，并且在推文发出后，将留言板作为答疑平台，继续服务。《“多少分，能上兰大?” 为高考生转!》一文更是直接将考生和家长报考高校时最喜欢问的问题准确提出，以设问的形式，将兰大往年招生录取分数、招生办公室主任面对面答疑解惑等内容贯穿全文，提高了推文的内容实效和情感温度。

三、取得成效

（一）踩准节点 “爆款”频出

学校各新媒体平台紧密围绕招生宣传工作，结合考生需求，在报考录取的各个阶段持续推出系列作品，踩准宣传节点设置议程，“爆款”频出。

2019年高考过后，官方微信推出《报考兰大的11个理由》，单篇阅读量就超过6万，引发自媒体广泛转载。第二天及时推出《重磅！兰州大学2019年本科招生章程发布》，短时间内阅读量突破4万。

高考填报志愿时，官方微信发出《为什么要报考兰州大学?》这样一篇带发问式的文章，立刻在朋友圈实现“爆屏”效应，最终该推文阅读量超过24万，点赞量达1176次，网友互动留言达362条，成为平台阅读量最高的内容。同时，被多所高中和教育机构的官方微信及自媒体转发，也带动了其他重点高校模仿，对外形成了较为显著的招生宣传引领效果。第二天，又及时跟进《“多少分，能上兰大?” 为高考生转!》一文，整合历年录取分数线，继续为考生答疑解惑，推文阅读量超过8万。

在录取阶段，依托“百十校庆年”特制的录取通知书形式，官方微信策划报道《祝贺你，已被兰州大学录取!》的推文，持续关注考生入学前的动态，推文阅读量达到5万。

最终，《为什么要报考兰州大学?》等招生宣传系列报道推文入选教育部“2019年政务新媒体年度案例”。

（二）主动出击 广受好评

2020年5月6日，学校宣传部经过前期与招生办的密切沟通，官方微信于当天发布《重磅！兰州大学2020年强基计划招生正式启动》一文，推文短时间内阅读量迅速突破20万，成为全国首家公布“强基计划”的高校，获得央视《朝闻天下》等主流媒体关注。面对高考推迟、报考人数突破千万等情况，宣传部联合招生办主动策划，走访全国重点高中实地拍摄的招生宣传片《千万分之一的你》获评人民网“2020年度优秀校园新闻作品”和中央广播电视总台主办的第三届“你好，新时代”青年融媒体作品大赛最佳学生作品三等奖；该宣传片在兰州大学官方微信发布后，更是很快突破“10万+”的点击量，在微博、B站、腾讯等视频网站播放量超过100万。

同时，官方微信陆续推出《详解 兰州大学2020年本科招生章程》《报兰大，就对了！@你这个优秀的推免生》《重磅！兰州大学2020年第二学士学位招生简章》《选择兰大，来赴这场梦想之约！》《“兰大新生你好！录取通知书到了，门口取一下”》等系列推文，贯穿招生录取工作全过程，相关推文总阅读量突破52万。系列推文更是引起了师生、校友的强烈共鸣和家长、考生的一致认可，引发在校师生分享兰大学习生活，毕业校友回忆兰大求学时光，师生、校友纷纷为兰大“代言”，使该系列推文扩散度极高，为学校吸引优秀生源带来帮助。

四、经验启示

（一）密切配合 联合策划

近年来，招生相关的系列报道由学校宣传部统筹，招生办、研招办、各学院密切配合，充分发挥了校内各单位的平台优势和资源优势，第一时间公开信息，联动出击，敢于发声，并及时向各级各类媒体积极推广，实现了“1+1>2”的效果。如在2020年强基计划发布前，宣传部与招生办密切沟通，招生办准确制定简章内容，严格按照教育部相关要求，获得信息公开许可后及时与宣传部联系，宣传部高效率编辑章程内容，精简审核流程，把握重点，第一时间通过官方微信发布并及时审复留言，踩准了新媒体报道的节奏，体现了真实性、准确性、时效性、接近性、服务性的特点，引起受众和主流媒体的广泛关注。

（二）打造精品 形成系列

围绕招生宣传重大节点，精益求精打造集图片、文字、视频于一体的融媒体作品，容易引发社会各界关注；同时，根据招生宣传节点多、持续性长的特点，踩准备考冲刺、高考结束、确定分数线、报考前夕、录取阶段等时机，推出系列作品，让招生宣传不间断。如招生宣传片《千万分之一的你》，首次尝试采用4K高清拍摄标准及电影叙事方式，从形式上极大地吸引了考生关注；同时，成立专门的摄制组，拍摄足迹遍布祖国东南西北，以最优策划、最强团队、最高标准打造全国精品招生宣传片。图文方面侧重形成系列，宣传内容集中在填报志愿前后数月，从而产出系列精品。

（三）立足受众 服务考生

招生宣传内容应以服务考生为出发点和落脚点，聚焦考生需要的信息（如招生政策、录取分数线等），同时介绍学校师资队伍、教学科研、人才培养、校园生活等方面的成就与现状，兼顾地方特色介绍，力求信息真实、准确、及时、有效地传达至考生，与之真诚对话，帮其答疑解惑，以此吸引优质生源。如在多篇招生宣传推文中拓宽视角，针对很多考生不了解甘肃、对西北地区生活学习环境看法不一等“痛点”问题，通过“甘肃—兰州—兰大”的介绍思路，帮助考生真实全面地了解未来大学时期的学习生活环境，打破其原有顾虑。对于留言中的相关问题做到有问必答、答必准确，通过宣传与服务树立良好的兰大形象。

（谢益群、肖坤、马强，党委宣传部）

4

守护记忆 打造精品 彰显兰大精神文化育人功能

——兰州大学“双一流”文化传承创新项目专项建设实践

《《《《

“名师旧稿影丛”系列——《段一士手稿》六卷本

》》》》

引 言

文以载道，文以化人。习近平总书记指出：“文化自信，是更基础、更广泛、更深厚的自信，是更基本、更深沉、更持久的力量。”①一所大学独有的精神气质、文化气息和师生群体的文化自信，充分体现这所大学的文化底蕴、精神厚度和形象风貌。110多年来，兰州大学始终扎根祖国大地，胸怀高远目标，坚守为党育人、为国育才的初心使命，坚持社会主义办学方向，落实立德树人根本任务，自觉践行社会主义核心价值观，积极推动文化传承创新，主动担当区域发展和民族振兴的先锋使命，塑造了以“自强不息、独树一帜”为内核的兰大精神。习近平总书记指出：“要推动中华优秀传统文化创造性转化、创新性发展，以时代精神激活中华优秀传统文化的生命力。”②在新的时代征程中，建设中国特色世界一流大学，必须大力推进大学文化建设，保存文化记忆，弘扬兰大精神，丰富文化内涵，筑牢精神家园，让兰大精神文化注入时代内涵、彰显育人功能，引领全体兰大人团结奋进、再创新辉煌。

一、背景情况

近年来，兰州大学不断加强文化建设，以实施“双一流”文化传承创新专项建设为牵引，以深入挖掘和丰富发展兰大精神时代内涵为重点，坚持“传文脉、树精神，成风格、育新人”文化工作理念，精心谋划、全面部署，落子布局、协同推进，文化引领、铸魂聚气，统筹推进建设一系列文化重点项目，精心打好守护“兰大记忆”、推出“文化力作”、打造“精品剧目”、展示“兰大唯美”等文化建设工作的“组合拳”，引导广大师生秉承报国情怀，接续爱国奋

① 习近平：《在中国文联十大、中国作协九大开幕式上的讲话》，《习近平谈治国理政》第二卷，外文出版社2017年版，第349页。

② 习近平：《在服务和融入新发展格局上展现更大作为 奋力谱写全面建设社会主义现代化国家福建篇章》，《人民日报》2021年3月26日，第1版。

斗，坚守育人初心，弘扬育人风范，为培养更多担当民族复兴大任的时代新人提供了坚强的精神动力和文化支撑。

二、主要做法

（一）挖掘守护“文化记忆” 传承百年精神文脉

近年来，在“双一流”文化传承创新专项的统筹下，学校加大对2012年3月档案馆创新实施的“萃英记忆工程”的支持力度，促使“萃英记忆工程”建设不断深化。“萃英记忆工程”通过成立研究项目组，开展兰大人物访谈活动、拍摄人物访谈视频，采集、整理和研究兰大人口述史料，同时开展文字、照片、实物等历史资料的征集、整理和研究工作，抢救性挖掘保护兰大人珍贵影像，系统保存校史丰富资源，立体化展现兰大人风采，挖掘、守护和传承弥足珍贵的兰大“文化记忆”。2018年以来，宣传部启动实施“双一流”文化传承创新专项——《百年兰大人》专题纪录片项目，通过拍摄录制兰大人物视频，挖掘整理兰大人物史料，借助新型媒体技术，深度讲述兰大人治学育人故事，充分展现一代代兰大人为国家育才、为民族争光、为学校添彩的精神风貌，充分彰显兰大人爱国坚守奋斗、矢志不渝办学育人的初心使命和精神文脉。

（二）精心推出“文化力作” 弘扬优秀育人传统

美的生命力在于跨越时空，启迪心灵。2018年以来，宣传部启动实施“名师旧稿影丛”文化建设重点项目，组织整理、影印和编辑出版我校老先生、老教授的教学讲义等有关手稿，让师生目睹和感受“萃英大先生”的严谨治学态度和高尚育人风范，以文字史料记载兰大人坚守奋斗的历程，以生动故事弘扬兰大优秀育人传统。2019年，与物理学院、出版社共同努力，正式出版了《段一士手稿》六卷本。目前，正与图书馆、物理学院合作，编辑出版《钱伯初手稿》。之后，又与档案馆、出版社合作，组织出版了《我的兰大——人物访谈录》一卷、二卷（三卷正在出版中），以及《兰大百年萃英文库》首辑十卷等“萃英记忆”系列丛书。此外，教师工作部、人力资源部组织编撰了《萃英大先生——兰州大学百十载师德典范人物集》，宣传部、教师工作部组织编撰了《萃英好老师——2009—2019教师典型事迹媒体报道集》，集中开展了“萃英大先生”“萃英好老师”“我们兰大人”的重点宣传工作。

（三）集中打造“精品剧目” 增强师生文化认同

精心打造校园文化精品剧目，充分发挥文艺作品在启迪思想、陶冶情操、温润心灵方面的作用。近年来，学校统筹“双一流”专项资金的使用，不断加强对文化传承创新工作的统筹力度，支持打造承载兰大精神、广受师生喜爱的文艺精品剧目，以进一步强化高雅艺术熏陶，丰富校园文化生活，拓展校园文化时代内涵。校团委牵头组织师生精心创作排演原创校史教育话剧《江隆基——从北大到兰大》等精品文化剧目，持续开展“高雅艺术进校园”“传统文化进校园”等精彩剧目演出活动；积极推进西北“花儿”中华优秀传统文化传承与实践基地建设工作，举办多场次的“花儿名家”示范演唱教学音乐会。通过打造校园文化精品剧目，促使校园文化内涵不断提升，使凝聚兰大人的精神文化符号更加鲜明。

（四）充分展示“兰大唯美” 塑造良好对外形象

统筹各类资源和力量，充分展示“兰大唯美”形象，引导师生发现美、理解美、追求美，让美的精神融入日常学习生活，努力塑造良好对外形象。宣传部对学校视觉形象识别系统进行全新升级和推广应用，有序推进教学楼、实验楼、图书馆等公共楼宇的视觉形象改造工程，如在公共楼宇悬挂名师画像、书法美术作品，大力营造美的学习和生活环境。联合地方宣传部门和媒体平台，开展庆祝建党百年主题宣传，联合艺术学院举办庆祝建校110周年“共和国兰大人”油画展览。牵头组织开展了文明校园创建工作，实施“讲文明、树新风、续文脉、育新人”文明校园建设主题活动，2018年荣获“甘肃省文明校园”称号。组织拍摄和播出《大道至公》四集纪录片和《至公之路》宣传片，在“青春为祖国歌唱”活动中拍摄的《震撼！天南海北兰大人同唱一首歌》主题视频在新闻联播等主流媒体展播，这些均产生了强烈的社会反响。

三、取得成效

（一）文化育人氛围更加浓厚

在学校统一部署和全校共同努力下，学校文化建设规划纲要提出的目标任务正在逐步落实。以“双一流”建设文化传承创新专项建设为牵引，每年制定实施文化建设重点任务方案，持续推动实施了20多个文化建设重点项目。各中层单位和广大师生参与文化建设和精神文明创建活动的积极性、主动性进一步增强，广大师生精神文化生活不断丰富，以文化人、以文育人的氛围更加浓厚。

（二）文化记忆载体更加丰润

通过实施“双一流”文化传承创新专项建设，兰大人的“文化记忆”载体更加丰润，掀起了广大师生对兰大精神和留存的文化传统的集体思考和追忆。迄今为止，由档案馆牵头的“萃英记忆工程”已完成对老先生、老教授，青年教师代表，优秀学生代表，著名校友代表等在内的130多位“兰大人”的访谈记录工作，积累了丰富的口述史料。《兰大百年萃英文库》首辑十卷本成功出版。宣传部牵头组织并拍摄制作了《百年兰大人》刘铭庭、段一士、葛墨林、李吉均、任继周、郑国锠等兰大人物的专题记录片；“名师旧稿影存”项目已出版《段一士手稿》六卷本，并正在组织出版《钱伯初手稿》。

（三）兰大精神更加深入人心

文明如水，润物无声。建设中国特色世界一流大学，需要大力弘扬兰大精神，推动爱国主义、民族精神、时代精神、创新精神更深融入兰大精神谱系。通过实施“萃英记忆工程”“百年兰大人”“名师旧稿影存”等文化建设重点项目，我们对兰大精神特质的凝练更加深入，兰大文化内涵进一步丰富。广大师生、校友对兰大精神的体会和感悟更加具体，扎根祖国大地，爱国奋斗、育人育才的家国情怀更加显现，充分展示了兰大人同心奋斗的良好精神风貌。

四、经验启示

（一）精心谋划 全面部署 “双一流”文化传承创新建设高点起步

文化是大学的根与魂。一流的大学，必须要有醇厚的精神底蕴，要以先进的文化来引领。在文化建设工作中，我们注重从学校改革发展的全局出发，对标学校第十次党代会确定的目标和任务，围绕落实文化建设规划纲要，精心谋划、全面部署，把“双一流”文化传承创新专项建设工作与学校中心工作同研究、同部署、同落实，确保了各项文化重点工程的有序推进，让文化之根得到坚守，让文化之魂贯穿于一流大学建设全过程。

（二）落子布局 协同推进 “双一流”文化传承创新项目渐次推开

推动学校事业高质量内涵式发展，文化是重要支点。加强学校文化建设，离不开具有兰大特质的文化载体。我们按照学校“双一流”建设统一部署，在文化建设的大棋局上重点布局、协同推进“双一流”文化传承创新各重点项目，通过守护“兰大记忆”、推出“文化力作”、打造“精品剧目”、展示“兰大唯美”等重点举措，挖掘、整理、保存、丰富兰大人心中的精神文化印记，推动学校文化建设不断深化、渐成气候，更好发挥感召力和影响力，让师生、校友对兰大精神文化的认同感不断增强。

（三）价值引领 铸魂聚气 “双一流”文化传承创新促进文化育人

思想和价值观念是文化的灵魂。我们坚持以社会主义核心价值观为引领，通过实施“双一流”文化传承创新项目，综合运用人物回忆、故事讲述，视频拍摄、推送演播，力作出版、精神阐释，剧目创作、组织演出等多种方式和途径，深入挖掘一个个兰大人、一件件兰大事背后的感人故事、精神力量和文化魅力，让广大师生充分感受兰大精神、体悟文化力量，激励广大师生秉承兰大独特精神气质，厚植文化育人沃土，继续书写新时代兰大人的生动育人故事，为学校文化注入新内涵，让兰大精神彰显育人功能，努力开创为党育人、兴国育才的新篇章。

（安俊堂、赵文瑞、辛江龙，党委宣传部）

5

在管理服务中展现育人风采

——兰州大学“三全育人”示范岗建设的探索与实践

《《《《

“三全育人”示范岗

》》》》

引　言

兰州大学深入推进“三全育人”综合改革，加强统筹谋划、精心设计、重点突破、创新发展，实施“三全育人”示范岗建设，聚焦一线工作岗位，引导校内各单位深入挖掘工作中蕴含的育人元素，积极探索思政教育的新模式、新方法，推动工作思路和内容向全员、全过程、全方位育人转变，进一步把思想政治教育与教学科研、人才培养、管理服务、安全保障等紧密融合，加快构建人人育人、处处育人、时时育人的工作格局，努力把学校建设成为党育人、为国育才的模范高地。

一、背景情况

2016年12月，习近平总书记在全国高校思想政治工作会议上发表重要讲话，强调：“高校思想政治工作关系高校培养什么样的人、如何培养人以及为谁培养人这个根本问题。要坚持把立德树人作为中心环节，把思想政治工作贯穿教育教学全过程，实现全程育人、全方位育人，努力开创我国高等教育事业发展新局面。”中共中央、国务院《关于加强和改进新形势下高校思想政治工作的意见》中也明确提出坚持全员、全过程、全方位育人（简称“三全育人”）的要求。兰州大学深入贯彻全国高校思想政治工作会议精神，实施学院（研究院）“三全育人”综合改革达标建设工作，聚焦贴近师生学习、工作、生活的管理、服务工作领域，创新开展了“三全育人”示范岗的建设工作，积极探索育人工作的新模式和新载体，着力破解管理、服务工作中育人机制不完善、育人效果不显著的问题，充分发挥管理、服务工作的育人功能。

二、主要做法

（一）实施思政工作质量提升攻坚行动 为示范岗建设夯实工作基础

2018年，根据教育部《高校思想政治工作质量提升工程实施纲要》有关精神，学校制定并实施了《兰州大学2018年思想政治工作质量提升攻坚行动实施方案》，重点从课程、科研、实践、文化、网络、心理、管理、服务、资助、组织等10个方面发挥育人功能。为有效提升管理、服务育人质量，实施了管理育人攻坚行动和服务育人攻坚行动，并提出建设一批具有引领效果的示范岗。攻坚行动实施以来，取得了良好的进展，如，修订了《兰州大学章程》，出台了《兰州大学教师思想政治和师德师风考察工作细则》《兰州大学学术不端行为查处规则及处理办法》等制度，进一步健全了管理制度体系；完善了后勤服务标准，建立了市场准入评价和退出机制，加快推进了服务岗位的改革；实施“智慧后勤平台”建设，实现了师生诉求的快速处理和及时反馈；校车服务、图书借阅、医疗卫生等，在工作人员能力和设施条件方面都得到有效提升，学校整体育人环境明显改善。

（二）精准选取岗位 充分发挥“以点带面”的效果

为了巩固和深化工作成效，在“思政工作质量提升攻坚行动”的良好基础上，学校从教学、科研、行政、服务等单位中择优产生了35个管理、服务属性较强的岗位开展“三全育人”示范岗建设，从多个方面发挥管理、服务的育人功能。一是促进学生成长成才方面，如学工部、团委下设的心理咨询中心、奖助中心、就业指导服务中心、创新发展与实践中心；二是加强教师队伍建设方面，如人力资源部下设的人才建设办公室；三是保障校园安全方面，如保卫部下设的校园监控中心；四是处理师生日常事务方面，如财务处下设的会计核算中心复核岗和资金结算中心出纳岗；五是服务师生学习生活方面，如学生宿舍值班室、食堂销售窗口、校车和图书借阅台、阅览室，以及学校附属医院的导诊台、健康中心等；六是具有较强展示度的特色岗位，如体育教研部下设的高水平武术队训练室等。35个示范岗建设从小处入手，把育人工作落到工作一线和具体工作人员身上，着力打造“三全育人”综合改革的示范窗口和榜样标兵，最终实现“以点带面”、全面发展的效果。

（三）实行岗位挂牌 推动示范岗的规范建设

学校紧紧围绕《高校思想政治工作质量提升工程实施纲要》，努力推进示范岗的规范建设。一是强化组织领导和责任落实，明确示范岗所在中层党组织及中层单位对示范岗建设承担指导、管理、监督和支持责任，并安排具体工作人员负责示范岗的日常管理和建设，在示范建设上下功夫、出实招、见实效。二是增强协调配合和工作合力，组织示范岗所在单位召开会议，共同研究示范岗建设工作。相关单位保持密切联系，交流建设进展，共同商讨破解难题的对策。三是实行挂牌建设和“亮牌行动”，为35个示范岗制作了名牌，并设置摆放在岗位的醒目地方，实施岗位“亮牌行动”，主动展示示范岗工作成效，接受师生监督。如，财务处的资金结算中心出纳岗将名牌摆放在业务办理的大厅中央，师生办理业务时第一眼就能看到示范岗名牌；食堂将名牌悬挂在牛肉面销售窗口，吸引了广大师生就餐；口腔医院在导诊台、治疗室摆放示范岗名牌，让广大就医的师生和群众耳目一新；悬挂了示范岗名牌的校车运行于各校区之间，在为师生提供交通服务的同时，也成为服务育人的宣传车。

（四）加强交流展示 发挥示范引领和辐射带动作用

为展示示范岗建设成效，形成“以点带面”的示范效果，学校组织相关建设单位，以多种方式开展示范岗建设经验交流和成效展示，推动形成典型经验和创新做法。一是召开示范岗建设座谈会，各示范岗工作人员汇聚一堂，分享工作的体会和收获，讲述发生在岗位上的生动的育人故事，介绍优秀人物事迹。二是开展思政工作典型经验案例征集，鼓励各单位结合示范岗建设情况，撰写具有理论价值、借鉴价值和推广价值的典型工作案例。三是制作示范岗建设纪实短片，各示范岗工作人员面对镜头讲述对育人工作的体会和工作中取得的成果。通过运用网站、新媒体等多种传播手段，许多好的育人经验、创新做法被展示出来，一批生动的育人故事和模范人物得到了广泛传播。

三、取得成效

管理、服务部门在示范岗建设过程中，围绕师生、关照师生、服务师生，在工作实践中转变作风，在本职岗位上影响人、感染人、教化人、引导人，取得有效进展和成效。

（一）在平凡岗位展现了育人光彩

后勤保障部是“三全育人”示范岗建设的重点领域，参与建设的示范岗有11个，各示范岗从“关爱师生、服务师生”的理念出发，全方位提升工作水平，通过服务实现育人功能，用优质的服务让师生在工作、学习、生活的方方面面感受到学校关怀。牛肉面窗口实施“明厨亮灶”行动，干净卫生的制作、销售流程保障了食品安全；面点窗口工作人员根据师生需求，悉心研究，调整菜品，让众口不再难调；凉菜窗口提高菜品制作工艺，把凉菜窗口打造成了明星窗口。食堂还开展了“节粮节水节电”“坚决杜绝餐饮浪费”等主题宣传教育活动，积极打造节约型校园和绿色校园。

（二）完善了育人工作机制

财务处努力打造管理、服务育人示范窗口，以高标准、严要求的工作思路，采取了一系列的配套措施。一是简政放权、优化服务，通过“减表”“减程序”行动，切实解决“报销难”“报销繁”问题。二是推进财务信息化建设，完成财务系统与科研、资产等系统的对接，增加自助投单点，实行在线答疑解惑，实现了“让信息多跑路、让师生少跑腿”。三是加强财经政策宣传，通过线上线下相结合的方式宣讲有关政策法规。四是加强理论、业务学习，充分利用每周四下午学习时间，传达学校重要会议和文件精神，开展学习研讨，提升财务人员的服务意识、业务水平和服务能力。五是优化财务办公环境，为师生提供了温馨舒适的办事和等候区域。

（三）把作风建设与育人工作相结合

口腔医院把医德医风建设与示范岗建设紧密结合，引导在岗医师严于律己，以耐心细致、严谨务实的工作态度对待每一位就医患者，以高尚的职业道德和精湛的医疗技术完成每一次诊疗工作，充分展示优秀的职业精神和精良的职业素养。同时，口腔医院积极推进示范岗教学实践活动，在岗医师亲身示教，为实习学生讲解技术操作要领，根据每位学生的技术短板因材施教，在不同的病例中帮助学生克服技术难题，引导学生将理论知识与实践操作有机结合，有效提升了学生技能水平。

四、经验启示

“三全育人”示范岗建设的探索与实践，把管理、服务领域的思政教育元素挖掘出来，鲜明地体现在工作职能当中，推动了管理、服务岗位工作人员角色的转变，发挥了示范引领效果，“三全育人”理念从岗位向部门拓展，并向全校延伸，营造起了浓厚的育人氛围。

（一）推动管理、服务岗位职能的转变

通过示范岗建设，管理、服务部门充分挖掘工作中蕴含的育人元素和育人逻辑，调整修订岗位工作职责，制定了符合实际的育人职责和任务，并与业务工作同研究、同部署、同落实，实现了管理、服务的资源和力量向育人工作的集中。

（二）重新定位了管理、服务工作人员的角色

通过示范岗建设，在管理岗、服务岗的工作人员中广泛宣传了“三全育人”理念，使工作人员充分认识到高校管理、服务工作同样具有教育人、引导人、培养人的职责和功能。管理岗和服务岗的工作人员在提高业务工作水平的同时，积极学习思想政治教育相关知识，自觉提高育人能力和水平，实现了从管理者、服务者向育人者的角色转变。

（三）丰富了管理、服务的内容供给

通过示范岗建设，管理、服务部门主动适应师生思想特点和发展需求，改进了传统的工作方法，丰富了工作内容，创新了工作载体，让育人元素体现在管理、服务业务工作中，让原本规范、程式化的管理、服务工作更加灵活、生动，增强了师生的满意度和获得感。

（四）形成良好的示范引领效果

通过示范岗建设成效的宣传展示，管理、服务部门总结提炼出了许多良好经验和优秀做法，形成了一批可推广、可复制的育人工作案例。示范岗工作人员在平凡的工作中坚持以身作则，积极发挥模范带头作用，展现了优良的工作作风，有效带动了其他工作人员共同践行“三全育人”理念，形成了良好的示范引领效果。

示范岗建设是推动“三全育人”综合改革的一次有益的尝试，需要持续巩固和提升。一是进一步加强示范岗建设的组织领导，把示范岗建设作为构建思想政治工作体系和文明校园建设的重要组成部分，统一部署，一体推进，发挥示范岗在精神文明建设中的独特作用。二是进一步总结提炼兰大管理、服务工作的文化内涵，创新更多的符合兰大实际、具有兰大特色、体现人文关怀和育人导向的育人新模式和新机制，持续增强育人工作的亲和力和针对性。三是进一步加强示范岗建设的规范性和制度化，逐步完善示范岗建设标准和考核评价制度，把育人成效作为检验管理、服务工作质量的重要标准。四是进一步加强管理岗、服务岗的工作人员的教育培训，提高他们育人工作的能力水平，更好地把精细化的管理、服务工作与春风化雨、润物无声般的思政教育结合起来。

（赵文瑞、倪嘉伟、张娜，党委宣传部）

6

无私的奉献 执着的追求

——《百年兰大人》专题系列微纪录片创作实践

《《《《

《百年兰大人》专题系列微记录片之李吉均先生

》》》》

引 言

学校以广泛开展道德模范、时代楷模、最美奋斗者等教育活动为载体，培育和树立学习励志、实践奉献、诚信友善、为人师表等方面的先进典型，塑造积极向上的校园新风，为师生思想政治教育提供鲜活的事迹和模范典型，使正面教育的拼搏奋斗之风成为新时代倡导的主旋律。

具体为以兰州大学知名专家学者、杰出校友和具有突出贡献的人员为典型拍摄专题人物纪录片，以彰显百十年来一代代兰大人栉风沐雨、自强不息、奋发有为的精神品格，弘扬中华优秀传统文化和兰大优良传统文化，践行社会主义核心价值观，培养担当民族复兴大任的时代新人，为建设中国特色世界一流大学提供强大精神动力和文化支撑。

《百年兰大人》专题系列微纪录片，通过不同领域的人物事迹，来充分展现兰大的发展历程；通过运用现代高科技媒体技术，清晰准确地表达人物特色和时代精神；通过互联网平台、新媒体平台的展播，起到繁荣文化、传承文脉的作用；通过树立典型，发挥榜样的力量，为新时代兰大精神文化增添新的色彩；通过拍摄兰大老先生、老专家等形式，抢救性挖掘和保存兰大“活”的历史和文化。一部部纪录片的制作，也是一个百年学府发展的历史缩影，从中能够汲取无穷的能量，也为后人提供了强大的精神动力。

一、背景情况

兰州大学在百余年来的发展奋斗历程中，涌现出了：以郑国锠、黄文魁、李吉均、任继周等为代表的科学家们夜以继日、不断攀登科学高峰的感人故事；以刘铭庭、秦大河、王文等为代表的杰出校友在各自工作领域勇于拼搏，为社会做出特殊贡献的先进事迹；等等。通过拍摄原创视频，即微记录片的形式，充分展现一代代兰大人为国家育才、为民族争光、为社会奉献、为学校添彩的精神风貌。对学校宣传部所做的工作而言，努力践行国家提倡的兴文化、展形象、传精神的现实要求，同时也对提高全社会文化认同、文化追求、文化自信有着重要的现实意义。

二、主要做法

《百年兰大人》专题系列微记录片的创作，为培育和弘扬社会主义核心价值观，引导广大师生做社会主义核心价值观的坚定信仰者、积极传播者、模范践行者，进一步加强校园文化建设，传承百年兰大文脉，践行兰大坚守奋斗的精神，进一步促进校园文化繁荣发展，充分发挥大学文化传承创新的重要使命和以文化人、以文育人的功能，均起到了重要推动作用。

（一）事先进行深入论证

如何采用喜闻乐见的形式把《百年兰大人》专题系列微记录片里的故事讲好，让广大师生不仅喜欢看，看完还可以从中汲取精神力量并付诸行动，是本项目实施的首要目的，也是关键所在。项目启动之初，创作团队邀请了学校不同专业的专家学者举行了三轮研究论证。

（二）预先对接专业团队

研究论证期间，预先接触和考察了不同的专业影视制作团队。针对技术操作问题、人员沟通问题、作品定位问题、视频质量保障问题、人物呈现重点问题等一系列问题进行了充分讨论和磋商。

（三）实行项目运作

历经一个多月的前期论证，最终确定了“党委宣传部统筹协调+专业摄制组跟踪拍摄录制+专家组讨论审查”的“三合一”项目拍摄组。明确每个组的工作分工，如，宣传部负责提供人物名单、把好政治关、执行标准要求、后勤外联宣传等工作；摄制组负责人物故事挖掘、创意及具体的执行摄制等工作；包括具体学院相关老师在内的专家组成员负责脚本修改统筹、视频质量把关、讨论审核定稿等工作。每个组设立1名组长、1名具体联络执行人，并建立微信群联络机制，定时汇报发布各自工作进度，三组同时联动，节省了时间成本，做到了行之有效。

（四）实时进行动态调整

按照上述运行机制，平均每3个月启动一个人物摄制项目。截至4月底，先后成立了7个人物视频项目组。项目组内的摄制组导演和专家组成员根据不同的拍摄人物，遴选最合适的组员参与到摄制工作中来。另外，实行经费预算动态管理机制，事先对每个项目组的经费情况编制概算性预算，并结合项目推进适时调整。

在《百年兰大人》专题系列微记录片创作过程中，集中体现出了以下创新亮点：一是大胆利用新技术，保障项目质量。在项目运行中，大胆详尽地对摄制技术制定了高标准，如，摄影机画质必须达到4K高清拍摄标准，后期制作必须运用达芬奇调色和双轨声道等，确保了所制作的视频可根据时间节点和播放平台的不同剪辑不同的版本。再如，先期制作的《百年兰大人》原创视频，分别制作了35分钟的完整版、微信平台推送的5分钟精简版和留存档案馆的3个小时素材版。二是创新工作方法，提升工作效率。在项目运行中，有效地利用好微信群这个“工作空间”，通过语音、照片、视频连线等手段随时加强沟通联络，既保证了工作进度，还可以随时发现问题并解决问题。三是用专业的人做专业的事。为保证让每个视频最后都成为匠心经典之作，通过有效甄别和选择高水准的视频拍摄团队、明确项目组内各个组员的责任分工，确保让专业的人做专业的事，按照“哪方面没达标，就重来”的原则，反复打磨，直到取得最好的效果。

三、取得成效

（一）先期成果

已拍摄的《百年兰大人》专题系列微记录片中的郑国锠、李吉钧、任继周、刘铭庭、段一士、葛墨林、林家英等视频，从整体构思、画面效果等都得到了较好的反响。相关视频在征询央视相关负责人的意见过程中得到了很好的评价，并于2019年1月14日在央视12频道《道德观察》栏目中进行了播出。同时，视频人物也在甘肃电视台新闻频道《共和国兰大人》中进行了展播。此外，以《百年兰大人》专题系列微记录片为基本素材基础上拍摄的《兰大宣传片》在校庆启动年仪式上播出并在微信平台上发布后，得到了全校师生和广大校友的普遍肯定，掀起了广大校友对学校改革发展高度关注的热潮，也掀起了兰大人对“兰大现象”、兰大精神和兰大文化追忆和总结的热潮。

（二）未来展示计划

未来将通过与中央电视台、甘肃电视台、兰州电视台、今日头条等媒体与网络平台等进行的深入合作，包括利用融媒体平台等，来充分展示百余年历代兰大人扎根西部、奉献社会的精神，使历代兰大人的奋斗身影成为新时代兰大精神的最美画面、最亮底色和最好诠释。

四、经验启示

（一）找准主题 深入调研 紧紧围绕核心目标制定实施方案

在微记录片拍摄过程中，项目组始终自我提醒并反问一个问题，就是我们正在做的事是不是学校最需要的，是不是兰大精神传承必需的，是不是能够打动人心、起到文化育人作用的，以此为标准，严格把控质量，一切以出精品为准。

（二）对照方案 严格执行 确保各个视频项目的拍摄有序推进

《百年兰大人》专题系列微记录片项目的成功实施，其关键除了大胆运用创新手段方法之外，更重要的是在项目实施过程中，选择最合适的项目执行人，实时沟通和督促，让项目快落地、真落实、早见效。

（三）选准典型 充分挖掘 使各个原创视频经得起考验

立足以文化人、以文育人，通过原创视频的方式，充分挖掘和立体形象地展示历代前辈先贤坚守西北大地、不断兴学育人的高尚品格和奋斗精神，讲好兰大人自己的故事，塑造好兰大人的优秀典型形象，充分发挥榜样的力量，以启迪当代兰大人传承兰大优秀文化传统、弘扬拼搏的奋斗精神。

（吴春华、辛江龙，党委宣传部）

7

厚植师德文化 涵养高尚师德
“三位一体”师德师风建设机制探索

《《《《

2017—2018年度教职工荣休暨师德传承典礼

》》》》

引 言

教育大计，教师为本。广大教师是教育工作的中坚力量，是国家富强、民族振兴、人民幸福的重要基石，承担着"传播知识、传播思想、传播真理，塑造灵魂、塑造生命、塑造新人"的神圣使命。教师队伍建设关乎"培养什么人、怎样培养人、为谁培养人"这一根本问题。师德是教师队伍建设的灵魂，近年来，兰州大学坚持以习近平新时代中国特色社会主义思想为指导，全面贯彻党的十九大精神，以及全国教育大会和全国高校思想政治工作会议精神，深入落实党中央、国务院关于教师队伍建设的重要部署，坚持把师德师风作为评价教师队伍素质的第一标准，厚植师德文化，引导教师涵养高尚师德，努力建设一支政治素质过硬、业务能力精湛、育人水平高超的高素质专业化创新型教师队伍。

一、背景情况

教师是教育发展的第一资源。党的十八大以来，以习近平同志为核心的党中央高度重视教师队伍建设，习近平总书记关于教育的一系列重要论述，尤其是关于师德师风建设的重要论述，为新时代教师队伍建设工作提供了根本遵循和行动指南。

习近平总书记在全国教育大会上指出，坚持把教师队伍建设作为基础工作。全党全社会要弘扬尊师重教的社会风尚，努力提高教师的政治地位、社会地位和职业地位，让广大教师享有应有的社会声望，在教书育人岗位上为党和人民事业做出新的更大的贡献。

兰州大学坚持以"教师为主体"的工作理念，厚植师德文化，打出一系列"组合拳"，不断加强师德师风建设，积极构建师德师风建设长效机制，营造尊师重教的良好氛围，提升广大教师的职业获得感、幸福感和荣誉感，引导广大教师继承发扬"自强不息、独树一帜"的校训精神，把立德树人融入教育教学全过程，争做党和人民满意的"四有"好老师。

二、主要做法

（一）榜样引领 营造崇德尚行的良好氛围

一是建构多角度全媒体立体化的师德文化宣传模式，全方位宣传报道教师思想政治工作和师德师风工作动态。通过校园网、微博、微信、微视频、广播等途径制作不同形式、不同特色的互联网宣传文本，宣传典型人物、典型事迹、典型案例。同时，着力打造“师道如兰”兰州大学教师师德文化建设传播平台（微信公众号）。二是以庆祝110周年校庆为契机，大力树立百十载办学史上涌现的老一辈德高先贤和新时代师德典范形象并广泛宣传。如，宣传“萃英大先生”师德典范人物，以及“萃英锋范”“我们兰大人”“教坛新秀”“共和国兰大人”等优秀兰大师者，编印《萃英大先生》《萃英好老师》等书籍，引导广大教师对标先贤，见贤思齐，树立崇高理想，坚守奋斗新时代。三是组织开展师德故事讲述，以感人事迹感召教师以赤诚之心、奉献之心、仁爱之心投身教育事业。讲述不同时期不同学科教师在不同的历史条件下教书育人的感人故事，发挥模范作用，形成以身垂范、以德施教的良好风气。同时，在全校学生中，开展“我爱我师”主题党日、团日活动，深入挖掘身边坚守教学一线、辛勤耕耘的好老师，营造尊师重教的良好氛围。

（二）荣誉激励 铸牢教书育人的初心使命

一是举行荣休暨师德传承典礼和青年教师入职宣誓仪式。坚持每年开展荣休暨师德传承活动，为荣休教师制作《荣休纪念册》、定制荣休奖杯、发放暖心围巾等荣休纪念品；为青年教师设计“人民教师 无上光荣 教育使命 勇于担当”的入职宣誓仪式，让新入职教师接过“立德树人”接力棒的同时，感受作为师者的荣耀和责任。二是在教学楼、教师休息室等楼堂打造师德荣誉空间。设计悬挂师德典型人物照片和教书育人事迹，引导教师崇德尚行，展现师者的奉献精神，彰显百年文化感召力。三是拍摄师德展播视频。拍摄制作师德文化宣传片《吾爱吾师》、教师主题文化宣传片《师爱温暖教育》、荣休视频《师者——永不磨灭的勋章》等，在各类师德教育活动中展播，激发学生对老师的敬仰之情和老师教书育人的职业精神，丰富学校整体文化建设内涵。

（三）教育提升 增强师者涵养师德的自觉意识

一是深化师德师风教育。研究制定关于加强和改进教师思想政治教育工作的实施方案，共举办4期骨干教师师德师风培训班，选派教师参加国家教育行政学院网络师德培训；在新入职教师培训中，强化思想政治和师德师风教育；先后编印习近平关于教育、教师队伍建设的重要论述摘编，下发到学院党委或教师党支部开展学习，引导教师做好“四有”好老师。二是积极开展教师师德实践锻炼。打造线上线下相结合、理论实践相融合的师德教育体系，开辟了“学习政治理论、感受博大文化、体察国情时政、提高思想认识”的实践涵养师德的专线；充分利用甘肃丰富的红色文化资源和我校野外工作台站，开展“两个传承”，即传承革命精神和传承科学家精神的实践教育活动，挂牌建立3个师德涵养基地；组织100多人次的骨干教师赴爱国主义教育基地、知名企事业单位、野外台站开展实践教育活动；组织教师前往南梁革命纪念馆、两当兵变纪念馆、会宁会师革命圣地、梁家河及改革开放前沿阵地、偏远农村、厂矿企业等开展学习考察活动，使教师在重温历史和体察时代中学思践悟，及时全面准确了解国情、正确把握形势，坚定“四个自信”。三是细化服务，注重人文关怀。及时开展问卷调查和走访调研，了解教师的工作、学习、生活及家庭情况，帮助他们解决有关问题和困难；及时掌握教师对学校建设和管理服务的意见建议，积极回应教师对学习机会、工作条件和生活环境等方面的正当诉求，为教师潜心育人解除后顾之忧；倡导教师积极参与健身活动和文娱活动，不断提高教职工精神文化生活的品位和质量，营造和谐校园氛围，倡导健康向上的工作理念。

三、取得成效

一是尊师重教的氛围更加浓厚。教师有尊严，教育才会有力量。开展师德文化建设系列活动，是“以教师为主体”的工作理念的体现，在校内、全社会营造了“人民教师无上光荣”的良好氛围，大大提升了广大教师的职业荣誉感、获得感、幸福感。二是更加自觉涵养高尚师德师风。通过榜样引领、实践教育、荣誉激励等活动，激发了广大教师涵养高尚师德师风的内生动力。广大教师牢固树立了“师德为上”的意识，更加明晰了教师承担的神圣使命和责任，自觉提升自身思想政治素养和能力水平，潜心教书育人，积极奉献国家和社会。三是形成了一批“思政课程”和“课程思政”的素材。师德典范人物的挖掘宣传、师德故事讲述、实践教育等活动，为“思政课程”和“课程思政”建设累积了良好的素材，如革命精神、革命文化、革命故事和“萃英大先生”“萃英好老师”教书育人的情怀和故事，通过日常教育、课堂讲授等“以点带面”的形式影响了广大师生，增强了师生对党和国家的思想认同、情感认同，以及对学校文化的情感认同和对学校发展的主动担当。四是广大学生对老师的感恩之情得以升华。通过吸引学生参与师德故事讲述、师德榜样人物评选等师德文化活动，让许多常年默默无闻坚守三尺讲台、践行立德树人使命的教师典范人物的师德故事在学生中广泛流传，激发了广大学生对教师的礼赞之情，传承了尊师重教的传统美德，增进了师生间的了解和互动，构建了和谐融洽的师生关系，让广大教师获得了职业荣誉感和幸福感。五是师德建设长效机制更加顺畅。经过师德文化建设系列活动，学校师德建设长效机制更加有效顺畅，各相关部门工作对接目标导向，主动靠前，积极配合，形成了培养“四有”好老师的良好格局。

四、经验启示

（一）紧扣生命线，明确使命职责

思想政治工作是学校各项工作的生命线。因此，要理直气壮地开展教师思想政治工作，要让广大教师明确党在新时期对教师队伍，特别是师德师风建设的新要求，明确教师队伍中存在的普遍性问题，明确教师的使命职责。这就需要业务工作人员开展广泛的调研，同时与广大教师做朋友，在思想上达成一致，促进教师的思想政治工作取得成效。

（二）增强亲和力，激发情感共鸣

师德师风建设要以文化人、以情感人才能激发教师加强自我修养的自觉性，进而转化为为党育才、为国育人的使命担当。教师思想政治工作的亲和力关系工作的成效，甚至成败，要结合学校实际，结合不同生涯发展阶段教师群体的特征开展工作，切忌生搬硬套。要设计广大教师喜闻乐见的项目，激发广大教师的情感共鸣，吸引广大教师积极参与，在参与中学习、成长，达到润物无声的效果。

（三）打好“组合拳”，推动榜样引领

既要善于深度挖掘校史文化中的师德文化，讲好兰大老师的故事；又要运用好多媒体时代的融媒体报道，在舆论引导和典型引领方面打出“组合拳”。学校基本形成了“‘萃英大先生’（已故的德高望重的老师）—‘萃英锋范’（健在的德高望重的老师）—好老师（中青年优秀教师）—教坛新秀—精彩一课”的全覆盖式师德典型人物和故事的新闻报道链，也成为师德文化建设的主要内容。

（吴振荣、韩志刚，党委教师工作部）

8

强化共识聚人心 擦亮法宝添力量

——兰州大学聚焦“六个度” 推动统一战线工作与时俱进

《《《《

2020年9月17日，兰大党委书记马小洁主持召开党外代表人士座谈会，征求对学校党代会报告稿的意见建议

》》》》

引 言

党的十八大以来，兰州大学党委深入学习贯彻落实习近平总书记关于加强和改进统一战线工作的重要思想，以《中国共产党统一战线工作条例》为根本遵循，以“凝聚人心、凝聚共识、凝聚智慧、凝聚力量”为总体目标，通过“提高度、抓制度、强力度、增温度、聚精度、筑厚度”等系统性举措，着力推动学校统战工作在政治上强起来、内涵上实起来、效能上灵起来、形式上活起来、底线上严起来、特色上亮起来，形成了“厚基础固根本立柱架梁、抓学习增共识全面深入、强主体重参与活力迸发、助稳定促和谐硕果累累”的可喜局面。

一、背景情况

习近平总书记在党的十九大报告中指出：“统一战线是党的事业取得胜利的重要法宝，必须长期坚持。”高校历来是统战工作的重要阵地和发挥统一战线法宝作用的重要窗口。新修订的《中国共产党统一战线工作条例》多处明确提到高校统战工作，进一步彰显了高校统战工作在新时代统战工作全局中的重要作用。

兰州大学民主党派基层组织健全，各民主党派成员和社会各方面联系较为广泛；党外知识分子文化层次水平高，代表人士在校内外学术影响力大；少数民族师生的比例在教育部直属高校中较高；近年来，学校“双一流”建设加快推进，出国（境）交流师生数量逐年增加。这些现状和变化，对学校统战工作提出了新的更高要求。如何使党的统一战线在新时代焕发新的光彩，把习近平总书记对高校统战工作寄予的期望与《中国共产党统一战线工作条例》提出的要求落到实处？如何更好用好并发挥广大统一战线成员的力量和作用？如何更加有效地做好学校民族宗教工作，营造为党育人、为国育才的良好环境？如何使统战工作更好地服务和助力学校事业发展？针对这些问题，兰州大学党委加强领导、统筹谋划，精心部署、全面推进，聚焦“六个度”，从而推动学校统一战线工作不断与时俱进、创新发展。

二、主要做法

（一）提高度 画大团结奋斗“同心圆” 推动学校统战工作在政治上强起来

牢牢把握“党外知识分子工作，是统一战线的基础性、战略性工作”这一论断，深化习近平新时代中国特色社会主义思想理论武装和共识凝聚工作。以“不忘合作初心，继续携手前进”“跟党迈进新时代，同心共筑中国梦”“弘扬爱国奋斗精神，建功立业新时代”等学习教育活动为主题主线，构建起了以统战成员日常学习培训、党外知识分子骨干集中培训、新时代中国特色社会主义思想专题培训、各级政协委员议政建言能力定期培训等为主要内容的培训体系。此外，学校党委精心策划了以下活动：举办纪念中共中央发布“五一口号”70周年系列活动，先后组织党外代表人士赴重庆、大别山、井冈山等地开展集中培训；2019年，面向全校举行了“兰州大学‘坚守在西部、奋斗为祖国’党外知识分子建功立业新时代”讲述会，在校内外引起良好反响；2021年，启动兰州大学统一战线“庆祝中国共产党成立100周年·肝胆相照复兴路 同舟共济新征程”主题征文活动，得到师生积极响应；认真贯彻落实校领导同党外人士联谊交友制度，扎实开展元旦、教师节、重阳节“三节”对党外代表人士和离退休党外人士的慰问工作，连续八年举行统一战线“同心乐”联谊会，让党外人士切实感受到学校党委对他们的尊重和关心。

（二）抓制度 织密齐抓共管“全域网” 推动学校统战工作在内涵上实起来

牢牢维护“统战工作是全党的工作，要靠全党共同来做”这一格局要求，健全完善统战工作运转机制。全面贯彻落实《中国共产党统一战线工作条例》《中国共产党普通高等学校基层组织工作条例》等文件精神，先后出台《中共兰州大学委员会关于进一步加强统一战线工作的意见》《兰州大学民主党派代表人士队伍建设规划（2019—2027）》《兰州大学党外人士校内挂职工作管理办法（试行）》《兰州大学关于加强和改进新时代民族宗教工作的实施意见》《兰州大学关于加强铸牢中华民族共同体意识工作的实施方案》等制度文件，通过文件来明确各级党组织和有关部门的统战工作职责。推动学校统战工作重心下移、关口前置，压实压紧中层党组织的统战工作责任，通过走访调研、集中宣讲、统战委员系列培训、邀请党组织负责人参加统战活动、校内巡察、党建工作督查等方式，提升中层党组织开展统战工作的积极性、主动性以及领导干部愿做、能做、会做统战工作的能力和水平。

（三）强力度 激发“四新三好”“内生力” 推动学校统战工作在效能上灵起来

牢牢锚定“中国共产党领导的多党合作和政治协商制度是中国特色社会主义新型政党制度，是我国的一项基本政治制度”这一原则，支持帮助学校各民主党派和统战团体加强自身建设。按照习近平总书记提出的“四新三好”总要求，认真贯彻落实中共中央关于加强中国特色社会主义参政党建设的三个重要文件精神，召开学校民主党派基层组织建设推进会，形成了“强学习来强共识、强班子来强组织、强制度来强规范、强队伍来强活力、强作为来强形象”的建设共识。积极向中央和地方有关单位推荐优秀党外代表人士，有计划、有目标、有组织地引导优秀无党派人士加入各民主党派。持续开展“助力双一流·统一战线在行动”大调研大建言活动和“党派团体新气象”“委员代表新答卷”“参事智囊新作为”系列展示活动。支持民主党派、统战团体积极参与脱贫攻坚第三方评估、医疗卫生事业对口援建等工作。引导民主党派和统战团体创新打造顺应时代潮流、符合自身特质、对接上级组织要求、发挥成员优势的品牌性活动，提升各民主党派成员的内部凝聚力和外在影响力。

（四）增温度 广育民族团结“石榴籽” 推动学校统战工作在形式上活起来

始终坚持“铸牢中华民族共同体意识”这一主线，创新开展民族团结进步创建工作。认真贯彻落实《关于全面深入持久开展民族团结进步创建工作 铸牢中华民族共同体意识的意见》《新时代爱国主义教育实施纲要》《全省民族团结进步创建“一廊一区一带”行动方案》等上级文件精神，连续六年组织开展民族团结进步宣传月活动，有计划地组织师生赴甘肃临夏、青海乐都等地参观考察，切身体会我国民族区域自治制度所取得的成就。开设《多彩民族之灿烂文化》《大美西北与敦煌丝路》《西北花儿表演与实践》等弘扬中华优秀传统文化的通识教育课程，引导学生树立和坚持正确的历史观、民族观、国家观、文化观。深入开展“走进学生生活、走进学生学习、走进学生心灵”行动，加强对在学习、生活等方面存在困难的少数民族学生的关爱和帮扶，构建“完善家校协同育人”的工作机制。充分发挥学校人才智力优势，积极助力民族地区精准脱贫工作，组织引导广大师生深入田间地头，真切感受民族团结进步创建工作的重要意义和价值。

（五）聚精度 架牢抵御渗透“绝缘线” 推动学校统战工作在底线上严起来

牢牢站稳“教育与宗教相分离”这一原则立场，多管齐下做好抵御和防范宗教向学校渗透的工作。持之以恒加强党的宗教政策、法规和理论知识宣传教育，连续六年开展民族宗教网络知识竞赛活动，向全校师生编印发放更具针对性、指导性的《校园宗教政策知识与实务问答》，增强师生政治敏锐性和政治鉴别力，牢牢巩固马克思主义在意识形态领域的指导地位。建立健全防范抵御宗教渗透联席会议制度、督促督导等制度，加强对学校宣传思想文化阵地等的管理，牢牢掌握防范抵御宗教渗透的主动权。健全校内外合力，做好防范抵御宗教渗透工作的交流合作机制，做到信息可共享、趋势能研判、应对有协同，妥善处理突发应急情况。充分发挥少数民族专职辅导员作用，加强少数民族学生教育管理和服务工作。

（六）筑厚度 夯实正本清源“基础桩” 推动学校统战工作在特色上亮起来

按照“越是做党外人士的工作，越要心中有党”的鲜明导向，选优配强统战部门工作力量，加强学校统一战线工作硬件建设和信息化网络化保障建设，建成近140平方米的“统战之家”。遵循“理论创新推动实践创新”理念，积极开展新时代统战工作阐释研究工作，产出理论研究成果。精心做好统战宣传工作，利用重要节点，在《人民政协报》《团结报》《民主协商报》等国内主流报刊媒体上宣传推介学校统一战线工作的先进典型和成熟做法，不断拓展统战工作服务学校人才培养的途径和渠道。立足于学校地处少数民族聚居区的实际和在民族问题与民族理论、边疆安全与稳定等重大问题上取得的研究成果，多次在教育部举办的全国统战部长会议上进行交流发言。抢抓中央统战部、教育部和中国高等教育学会拟设立统战工作研究分会的契机，发起成立了中国高等教育学会统战工作研究分会，并当选为理事长单位，为彰显学校党建与思想政治工作成效、发挥引领辐射作用搭建起全国性新平台。

三、取得成效

（一）党外知识分子的思想共识显著增强

通过聚焦“六个度”，创新推进学校统一战线工作，党外知识分子思想政治引领显著增强。中国民主促进会（简称“民进”）兰州大学委员会副主委、草地农业科技学院教授刘金荣说：“拥护中国共产党打开了我的智慧之门。”中国国民党革命委员会（简称“民革”）兰州大学委员会主委、核科学与技术学院教授李公平说：“得其大者可以兼其小。只有站位高了，一些具体的问题和矛盾就会水到渠成似的得到解决！”学校党外知识分子议政建言的热情不断提升，议政建言成果更加显现。中国民主同盟（简称“民盟”）盟员雷紫翰副教授的有关建议被中央统战部《零讯》杂志采用。甘肃省政府参事、兰州市政协委员、兰州大学经济学院林柯教授关于甘肃经济社会发展的建言献策多次受到省委、省政府主要领导的肯定及采纳。甘肃省政协委员王志平、王铁山、刘兴荣、陈慧、拜荣静等教授被甘肃省政协评为“优秀政协委员”。

（二）党派组织的活力和创造力充分释放

学校民主党派基层组织和统战团体在助推地方经济社会高质量发展议政建言、参与脱贫攻坚、助力打赢新冠肺炎疫情阻击战等方面也表现了应有的担当和作用，得到了社会各界的高度评价和充分肯定。特别是2019年以来，民革兰州大学支部荣获民革中央第一批“民革示范支部”荣誉称号；民进兰州大学委员会荣获“民进全国先进基层组织”称号，并在民进“不忘合作初心，继续携手前进”主题教育活动总结大会上做交流发言；中国农工民主党（简称“农工党”）兰州大学第一医院基层委员会荣获农工党中央“先进基层组织”荣誉称号；九三学社兰州大学委员会荣获九三学社中央委员会“全国优秀基层组织”荣誉称号。兰州大学侨联荣获“全国侨联系统先进组织”荣誉称号。还有一大批民主党派人士被各民主党派中央、民主党派省委会评为先进个人。学校留学生联谊会获得“兰州大学抗击新冠肺炎疫情先进集体”荣誉称号。

（三）统战工作对外形象和显示度不断提升

2019年，历史文化学院杨建新教授荣获“全国民族团结进步模范个人”称号，兰州大学管理学院荣获“甘肃省民族团结进步模范集体”称号，兰州大学第一医院副院长刘健荣获“甘肃省民族团结进步模范个人”称号。2020年，物理科学与技术学院王育华教授荣获第八届“中国侨界贡献奖”一等奖。学校统战部连续两年荣获“甘肃省统战信息工作先进单位”荣誉称号。学校统一战线先进人物在《人民政协报》《团结报》《民主协商报》等主流报刊媒体上的报道量大幅上升，特别是以学校为理事长单位和秘书处驻地的中国高等教育学会统战工作研究分会在成立后一年时间内，高效搭建起“学术立会、服务兴会、规范办会、创新强会”的运行框架，组织开展了课题研究、舆论引导、经验交流等活动，得到了中国高等教育学会和广大会员的充分肯定，为推动全国高校统战工作整体提升做出了应有贡献。

四、经验启示

（一）树立政治意识、大局意识、战略意识

统战工作是党的政治工作的重要内容。只有深入学习贯彻落实习近平新时代中国特色社会主义思想，深刻领会习近平总书记关于加强和改进统一战线工作的重要思想，从政治高度站位，从加强党对高校的全面领导、推进全面从严治党在高校不折不扣落地见效的党建大局出发，从关系中华民族伟大复兴实现的战略全局看待问题，才能做好学校统战工作。

（二）坚持问题导向、目标导向、效果导向

中国进入新时代，世界迎来百年未有之大变局。越是变化大，越要把统一战线工作做好，越能体现出统一战线的法宝作用。只有准确识变、科学应变、主动求变，进一步树立问题意识、目标导向，才能找到新时代高校统战工作中存在的短板和弱项，从而进一步找到破解问题的方法和改进工作的途径，产生有为有位的效果。

（三）注重系统推进、协同推进、扎实推进

高校统战工作“点多、面广、线长”，是一项政策性、艺术性都很强的工作。只有主动融入全国、全省、全校工作大局，不断增强工作谋划和推进的系统性、整体性、协同性，主动抢抓时机、乘势而上、久久为功，才能取得正本清源、守正创新、内外联动的重大突破。

（王兴东，党委统战部）

9

“五+”新模式唤起资助育人大能量
精准化资助育人体系 助推育人显实效

《《《《

兰州大学组建资助服务团队，协助开展全校资助宣传和调研等工作，对资助委员开展资助政策培训

》》》》

引 言

2007年国家新资助体系建立以来，经过多年努力，我校逐渐形成"国家投入为主，学校投入为辅，社会投入为重要补充"，以及以"奖、贷、助、免、勤、资、补、偿"为主要内容的多元化资助体系，切实保障家庭经济困难学生在校期间的生活学习，兑现"不让一个学生因为家庭经济困难而辍学"的庄严承诺。

立足新时代新要求，兰州大学以习近平新时代中国特色社会主义思想为指导，坚持立德树人根本任务，建设发展型资助体系，加大受助学生能力素养培育力度，探索并构建"五+"资助育人新模式，切实为学生成长成才提供坚强有力的保障。

一、背景情况

为使家庭经济困难学生共同享有人生出彩的机会，共同享有梦想成真的机会，共同享有同祖国和时代一起成长和进步的机会，在目前经济资助已实现家庭经济困难学生全覆盖的大背景下，为全面落实国家资助政策新要求，深入贯彻教育精准扶贫方针，兰州大学践行"以学生为中心"的工作理念，致力于打造精准化的资助育人体系，助推资助育人工作取得实效。

二、主要做法

（一）"奖学金+榜样" 以榜样力量引领学生成长

奖学金获奖学生是优秀学生的代表，兰州大学通过线上线下多种途径，广泛宣传获奖学生的典型事迹，在学生中树立榜样形象，引导广大学生学习榜样，勤奋努力、积极进取，争做德智体美劳全面发展的社会主义建设者和接班人，举措如下：选聘国家奖学金获奖学生担任"学生资助宣传大使"，宣传国家、学校资助政策，"现身说法"讲述个人成长故事；获奖学生撰写个人成长故事报告，在校内外媒体广泛宣传；举办国家奖学金获奖学生事迹报告会，由获奖学生现场讲述个人成长历程。

（二）“助学金+感恩” 以感恩情怀完善健康人格

国家助学金是保障家庭经济困难学生在校期间生活开支的重要资助措施，在国家助学金工作开展中，兰州大学采取一系列措施，培养受助学生的感恩意识，举措如下：通过个别谈话、家庭走访等方式，准确认定家庭经济困难学生；实施“成长加油站”培训计划，提高家庭经济困难学生的综合素质；在全校范围内开展资助诚信教育活动，引导学生在活动中收获，在感悟中成长。

（三）“助学贷款+诚信” 以诚信熏陶 凸显立德树人根本任务

国家助学贷款是加大对家庭经济困难学生资助力度的一项重大措施，为学生顺利完成学业提供了有效保障。学校在向学生开展助学贷款工作的过程中，注重学生诚信教育，举措如下：举办征信知识讲座，邀请银行工作人员向贷款学生讲授征信知识，提高学生对征信、信用记录的认识；举办金融知识竞赛，提升学生金融素养；举办诚信书画展，传播励志、诚信的正能量。

（四）“社会捐助+社会责任感” 以责任感教育塑造担当品质

兰州大学成立受助学生社团，对受资助学生实行团队化项目化管理，聘请专职学生工作人员担任团队指导教师，指导学生开展公益实践活动，举措如下：策划实施“让你好好过”大学生公益实践活动，传播绿色、安全公益理念；开展“善行一百”公益募捐活动，引导学生珍惜资助资金，树立合理的消费理念；支持暑期社会实践活动，在实践中塑造责任意识和担当品质。

（五）“勤工助学+能力提升” 以实践锻炼提高综合素质

勤工助学在帮助学生解决经济困难的同时，成为为学生提供锻炼能力、提升自我的平台。兰州大学建立勤工助学学生能力提升“助跑计划”，提升学生综合素质能力，举措如下：开展安全知识、岗位业务等方面的培训，引导学生正确认识、准确契合岗位；开展办公软件操作、公文写作、工作礼仪等培训，提升学生综合能力；聘请指导老师，帮助学生开展日常工作，在实践锻炼中不断成长。

三、取得成效

（一）体制机制得到完善 格局理念进一步提升

为提升学校资助育人水平，学校不断完善奖助体系，丰富思想引领、勤奋进取、文明风尚、创新创业、校园文化、劳动素养、国防贡献、自强自立等方面奖项的设置，加强奖学金的价值引领作用，引导学生德智体美劳全面发展。对已形成的12类资助工作的实施方案进行全面梳理与系统更新，提升工作的精准度与实效性，在完善制度建设的基础上，学校加强顶层设计，强化资助育人，举措如下：通过实施“三走进”计划、本科生导师计划、建立家校互动帮扶机制、定期开展“朋辈交流”等形式，在学业指导、就业指导、创新创业、品德修养、学术科研等多方面为学生释疑解惑、排忧解难，建立“资助＋学业”“资助＋就业”“资助＋创业”的系统育人工作格局，形成“解困—育人—成才—回馈”的良性循环。

（二）推广工作经验 占领媒体高地广泛传播

坚持“两时三点，一线贯通”的宣传方针，用好“招生前”“毕业前”两个关键时间节点，广泛宣传国家资助政策以及学校精准资助、资助育人工作。教育部门户网站、央视网、中国青年报、新华网客户端、人民网等多个媒体平台对我校精准资助、资助育人和资助典型等情况进行了深度报道。如，教育部门户网站发布《兰州大学“四+”模式推进资助育人》《精准资助全覆盖“五+”资助育人模式引领学生成长》等报道；全国学生资助管理中心网站对我校的家访工作、资助诚信主题教育活动月等资助育人活动进行了宣传；《人民日报》分别刊登了我校第二临床医学院2015级学生杨洋、口腔医学院2016级学生许龄丹、政治与国际关系学院国际政治专业2017级学生唐欧阳蒉的求学事迹……这些宣传报道，进一步推进了学校讲好资助好故事、传播资助好声音工作的开展。

（三）引领自强 感恩新风尚 助力学生全面成长

“五+”模式以学生思想成长和综合素质能力提升为切入点，通过选评先进学生、跟进个体成长、组织开展活动实践、引导岗位锻炼等途径，树立了一大批受助学生典型榜样。学校坚持把自强励志社团作为“发展型资助模式”下资助育人工作的载体，联合学院多形式开展资助育人主题教育活动；建立学生资助档案，将学生学业状况、获奖受助情况、参加公益实践活动情况、参加培训交流情况等记入档案，实行动态管理，全面了解学生成长状况，及时调整培养方案；开展帮助家庭经济困难学生德智体美劳全面发展的素质拓展活动，精准进行团体辅导、能力发展培训，提高受助学生的综合素质。

（四）师生满意度高 资助育人工作硕果累累

“五+”资助育人模式的有效实施，让资助工作最大限度地传递党和国家的温暖，绽放出育人光彩。2018年，学校精准资助、资助育人工作荣获全国“优秀典型案例”称号。2013年至2018年，在“助学·筑梦·铸人”主题征文活动中，连续5年荣获“优秀组织奖”。指导家庭经济困难学生策划实施和组织的“让你好好过”大学生公益实践活动多次在全国获奖。受助学生参与的“善行100”爱心劝募活动，自2010年以来，共为贫困地区小学生募集价值65万余元的温暖包和文具包，搭建起了爱心人士和贫困地区儿童之间的桥梁，让贫困地区儿童也感受到了来自社会的温暖。在学校资助工作效果及满意度调查中，90%以上的学生对国家、学校资助政策的设置、实施表示满意；94.8%曾获奖学金的同学更加自信，并愿意为更高荣誉而努力；92.95%获得助学金的同学表示在获得资助后他们更加喜欢加入学生组织，更加愿意参加学校的集体活动，更加主动地配合和参与学校或班级的工作。

四、经验启示

（一）资助育人是一项系统性工作 要做好顶层设计

重统筹，谋联动。要转变资助工作理念，统一思想认识，把资助工作的重心转移到精准资助和资助育人上来；要科学谋划，合理分工，尊重实践，尊重创造，不断总结推广基层的好经验、好做法；努力实现资源共享和经验共享，加强领导，加强保障；要动员各方力量，形成工作合力；要建立健全机制，发挥好学校主阵地作用，金融机构要配合服务，媒体要进行舆论引导，广大学生要自立自强。

（二）资助和育人不能“两张皮” 要找准结合点

资助是手段，育人是目的，要将资助与育人紧密结合，精准发力。找准时间结合点，针对不同时间点开展不同的育人活动。如奖学金评审发放期间开展榜样宣传活动，助学金评审发放期间开展感恩教育活动，寒暑假期间开展回馈社会的实践活动等。要找准对象结合点，针对不同的受助学生群体开展不同的育人活动。如，对贷款学生注重开展诚信教育，对家庭经济困难学生注重开展自立自强教育，对低年级学生注重开展励志教育，对高年级学生注重开展责任教育等。

（三）资助工作事关学生未来 要秉承育人理念

学生资助工作是脱贫攻坚工作的重要内容和举措，必须坚持资助与成才并举，紧密地围绕立德树人根本任务，持续在精准资助和资助育人工作上做文章。在资助中育人，以育人推进资助，增强受助学生的文化自信、爱国情怀，培养受助学生的感恩意识，提高受助学生的文化素养、创新能力、实践能力，使学生努力成长为党和国家需要的人才。

（四）资助育人没有固定模式 要守正创新

既要充分利用好现在已有的活动平台，如，“助学·筑梦·铸人”主题征文、资助育人文化艺术进校园、“彩虹桥”高校学生交流、资助诚信教育主题月等活动；又要不断创新，结合学生的需求搭建新平台，打造易于学生接受的新模式新方法，拓展资助育人工作的内涵。 （常虹、李继红、金凤芳，学生处）

10

召奋发青年谱丰功赞歌 庆建党百年传红色基因

——兰大师生巧用互联网创新讲述中国故事

《《《《

“星船”团队斩获第六届中国国际“互联网+”大学生创新创业大赛金奖后合影

》》》》

引 言

学生党员作为大学生群体中的先锋力量，承担着用实际行动带领和引导广大青年履行神圣使命、坚定政治信仰和传播中华优秀传统文化的重任。兰州大学学工部多年来不断传承和创新学生党员培养方式，搭建服务社会的实践平台，为青年党员提升综合能力、塑造坚韧品格、成长为优秀的社会主义事业接班人搭桥铺路。

2019年，一群意气风发的学生党员在学工部老师的带领下来到挂职实践纪念馆，期待为当地贡献自己的力量。在首次参观纪念馆展厅时，听闻革命前辈浴血奋战、舍小家保大家的悲壮事迹时，这群师生泪如泉涌，当即立志要干一番事业，要把纪念馆和革命先烈的故事颂扬，要讲好中国故事，要把这些故事讲给更多的人听。于是，他们组建团队，搜集资源，踏上了青年歌颂祖国、创新讲述中国故事的征程。

一、背景情况

（一）团队构建

1.学生兴趣为开端

2017年，兰州大学第十八次学生代表大会通过了叙事性青年红色歌曲《西北 青年》为兰州大学学生会、学生委员会会歌。2018年，共青团中央、全国学联报道了兰州大学学生会创作会歌《西北 青年》、创作习近平知青岁月系列节目《忆知青岁月 做兰大栋梁》，以及《青年的使命》快板剧等节目，中国教育网报道了团队创作《风雨 战“疫”》《以箐政的名义》系列作品。这一以大学生党员骨干为主的创作团队制作的叙事性歌曲、诗朗诵、快板剧获得校内外广泛关注和赞扬。

2.师生合力为基础

2019年，举国上下欢庆中华人民共和国成立70周年。兰州大学学生处以该学生初创团队为班底，组织成立师生网络思想政治公益组织“星船”团队，创新性尝试“故事调研+内容产出”的网络思政内容产出模式。以广泛开展于兰州大学的大学生暑期“三下乡”社会实践为依托，以各自学科背景交叉性极强的高素质核心师生团队为基础，以打造可持续的公益项目运营模式为发展理念，进行原创网络思想政治教育产品的产出、传播与服务工作。

（二）红色资源

1.红色资源开发的重要意义

习近平总书记多次强调：“要把红色资源利用好、把红色传统发扬好、把红色基因传承好。”甘肃省作为具有光荣革命传统的红色文化大省，红色资源丰富，历史文化底蕴深厚，是全国12个重点红色旅游省区之一。据2019年相关普查统计，在全省14个市州，共有红色遗址遗迹945处。

2.红色资源开发的现存困境

这些遗址遗迹种类多、质量高，时间跨度大、历史意义大，但受限于地方经济条件和固有管理思维模式，其所产生的网络思想政治教育影响力远未达到与其规模相匹配的量级。大量红色文化纪念馆微信公众号粉丝量不过千，微信推文阅读量不过百。红色文化纪念馆受关注度低，难以发挥自身网络思想政治教育效能的问题亟待解决。自2019年6月开始，“星船”团队招募大量志愿者，在甘肃省范围内对18个红色革命纪念馆进行实地调研，通过搜集整理纪念馆馆藏内容信息，为团队创作提供基础素材。

二、主要做法

（一）调研产出

1.传承和发扬长征精神

团队基于纪念馆馆藏内容，为首批18家纪念馆一一创作宣传推广歌曲。宣传曲将纪念馆收录的红军故事巧妙地融入歌词当中，在帮助纪念馆更好地讲述和传承长征故事的同时，在高校内外掀起了一股红色文化学习的热潮。此外，团队又对调研中获得的故事素材进行更为深入的运用，创作了一系列内容精良、立意深远的漫画和动画作品，并产出了音乐教材、图鉴、学术调研集等各类实体成果，在当地举办各类线下展演，让文化创新的成果深入田间地头。

2.走好新时代的长征路

2020年，团队将目光投向全国范围内的贫困村落，以及正在这些村落中如火如荼地开展着的脱贫攻坚事业，讲述新时代的新长征故事。其间，团队招募了近百名青年志愿者，在全国60余个贫困村落中选取了18个典型村落代表，通过调研采风的方式，感受脱贫攻坚工作给村民的实际生活带来的巨大改变，将其用故事的方式讲述出来，并通过音乐等形式进行包装，将其变为青年易于接受并适于在互联网上传播的形式。

3.弘扬当代社会的正能量

“星船”团队将极强的宣传工作的敏感性特点落实到具体工作当中。在脱贫攻坚、抗击疫情、厉行节约等热点话题中寻找创作切入点，通过组织大规模的志愿者团队进行广泛的社会调研，获取创作素材，基于发生在当下的正能量、主旋律故事，通过学生创作团队产出形式创新、风格多样的系列原创网络思政教育产品。同时，在创作和宣传过程中，将党和国家的政策以及领导人的讲话精神融入其中，让作品变成一堂又一堂生动的“音乐思政课”，引导广大青年时刻紧跟党的脚步，在获得艺术熏陶的同时学习先进的理论知识。

（二）宣传推广

1.对接主流媒体

原创内容创作完毕后，团队主动联系人民网、央视网、新华网等主流媒体，借助其力量扩大宣传内容的知名度。团队前期为纪念五四运动100周年创作的甘肃省12个红色革命纪念馆宣传推广单曲和《音颂长征 闪耀中华》统领曲的成品微视频受到央视网、学习强国等多家网络平台报道，以及凤凰网、今日头条、兰州日报等媒体转载，并与团队达成优质的合作关系，这些工作成果也得到当地纪念馆的肯定和大力支持。

2.联系乡镇媒体

主动联系创作地的乡镇媒体，让当地群众也切实感受到创作的有关当地红色主题的内容所传达的内涵精神，丰富他们的娱乐生活。将其生活地所蕴含的内涵精神展现在微信公众号的文字、图片和视频里，帮助广大农民群众坚定社会主义信念，为他们以饱满的信心投入农村经济建设提供精神动力和思想保证。

3.文艺晚会下乡

团队将原创歌曲搬到乡镇文艺晚会的舞台上，一方面，丰富了乡村公共文化产品和服务方式，有利于深入推进文化惠民行动，提升服务标准，丰富服务内容，创新服务形式，用寓教于乐的方法宣传党的路线方针政策，对群众进行道德教育，引导广大农民崇尚健康向上、科学文明的生活方式；另一方面，将群众身边的故事搬上艺术舞台，增加了大众的文化自信，从而自觉自愿地参与到对当地文化保护和宣传的工作上来。

4.走进思政课堂

新媒体技术在学校教育中的应用，让大中小学成为“星船”项目内容产品的重要受众群体。文艺作品走进校园，有利于丰富思想政治教育的形式内容，提升学校思想政治教育的实效性。

“星船”故事的传播模式分为四个阶段，即资料搜集阶段、文艺活动阶段、宣传推广阶段和凝集归纳阶段，可以用下图来表示：

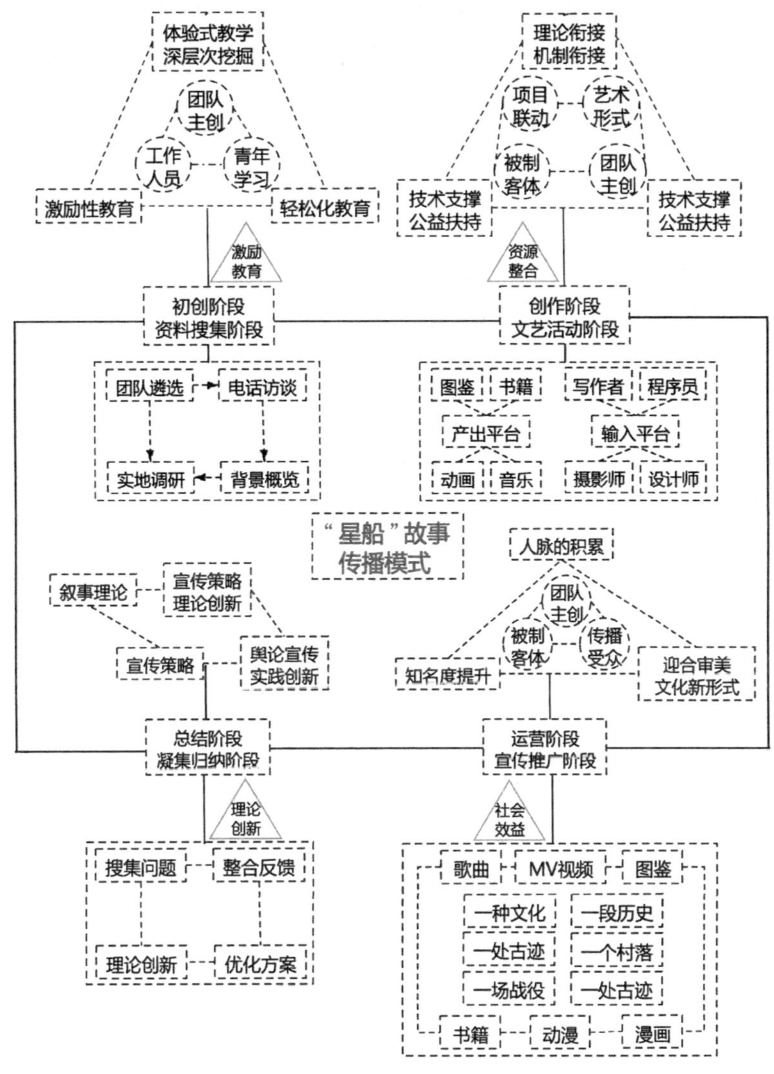

“星船”故事四个阶段传播模式示意图

三、取得成效

（一）产出实效

1. 内容概述

除多系列歌曲、动画、漫画外，本团队还已编纂形成《音乐中的长征故事》《脱贫攻坚中的中国》书籍2套，《音颂长征 闪耀中华》微电影1部，《界石 新时代进发》等推广微视频14部，《风雨战“疫”》《忆知青岁月 做兰大栋梁》《风雨 箐政》《以“箐政”的名义》沙画诗朗诵4部，《音诵 长征》《风雨战“疫”》图鉴2部。

2. 线下活动

团队已为18所红色革命纪念馆制作馆歌与MV成果，并在10余场大型学生活动上进行展演。根据纪念馆反馈，歌曲在馆均播放次数上百万次，线下累计受众过百万，对甘肃省14个市州实现全覆盖，影响100余个县、乡镇及村落。

（二）网络传播

1. 影响范围

截至目前，团队相关内容产出已收获累计线上线下播放量2亿次、点赞量逾3000万、评论量近500万；上百家媒体进行了报道，包括央视网、人民网、中新社、新华社、新华网、凤凰网、学习强国、全国学联、共青团中央等媒体。成品微视频受到央视网、学习强国等多家平台报道以及凤凰网、今日头条、兰州日报等媒体转载，也得到当地纪念馆的肯定和大力支持。

2. 媒体评价

光明网报道中写道：对于“星船”团队而言，他们的航程永远没有终点，但对于项目的每一个阶段，他们都有清晰的目标。他们表示，团队将全力以赴，用各种形式讲好中国故事，凝聚青年意志，弘扬社会正能量，让更多的年轻人享受到真正有营养的文化产品，为党的百岁华诞献礼。

央视网的报道中写道：这是兰州大学青年庆祝百年五四的一种独特方式，呼吁更多人弘扬长征精神，激发爱国情怀，展示当代青年学生党员风采。

学习强国甘肃学习平台的报道中写道：这是十二首唱给先辈、献礼新中国的赞歌，满山回响；这是一百五十个故事的缩影，荡气回肠；这是六千里征途的挂碍，日月同辉；这里是西北，这里是甘肃，这里是兰州大学，这是新长征路上的“兰大人”。他们驱车6000公里，足迹遍布甘肃14个市州；奋战1400个小时，从采访接洽到资料搜集，从歌曲创作到视频拍摄，将150余个长征故事提取凝练；深入革命老区，借助歌曲让更多的人认识甘肃，了解长征；对昔日革命的艰辛追溯，将今日建设的盛景描摹；“不忘初心、牢记使命”，这是主题教育道路上的“兰大人”。

（三）荣誉奖项

团队先后获“全国优秀暑期社会实践团队”“甘肃省暑期社会实践优秀团队”等荣誉。其《音颂长征》系列作品获2019年度甘肃省宣传思想文化工作创新奖（唯一高校类）。相关创新创业项目获第六届中国国际“互联网+”大学生创业大赛甘肃省冠军、全国金奖。2020年“挑战杯”大学生创业计划竞赛甘肃省金奖、全国铜奖。

四、经验启示

（一）显性教育与隐性教育相统一

习近平总书记在全国思政课教师座谈会上指出，思政课“要坚持显性教育和隐性教育相统一，挖掘其他课程和教学方式中蕴含的思想政治教育资源，实现全员全程全方位育人”。隐性教育注重在潜移默化中实现对教育对象思想的触动和引导，寓教于乐，增强隐性教育方式、坚持显性教育和隐性教育相统一是思政课改革创新的重要目标。革命和爱国歌曲与课堂灌输的方法不同，将思想政治教育内容有机融入歌曲之中，一是有利于破解宣传工作方式单一的难题。意识形态的传播和教育中可以增加温情的方式，在宣传核心价值观等的主题教育中适当运用歌曲的方式，有利于使人们在饱含深情的音乐表达中感受到对党的坚定信仰和对国家的热爱。二是有利于增加对思想政治教育内容的情感认同。在知情意行的转化过程中，情感是其中重要的一环，通过显性教育以理服人，通过隐性教育以情感人，使青年在艺术的熏陶中唱响爱国主义主旋律。

（二）课堂教学与实践教学相统一

现有思想政治教育受到固有课堂氛围的限制，“课程思政”的鲜明特性激活了音乐融入思想政治教育的形式。利用暑期社会实践创作的场域，在暑期实践基地、爱国主义教育基地进行原创性的音乐创作，身临其境地了解革命历史、整理革命思政素材、创作思政歌曲、沟通创作内涵，从了解到整合，从整合到归纳，从归纳到精炼的过程，给实践团队提供了深度接受思想政治教育的可能。

（三）灌输方式与启发方式相统一

坚持灌输方式和启发方式相统一是对思想政治教育亲和力和实效性的要求，要实现灌输与启发的交融，形成“灌输中隐含着启发，启发中渗透着灌输”的新教育方式。本项目旨在在思想政治教育中穿插音乐形式，在音乐教育中潜藏思政内容，表现在：其一，使思想政治教育以新颖的形式进行展开，活跃了教学气氛，为启发性教学提供了良好的环境；其二，爱国歌曲相比于思想政治教育的理论内容更易为青年学生所理解和接受；其三，在教师的引导下，鼓励青年学生自觉体会歌曲中的事件和精神，更加深入地体会通俗化的理论知识，内容科学而形式生动，使思政课有序展开，深化了理论知识的学习，提高了思政课的教学效果。

（四）教师主导与学生主体相统一

本案例以深受同学们喜爱的创新教育方式——参观红色革命纪念馆为基础，用新时代学子乐于接受的艺术表现形式，将思政课存在的内容枯燥、形式单一等问题成功化解，以学生需求为基础，创新思想政治教育形式，大大提高了学生的参与感与满意度，达到了学生需求与思想政治教育的完美结合。本案例打破了教师指导、参与项目的常规方法，提升了项目难度，对教师而言也是一次前所未有的尝试与提升，扎扎实实地做到了教师指导与教师深度参与相结合。

（五）精神传承与新兴科技相统一

互联网提供的技术便捷丰富了思想政治教育之方式，也开阔了思想政治教育之视野，更推动了思想政治教育之现代化手段，当然也为音乐融入思想政治教育提供了更大空间。将音乐的创作过程以微党课形式讲述，将音乐主体内容以短视频的形式呈现，将音乐歌词改编成图文朗诵的形式展演，等等，都是思想政治教育形式的衍生和丰富。

（朱佳君、杨巨声、赵啟沣，学生处）

11

梯链式大学生思想政治教育体系构建

——以“三大计划”为主线、“三大典礼”为助力的精准思政实践

《《《《

2020年6月，我校举行2020届学生毕业典礼暨学位授予仪式

》》》》

引 言

习近平总书记在全国高校思想政治工作会议上强调，要坚持把立德树人作为中心环节，把思想政治工作贯穿教育教学全过程，实现全程育人、全方位育人。面向“中华民族伟大复兴战略全局”和“百年未有之大变局”，我们更需以鲜活思想价值引领思想政治工作，引领青年学生系好人生“第一粒扣子”，助推其在“拔节孕穗”期茁壮成长。兰州大学紧紧围绕“培养什么人、怎样培养人、为谁培养人”这一根本问题，把思想政治工作贯穿教育教学全过程，多措并举推进全员、全过程、全方位育人落地见效，努力培养德智体美劳全面发展的社会主义建设者和接班人。

一、背景情况

习近平总书记在全国教育大会上强调，要在坚定理想信念、厚植爱国主义情怀、加强品德修养、增长知识见识、培养奋斗精神、增强综合素质上下功夫。这六个“下功夫”，为做好新时代青年思想政治工作教育指明了方向。2020年1月，教育部等八部委联合印发了《关于加快构建高校思想政治工作体系的意见》（简称《意见》），明确要求“要把立德树人融入思想道德、文化知识、社会实践教育各环节，贯通学科体系、教学体系、教材体系、管理体系”。《意见》对全员、全过程、全方位育人工作提出了更高要求。随着国际环境的巨大变化和科技革命的迅速发展，我国高校立德树人工作的内涵越来越丰富、速度变化越来越快、层次结构越来越复杂、结果和影响越来越深远。应对这些新变化和新要求，立德树人工作需要深入学习贯彻习近平总书记关于教育的重要论述，把握青年学生思想政治规律，针对青年学生不同阶段的特点，更加系统、更加精准地开展学生思想政治教育。

这些年来，兰州大学立足人才培养定位，坚持问题导向，强化组织领导，创新方式方法，持续加强思想引领、价值引领、榜样引领和服务引领，一体推进“蓝图计划”“卓越计划”“起航计划”，精心构建“开学典礼”“毕业典礼”

“优秀学生颁奖典礼”三场大型仪式教育，推动学生思想政治教育工作更好地适应和满足学生成长诉求、时代发展要求、社会进步需求，取得了丰硕的育人成果。

二、主要做法

（一）以“党旗领航+学生党员培养”铸魂

积极推动本科生党建工作，指导本科生党支部加强学生党员的培养和教育工作，组织开展学生党支部“一支部一品牌”评选工作；组织学生党员骨干开展红色教育和志愿服务，连续多年选派优秀毕业生党员前往静宁县界石铺红军长征纪念馆挂职锻炼，并为十几所长征纪念馆整理史料并谱写原创歌曲；坚持开展“每月一主题”主题教育活动，注重挖掘重要时间节点的教育功能，围绕庆祝建党、中华人民共和国成立、五四运动、一二·九运动等重大纪念日，厚植爱国主义情怀；成立马克思主义经典著作学习兴趣小组，组建习近平新时代中国特色社会主义思想青年宣讲团，进班级、进支部开展宣讲活动，充分发挥学生党员的先锋模范作用，强化理想信念教育。

（二）以“蓝图计划+开学典礼”导航

将“开学典礼”和“蓝图计划”新生入校100天主题教育深度融合，围绕启蒙性、引导性、规范性教育，开展理想信念教育、校史校情教育、安全防范教育、规章制度教育、日常养成教育、心理健康教育、专业认知教育。将参观校史馆、学会校歌、佩戴校徽作为新生入校思想政治教育的规定动作，促进新生尽快了解兰大、认识兰大、融入兰大。促进校训学风传承故事化，开展书记、校长为新生讲兰大故事，优秀校友话校训，“好作业、好笔记”优秀校友作业笔记评选展示等活动。围绕“理想”“信念”“追求”诸话题，邀请专家学者、知名校友讲述“自强不息、独树一帜”的故事，将开学典礼打造成学生大学生活开始的第一课。

（三）以“卓越计划+优秀学生颁奖典礼”培元

将“优秀学生颁奖典礼”和“卓越计划”深度融合，全面树立优秀学生群像，全面引领学生成长成才。构建以“十佳百优”班级、“十佳百优”宿舍、“十佳百优”学生标兵为核心的“朋辈榜样”引领带动体系。以校级、国家级创新创业训练计划项目及“箬政基金”项目为重要平台，促进本科生科研能力的提升。开展“优秀学生颁奖典礼”，围绕“自信”“奋斗”“成长”，表彰一年来各方面表现优异的学生个人及团队，讲述在校学生奋勇拼搏、成长进步的故事，将其打造成学生每年年底的一堂思政大课。开展“卓越学生群像”寻访活动，展示、对话历届在学术科研、创新创业、志愿公益等方面表现卓越的学生代表，树立可信、可学的榜样群体，涌现出了“大学生年度人物”提名奖获得者杨巨声等，“自强之星”唐现功、田歌等，“军中白鸽”王心语等，“出彩毕业生”段志鑫、卢纪元等一批先进典型。

（四）以“起航计划+毕业典礼”筑梦

将“毕业典礼”这堂学生大学生活结束的最后一堂思政大课与“起航计划”毕业生主题教育深度融合，围绕理想信念教育、感恩诚信教育、职业生涯教育，引导毕业生立大志、明大德、成大才、担大任，到祖国最需要的地方建功立业。把提高毕业生就业质量与引领毕业生职业生涯发展融合起来，调动一切有效资源，为学生做指导、提能力、供资源、帮发展，把就业帮扶覆盖到每一位毕业生。引导毕业生采取多种形式归纳总结大学收获，对照“蓝图计划”，总结大学经验，记录成长故事。充分挖掘、树立优秀毕业生典型，开展“出彩毕业生”评选活动，充分展现我校毕业生的精神风貌，引导学生向身边的榜样看齐。扎实开展毕业典礼，围绕“责任”“担当”“奉献”，引导学生回忆大学温馨时光，展望美好未来，讲述校友扎根西部、放眼世界的故事。

三、取得成效

（一）思想政治教育与人才培养过程有机融合

实施“蓝图计划”“卓越计划”“起航计划”，针对学生不同学习阶段的身心发展特点，有针对性地开展教育引导，注重各阶段的黏合效应，既保障教育在各阶段各有侧重，又突出教育整体协同联动，使价值引领的各项工作有效覆盖从学生进校到毕业的全学业周期。

（二）牢牢把握思想政治教育价值引领方向

近年来，学校始终坚持党委书记、校长为学生讲授“开学第一课”“毕业最后一课”的做法，校领导、院长、学科带头人带头讲党课、上思政课，组建习近平新时代中国特色社会主义思想青年宣讲团，强化对学生的理想信念教育，引导学生将践行社会主义核心价值观融入校园生活和人生发展。2019年本科生思想动态调研结果显示，我校大学生充满家国情怀，关心时事政治，认同主流价值观念，乐观、积极、自信，目标明确。用人单位对我校毕业生的工作表现满意度达96.54%，尤其集中肯定了他们踏实肯干、爱岗敬业、执行力强、基础扎实、诚实守信和组织协调能力强等方面的特点。

（三）有效提升思想政治教育价值引领实效

进入新时代，大学精神也必将在不断传承中创新发展，我们也将更加注重对大学精神的创新发展进行凝练和总结，有效提升学生思想政治教育价值引领实效。一直以来，兰大毕业生的基本素质、专业素养得到了国内外重点高校和科研院所的广泛认可，2019届本科毕业生升学至“双一流”院校的有1358人，占本科毕业生升学总人数的80.98%。近年来，涌现出了一批批先进典型，新时代的兰大人也将继续用自己的实际行动诠释兰大精神新的时代特征。

四、经验启示

（一）办好“三大典礼” 沉浸式体验激发思政教育活力

组织学生上好大学生活的第一堂思政大课，在开学典礼聆听专家学者及知名校友扎根西部、放眼世界的故事，树立远大理想；组织学生上好大学生活的每年一堂总结大课，在优秀学生颁奖典礼上见贤思齐、落实行动，积蓄蓬勃的青春力量；组织学生上好大学生活的最后一堂感恩大课，在毕业典礼上回望大学经历，与校友一起感恩母校，不忘初心再出发……以这“三大典礼”为依托，开展仪式教育，学习三堂思政大课，就是让学生在沉浸式情境教育中感悟成长，推动习近平新时代中国特色社会主义思想入耳入脑更入心。

（二）实施“三大计划” 深入推动构建“三全育人”格局

“蓝图计划”“卓越计划”“起航计划”针对学生成长的不同时期，从学习、生活、工作、就业、校友等各个方面入手，采取有针对性的教育引导，将知识传播与价值引领紧密结合起来，深入推动精准思政。“三大计划”的实施，有效整合了教育教学、科研创新、管理服务等领域的育人资源，打造线上线下、课上课下、校内校外等方面有机融合的思政工作格局，主动把大学生思想政治教育工作融入学校发展的各项事业当中，推动构建“三全育人”新格局。

（三）做好“兰大精神”传承 立德树人筑牢理想信念之基

兰大为美，是对兰大精神、兰大文化的概括，是一代代兰大人的精神家园。学在兰大，不仅要习得丰富的知识和过硬的本领，更要接受兰大精神的洗礼，锤炼品格修养，坚定理想信念，成为具有兰大精神气质的德智体美劳全面发展的社会主义建设者和接班人。办好“三大典礼”，实施“三大计划”，就是要落实立德树人这一根本任务，将兰大精神、兰大文化融入人才培养的各个环节，强化大学生思想价值引领，给每一位兰大学子留下兰大记忆，镌刻兰大烙印，让“自强不息、独树一帜”的校训成为兰大人共同的精神财富和力量源泉，培养担当民族复兴大任的时代新人。

（宋伟国、杨仁子、马晓玲，学生处）

12

多点发力 强化引领 突出实效

——兰州大学班级学生骨干培养工作实践

《《《《

2020级本科生副班主任夏令营期间，兰州大学党委学工部组织副班主任开展户外素质拓展活动

》》》》

引 言

为深入贯彻落实习近平新时代中国特色社会主义思想，贯彻落实中共中央、国务院《关于进一步加强和改进大学生思想政治教育的意见》精神，全面落实立德树人根本任务，努力培养德智体美劳全面发展的社会主义建设者和接班人，兰州大学党委学工部以学生骨干队伍建设为抓手，在促进学生骨干队伍素质提升中，发挥“朋辈帮扶”教育的积极作用，营造积极向上的校园氛围，促进大学生思想政治教育工作取得实效。

一、背景情况

学生骨干作为大学生群体中的优秀分子，在班级建设和管理过程中起着至关重要的作用。他们是协助老师做好日常管理的助手，是引领班级学生健康成长的榜样，是促进老师和学生有效沟通交流的桥梁。兰州大学党委学工部主要管理的学生骨干队伍有班长和副班主任。班长这支队伍历来是班级骨干中最重要的一个，是班级的核心。副班主任这支队伍是在兰州大学两校区办学，因榆中校区远离本部校区，教师和学生沟通交流较少的背景下于2002年建立起来的，主要目的是通过选拔高年级优秀学生担任大一新生的副班主任，帮助新生适应新环境，引导新生完成角色转换。近些年来，学工部不断强化对这两支队伍的培养和教育，充分发挥他们的“朋辈帮扶”作用，在班级建设和管理方面取得了显著成效。

二、主要做法

（一）严把入口关 用制度保障打好基础

为保证班长和副班主任这两支队伍的整体质量，学工部严格把控选拔环节入口关，在充分掌握学生基本情况，以及通过民主选举、自我推荐、他人推荐、学院学工部“双审核”的基础上，选拔出思想态度端正、品学兼优、综合素质高的学生担任班长或副班主任。建立淘汰机制，对于在担任职务过程中发现不符合条件的学生，及时引导教育、竞争淘汰，保证了队伍的战斗力和活力。为强化制度保障，学工部制定了《兰州大学副班主任管理办法》，办法对副班主任的选拔条件、职责、权利、义务、考核标准进行了明确规定，同时，对于考核合格的副班主任，学校将在综合测评、保研、留校从事学生工作等方面给予相应政策倾斜，充分调动了副班主任队伍的积极性。自2002年至今，学校已连续18年选拔综合素质突出的高年级学生担任新生副班主任，他们是新生学业上的引路人、生活中的贴心人，也是学院、学生管理部门的得力助手。

（二）强化思想引领 筑牢理想信念根基

学工部始终将班长和副班主任这两支队伍的思想政治教育和价值引领放在首位，把习近平新时代中国特色社会主义思想与社会主义核心价值观贯穿于队伍培养的全过程，遵循青年成长和思想教育的客观规律，注重理论教育和实践教育相结合，不断创新培养方式。学校每年开展新生班长训练营、副班主任夏令营，旨在提升班长和副班主任的综合素质。培训专门设置理论提升模块，聚焦国家重要会议、社会热点话题、学校改革发展等议题，邀请专家学者通过专题讲座、座谈会、主题研讨、实践交流等形式进行专题培训。通过持续不断加强思想引领，我校班长、副班主任队伍始终秉承兰大“自强不息、独树一帜”的校训精神，逐渐成长为理想信念坚定、富有家国情怀的学生骨干队伍。

（三）注重过程培养 提升业务能力

学校在注重加强学生理想信念教育的同时，也不放松对班长和副班主任队伍的过程性培养。针对副班主任和班长两支队伍，学工部分别于每年的8月、10月开展副班主任夏令营和新生班长训练营活动。培训前期统筹校内外资源，制定完善的培训方案，通过团队建设、专题讲座、班级建设工作坊、班级建设经验交流会等一系列活动，着力提升新生班长和副班主任的理论素养、业务能力以及班级管理服务水平。除开展专题培训以外，我们还通过定期开展工作论坛、工作联席会、经验交流会、“十佳百优班级”评建活动等，加强两支队伍的日常交流，强化日常性、过程性教育。

（四）加强“朋辈互助” 发挥榜样引领作用

学校积极搭建平台，充分发挥副班主任、班长在日常教育、班级建设、校园文化活动中的模范带头和组织协调作用，引领班级学生健康成长，推动优良班风、学风建设。学校每年在副班主任一年任期结束后开展副班主任考核工作，针对表现突出的副班主任予以表彰，树立优秀典型；每年邀请“十佳班级”班长和优秀副班主任为新生班长、新任副班主任开展经验分享活动，发挥“朋辈引领”作用；充分利用学校媒体资源，加强对班长、副班主任队伍的宣传力度，扩大两支队伍的影响力和号召力，引导更多学生向先进看齐，向榜样靠近。例如，土木工程与力学学院2018级学生范成龙，曾任2019级理论与应用力学班副班主任。工作期间，他主动开展工作，积极配合协助学院，带领班级学生开展班级活动，营造了良好的班风和学风，他所带的班级也曾在学院运动会中揽获接力赛项目第一名、趣味项目第二名、体育道德风尚奖等多种荣誉。作为副班主任的他，在带领班级健康发展的同时，也在不断完成自我突破和成长，先后获得了国家奖学金、优秀学生干部、优秀团干部、学生标兵等荣誉。同时，他还充分发挥个人爱好特长，通过短视频表达积极向上的生活态度，先后荣获第九届国际大学生微电影盛典三等奖、第十七届广州大学生电影展优秀短视频奖。

三、取得成效

经过多年探索和实践，我校在班长和副班主任学生骨干队伍培养中逐渐形成了自己的特色，取得了显著成效。

（一）班级学生骨干培养体系逐步完善

完善的培养体系是学生骨干队伍建设的重要前提，培养体系是否完善关乎着学生骨干自身的发展和成长，关乎着学校学生骨干队伍发展的整体质量。我校在做好学生骨干培养具体工作的同时，也在班长、副班主任的培养实践中不断摸索，结合学生的成长规律，调整培养方式，创新工作方法，探索培养路径。经过长期努力，我校已经形成了从选拔入口到过程培养，再到奖励评优的全过程培养体系，完善的制度体系为学生骨干培养构筑了坚实的制度基础。

（二）班级建设形成有力抓手

班长、副班主任这两支学生骨干队伍经过培养和锻炼，已经成长为兰大学生骨干群体中的中坚力量，他们具有坚定的理想信念，能够积极响应党和国家的号召，主动承担学校下达的各项任务，积极协助老师做好班级建设和服务工作。他们积极向上、充满活力、朝气蓬勃、奋发有为，乐于参加社会实践活动，热心公益，为广大青年学生树立了良好的榜样。班长、副班主任队伍已经成为学校、学院开展班级建设的强有力抓手，为我校班级建设和学生思想政治教育工作贡献着新时代的青年力量。近年来，我校严抓班风学风校风建设，通过持续开展“十佳百优班级”评建活动，激发班级凝聚力，营造了健康向上的班风，践行了“勤奋、求实、进取”的校风。

（三）形成了良好的榜样示范效应

经过多年的教育培养，我校学生骨干队伍，尤其是新生副班主任队伍以其优秀的品行、扎实的业务能力、良好的综合素质为全校学生树立了良好的榜样。

这支队伍在扎实苦干中践行着兰大“勤奋、求实、进取”的优良校风，在创新探索中弘扬着兰大人“自强不息、独树一帜”的精神品质，他们用自身行动引领班级学生向好发展，他们以扎实的业务能力助力班级学生健康成长。兰州大学每年培养出600余名班长、150余名副班主任，他们在各自的岗位上助人成长，更获得了自我成长。近年来，他们在班级管理、社团发展、活动策划、志愿服务、社会实践等领域主动作为，贡献青春力量，为兰大青年学子树立了良好的榜样，引领了一大批学生向优秀看齐，向先进学习。例如，2018级新闻与传播学院闫姝晨同学，曾任2019级新闻与传播学院广告班副班主任。担任副班主任期间，她积极开展班风学风建设，主动为新生服务，用实际行动履行着副班主任的使命和职责，她的工作得到了所带班级学生的一致好评，最终被学校评选为2019年“优秀副班主任”。此外，她还曾获得国家奖学金、中国国际“互联网+”大学生创新创业大赛省级金奖、“挑战杯”甘肃省大学生创业计划竞赛特等奖、全国大学生电子商务“创新、创意及创业”挑战赛省级特等奖等奖项。

四、经验启示

我校在近些年来班级学生骨干培养的过程中，也在不断探索总结、梳理归纳，在不断反思中总结出了一些经验，从我校工作实际出发，主要有以下几点：

（一）学生骨干培养重在拓展培养资源

要想教育培养好学生骨干队伍，搭建平台、拓展资源是关键。在学生骨干培养的过程中，应当应时而变，与时俱进，积极拓展外部资源，引进最新培训理论和方法，充分利用校友资源开辟校外实践渠道。虽然我校地处西部，办学条件相对不足，育人资源相对缺乏，但我们还是能突破客观条件的限制，积极拓展外部资源，针对每个阶段学生的特点有针对性地开展模块化培训，将“引进来”与“走出去”相结合，不断探索真正适合学生的培养方式。在有限的资源和环境中，为学生骨干的发展提供最好的平台，通过不同形式的培养挖掘学生骨干内在潜力。

（二）学生骨干培养要提供更高的发展平台

班级学生骨干的服务对象是班级内学生，日常管理中，班长和副班主任的活动也局限在班级事务中，这样在一定程度上限制了学生骨干的发展空间。多年来，我校积极探索班级骨干发展路径，打通学生骨干纵向发展渠道，为他们提供更高的发展平台，让他们有机会参与学校各部门的管理工作，这样既可以让他们加深对学校各个部门的了解，又有助于提高工作技巧，拓宽工作视野。

例如，2017级信息科学与工程学院学生高硕圆，曾任2017级电子信息科学与技术2班班长、2018级电子信息类3班副班主任。由于他在担任学生干部期间表现优异，综合素质突出，副班主任任期结束后被选拔为学工部思政教育办公室学生助理。做学生助理期间，该同学表现出较强的活动组织和策划能力，先后协助老师举办了开学典礼、毕业典礼、“榜样的力量”优秀师生颁奖盛典等大型活动，主要策划和组织了2019—2020年新生班长训练营、副班主任夏令营等活动，同时负责学生助理团队的管理工作。几年间，通过以上各种平台的历练，高硕圆同学已经成长为一名思想立场坚定，基本业务功底扎实，具有较高组织协作、人际交往能力的学生骨干。该生在校期间曾获“国家励志奖学金”，并荣获“学生标兵”“优秀共青团干部”“优秀学生会干部”等荣誉称号，同时被推免至兰州大学大气科学学院攻读硕士研究生。在今后的学生骨干培养工作中，我们还应该着眼于更深层次的培养内容，借力外部资源，为学生骨干的发展提供更广阔的成长舞台。

（宋伟国、马晓玲、杨仁子，学生处）

13

主动作为 纵深推进 行稳致远

——兰州大学深入开展“走进学生生活、走进学生学习、走进学生心灵”行动

《《《《

严校长（前二排左二）与联系班级学生

引 言

为深入学习贯彻习近平新时代中国特色社会主义思想和党的十九大精神，落实全国教育大会精神，推动“三全育人”工作向纵深发展，兰州大学牢固树立“以学生为中心，以教师为主体”的理念，开展“走进学生生活、走进学生学习、走进学生心灵”行动。工作实施过程中，着力加强顶层设计，精准统筹部署，深入推进实施，构筑了“网格化、覆盖全、一体化、效果实”的育人体系，增进了全员全方位全过程育人的亲和力、针对性和实效性。

一、背景情况

为深入贯彻落实全国高校思政工作会议，以及习近平总书记2018年5月2日在北京大学师生座谈会上重要讲话精神和新时代全国高等学校本科教育工作会议精神，为切实解决我校多校区办学中师生联系不紧密问题，以及学生理想信念引领不够强、言传身教不够近、因材施教不够专、学生思想把握不够准等问题，引导全体教职员工“走进学生生活、走进学生学习、走进学生心灵”（简称“三走进”），构建全员全方位全过程育人体系，2018年7月，兰州大学开始实施“三走进”行动。

“三走进”行动以教职工对口联系1至2间学生宿舍为抓手，通过深入学生宿舍，了解学生需求，帮助学生解决生活、学习中遇到的困难，助力学生成长。目前，实现了为每一间本科生宿舍配备一名教职工联系的举措。“三走进”活动有效增进了师生互动，构建了良好的师生关系，在学生理想信念引领工作上切实发挥了积极作用。

二、主要做法

（一）对标更高要求 建章立制强推进

学校党委常委会、工作调度会等会议多次专题研究“三走进”工作，研究工作推进过程中的优秀经验和困难问题，及时部署优化实施举措。制定《兰州大学关于加强干部教师深入基层联系学生 进一步推进“三走进”行动的意见》，出台《兰州大学“走进学生生活、走进学生学习、走进学生心灵”行动实施方案（试行）》，使学校各级领导干部把工作重心下移到基层单位，工作重点放到学生思想政治工作上，切实增进师生联系和互动，增进育人亲和力、针对性，形成育人合力。截至2020年底，所有学院均制定相关制度或办法，并将“三走进”工作纳入绩效工资等考核内容。

（二）搭建支撑平台 保障实施增效果

一是建设“三走进”管理信息系统。优化宿舍关联信息、电子日志、活动记录等内容，为广大干部教师工作开展提供信息化手段支撑，加强过程管理和监督。开发“三走进”工作APP，提升工作的智能化，打破多校区办公的“时空”限制，方便联系宿舍教师随时随地记录工作，及时关注学生动态。目前，已形成6000余条电子日志、活动记录。

二是用好宣传平台。建设“三走进”专题网，充分利用“易班”平台，发挥“萃英在线”媒体平台作用，挖掘宣传“三走进”工作典型人物事迹，调动师生的积极性，营造全员参与的浓厚氛围。目前，已发布“三走进”人物、“三走进”动态、宿舍风采等200余篇文章，已形成4000余份记录完整、特色明显、图文并茂的优秀日志。

三是健全交流平台。通过组织师生共读活动、师生运动会、师生联欢会等活动，增进师生情感。组织“三走进”经验讲述会，做好工作总结，推广先进经验，为联系宿舍教职工提供交流、学习经验的机会和平台。开展调研并形成报告，了解学生真实需求，联系教师意见，丰富联系形式，切实推进工作。

（三）严密部署实施 落实落细入人心

一是领导带头，表率示范。学校领导班子成员每人联系一个学生班级或一间学生宿舍或一个学生社团。学校机关职能部门、学院主要负责同志加强和学生间的常态化交流，每人至少联系一间学生宿舍，立足工作岗位做好育人工作。例如，物理科学与技术学院、萃英学院以“师生共话”“院长午餐会”等形式，共叙青云之志，就学生的学习、科研、生活以及职业发展等问题解疑释惑。

二是细化任务，增进联系。联系宿舍教师深入学生学习、生活场所，和学生一起参加活动，和学生一起分享读书心得，和学生一起探讨交流。以服务学生全面成长成才为落脚点，加强学生养成教育的培养，引导学生完成大学生活“十个一”必修内容。例如：化学化工学院时雪钊老师，时刻关注所联系的学生思想动态，和学生共读了《习近平谈治国理政》《追风筝的人》《少有人走的路》等书籍，与学生分享交流“心中的风筝”，成为所联系宿舍学生的思想上的“领路人”。学生处董婷老师，发挥工作特长，将小型职业规划讲座、交流会带进8名学生的宿舍，成为她们成长路上的“解惑人”、生涯规划上的“摆渡人”。第二临床医学院的黄燕老师，积极开展学生工作，参与学生搬迁、看病等大小事务，指导学生学会分享、养成良好习惯，成了学生生活上的“暖心人”。马克思主义学院王彦涛老师与学生们重点交流学业，给所联系宿舍学生每人购买了一本《马克思哲学要义》，鼓励学生们在学业上更进一步；指导学生通过听课、看书、写作以及与老师交流等方式提高学业水平，成为学生专业学习上的“助力人”。药学院张军民老师是学生在科研上的“启蒙人”，他利用专业课教师的优势，积极深入学生宿舍，分享了药学专业未来的黄金优势，使得学生对专业学习产生浓厚的兴趣，有学生在大一就申报了学校创新创业项目，以优秀获得结项，并作为“国创”——国家级大学生创新创业训练计划的负责人带领团队在专业期刊上发表论文，被邀请参加全国大学生药苑论坛。

三是鼓励创新，增进活力。各学院联系宿舍教职工根据实际，以走进学生宿舍为切入点，通过多种丰富的活动，增进师生联系，引导学生健康成长。有的学院结合本科生导师制度、生活导师制度、班主任制度，充分发挥专任教师作用，将“三走进”工作融入课堂教学；有的学院结合师生党支部共建、学术报告、阳光健康跑、宿舍文化节等特色活动，将“三走进”工作做在经常；有的学院推出答疑坊、一对一咨询、小班辅导、考前加油站等学业帮扶措施，积极发挥专业课教师在学生学习兴趣引导、学业规划设计、科研训练启蒙中的作用。例如：数学与统计学院、化学化工学院、信息科学与工程学院等多个学院通过不同形式的第二课堂活动，带动师生，为师生提供更多互动平台；鉴于法学教育具有的强思辨、重实践的鲜明特点，法学院师生紧扣社会热点，结合经典案例，以同学们学习兴趣为出发点，开展了“习法·启思”微讲堂活动，延伸课堂教学，加强深度互动，参与师生人数达百人次；草地农业科技学院第一党支部以 “三走进”为契机，完善党支部工作制度，强化教师党员、学生党员与学生的密切联系，建立“一名教职工党员+一名学生党员”的团支部，达到教职工党员“传帮带”的作用。

（四）满足学生需求 立足全面促成长

一是聚焦学业进步。根据教育部“以本为本”“要让本科生忙起来”的要求，联系宿舍教师结合学校要求，加强对学生学业引导，帮助学生明确学习发展规划，主动帮扶存在学业困难的学生。

二是关注重点领域。加强对经济困难、就业困难、有心理需要帮助的学生的关注和关怀。通过了解学生经济困难与发展需求，及时解决学生确实存在的经济困难问题；通过“学生—教师—学院—学校”四位一体联动的就业工作机制，开展就业分类指导、就业管理、就业技能培训；通过加强心理辅导，深入了解学生想法、了解学生状态，帮助学生解决心理问题。

三、取得成效

（一）全员育人理念强化

学校在“三走进”工作开展过程中，注意加强对教职工的教育和引导，使全校教职工树立了全员育人意识。联系宿舍教职工从关心学生生活、关心学生学习着手，加强学生思想政治教育，引领学生热爱伟大祖国，树立远大理想，锤炼品德修为，练就过硬本领，担当时代责任。

（二）育人工作落到实处

教师深入每一间学生宿舍，积极参与学生各项活动，增加了学生课下与老师交流的机会，有利于构建良好的师生关系。联系宿舍教职工作为学生的良师益友，营造了师生之间良好的交流氛围，在这个过程中，老师通过言传身教激励学生、感染学生、教育学生，对他们的个人成长产生积极影响。

（三）学生获得感明显提升

通过走进学生，广大教职工能够与学生深入互动，倾听学生心声，了解学生所思所盼，及时解答或解决学生在学业生活当中存在的困惑和困难。全校广大教职员工走进学生，充分畅通了学生意见建议反馈渠道，听取学生意见，校园环境、育人氛围不断改善。学校各单位、各学院根据学生反馈，及时调整优化育人工作思路，思政教育的时效性增强。

（四）“三全育人”工作纵深发展

学校行政干部、学工人员、专任教师等都参与了“三走进”工作，发挥各自优势，从不同方面、不同侧重点，积极主动帮助学生，有助于学生得到充分锻炼和指导，在学习、科研、实践等各方面得到提升。

四、经验启示

（一）搭建立体化宣传平台 营造全员育人浓厚氛围

通过线上线下相结合的方式，多渠道宣传报道“三走进”工作典型和总结表彰，广泛宣传动员，加强全员育人氛围营造。深化教职工对“三走进”工作的认识，形成育人自觉，主动学习借鉴先进经验，努力“走进学生心灵”，增强学生获得感；改变学生对于“三走进”活动的认识，变机械、被动接受为主动、积极寻求，主动联系对接教师，在互通互融中获得启发与成长。

（二）统筹增进育人合力机制 规范高效执行制度

加强“三走进”统筹规划，建立各单位协同推进、合力育人的保障机制，建立畅通的信息共享、相互配合机制，将校内不同单位工作凝聚到增进“三走进”效果上来，聚力帮助学生解决实际困难。各级学院及团委将“三走进”工作纳入年度目标任务绩效考核指标体系，在落实时，实行刚性执行与柔性执行相结合，约束与激励相结合，以提升执行实效，增强育人效果。

（三）聚焦全面提升育人针对性 增强育人实效

贯彻落实“以人为本”育人理念，及时、准确把握学生思想动态和价值观需求，以学生实际发展为根本，形成“三走进”工作全方位、立体化格局，提高育人工作的前瞻性和针对性，着力让“需求侧”与“供给侧”相契合，让常态化的“三走进”行动变得有针对性、有影响力、有特色内涵。

（周莉箴、吕伟东、李鹏程、热依汗古丽、安卡尔江，学生处）

14

牵手丝绸之路行 共育中华民族情

——兰州大学打造“海峡两岸和港澳地区青年学子牵手丝绸之路行”实践育人品牌

《《《《

青年学子牵手丝绸之路行实践活动

》》》》

引 言

兰州大学“海峡两岸和港澳地区青年学子牵手丝绸之路行”活动始于2005年，由兰州大学发起，通过丝绸之路青年峰会、丝绸之路文化讲堂、丝绸之路城市行走、丝绸之路文化遗产探访等单元，以参访文化古迹、考察自然地理、移动课堂交流、促进青年行动等方式，促进了海峡两岸和港澳地区青年学子在深入交流中传承中华优秀传统文化，铸牢中华民族共同体意识，增进了海峡两岸和港澳地区青年学子的情感和友谊。截至目前共举办了15届“海峡两岸和港澳地区青年学子牵手丝绸之路行”活动，累计共有包括海峡两岸和港澳地区在内的20余所高校、逾千名海峡两岸和港澳地区青年学子在丝绸之路上相识相知，畅叙友谊，在共同探索、寻访丝路文化独特魅力的实践中共铸中华民族共同体意识。

一、背景情况

兰州大学“海峡两岸和港澳地区青年学了牵手丝绸之路行”活动发挥兰州大学地域特色和地缘优势，紧密结合甘肃省丰富的自然资源与人文资源优势，在海峡两岸和港澳地区高校中收获了良好的口碑和广泛的赞誉，被誉为“丝绸之路（河西走廊段）沿途独一无二的华夏文明传承体验”。活动形成了“丈量丝路文明、寻觅文脉根基”“增强文化认同、促进交流融合”“秉持丝路精神、共建‘一带一路’”“探索西部地貌、促进经济建设”“体验民风民俗、感知淳朴文化”“行走城市之间、关注西北发展”“树立正确观念、纵观世界格局”等不同层次、不同主题的实践教育主题和活动品牌特色。

二、主要做法

（一）举办丝绸之路青年峰会

以“丝绸之路青年峰会”为开端，通过主旨演讲、专题讲座、青年沙龙等内容，为海峡两岸和港澳地区青年深入体验丝绸之路文化遗产、提升文化传承意识开展有效的教育引导。先后举办“古丝绸之路商道与金融”“丝绸之路与青年交流”及“丝绸之路与多元文化共荣”等专题讲座，开展了“一座世界遗产城市”“各地风俗大不同”等文化沙龙，鼓励海峡两岸和港澳地区青年学子深入交流与展示。

（二）参访文化古迹

每年组织百余名海峡两岸和港澳地区青年以“古丝绸之路文明”为路线，重点参访敦煌莫高窟、“世界最大的地下画廊”魏晋壁画砖墓、长城嘉峪关关城、塔尔寺等历史文化古迹，综合呈现丝绸之路历代文化古迹，涵盖长城、石窟、民俗等文化，促进参与者更全面、更系统地与丝绸之路文化遗产对话，从而加深青年一代对文化遗产的情感与责任意识。此外，参观“丝绸之路文明展览”，举行“丝绸之路与世界遗产知识竞赛”，辅助深化文化参访活动的教育意义。

（三）考察自然地理

以“多彩丝绸之路”为主线，先后参观景泰黄河石林、张掖七彩丹霞地貌、肃南康乐草原、敦煌鸣沙山月牙泉、祁连山扁都口生态景区等自然景区，游历黄河、雪山、戈壁、草原、大漠、森林等，首次体验羊皮筏子、畜力车、驼队风影等，进一步增强参与者对祖国西北地区自然遗产之至雄至伟的认识，让多彩自然地理与“课本上的地貌”告诉青年学子中华民族源于地缘的共同标识与情感联系，从而增进青年一代对祖国的归属感与认同感。

（四）体验民族风情

以“多民族共创中华”为主题，走进裕固族、哈萨克族、东乡族、藏族等聚居区，参观裕固族博物馆、哈萨克族民族风情园、藏传佛教塔尔寺传统艺术展示馆等；观看哈萨克族传统史诗舞台剧、甘肃花儿民歌表演等，了解各民族历史源流及组成中华文化之作用发挥等；体验民族传统小吃烹饪技艺、裕固族饮食文化及传统礼仪，以及兰州刻葫芦、陇东剪纸等手工制作技艺。通过共品丝绸之路独特民族风情，感受中华文化之多元与精彩，使海峡两岸和港澳地区青年在了解、欣赏、认可、分享祖国传统文化的过程中进一步促成并深入实现多元文化教育价值观念。

（五）促进青年行动

设置“城市行走活动”与“文化志愿服务活动”等环节，以促进青年交流与加强文化遗产传承意识。结合丝绸之路文化遗产欣赏与海峡两岸和港澳地区青年学子对文化差异的感知方式展开，海峡两岸和港澳地区青年按照主题概念分小组自助行走沿线城市，并以城市文化景观为场所，鼓励海峡两岸和港澳地区青年学子进行语言、民俗、文化保护、社会发展等主题体验与交流。以裕固族、哈萨克族两个甘肃省人口较少的民族为案例，开展以“文化多样性友好传承教育示范”为主题的文化志愿服务活动，通过“裕固族儿童民族语言传承教育案例”和“哈萨克族儿童社区与家庭民族文化教育案例”，海峡两岸和港澳地区青年探讨少数民族文化的延续进程，亲身参与实施文化传承教育服务，并鼓励其将专业学习与志愿服务相结合，成为少数民族文化传承的践行者与推动者。

三、取得成效

（一）打造了海峡两岸和港澳地区青年学子交流互动的实践平台

丝绸之路作为中华民族的文化遗产，始终是海内外中华儿女文化交流和认同的纽带，“海峡两岸和港澳地区青年学子牵手丝绸之路行”活动积极搭建丝绸之路文化交流平台，发起丝绸之路青年峰会，以主题实践教育的模式，促进海峡两岸和港澳地区青年在专题学习和实践中深入广泛的交流。

（二）铸牢了青年学子的中华民族共同体意识，加强了民族团结

活动通过走进丝绸之路沿线特有的肃南裕固族自治县、阿克塞哈萨克族自治县、肃北蒙古族自治县、天祝藏族自治县等少数民族地区，与当地各民族青年学子、中小学生进行深入交流联谊，感受祖国民族的多样性、民俗的丰富性，体验各民族风情，帮助青年学子在了解、欣赏、认可、分享的过程中进一步铸牢中华民族共同体意识，加强了民族团结。

（三）搭建了一个感受丝绸之路、传承华夏文明的实践课堂

以“丝绸之路经济带”建设为契机，以“文化交流”为核心，不断凝练主题、丰富内涵，搭建海峡两岸和港澳地区青年学子更广阔的交流平台。海峡两岸和港澳地区青年学子共同考察西部的地理环境，了解西部的地域风情，并积极参与、推动公益服务，彰显了青年的担当和使命。活动增进了海峡两岸和港澳地区青年学子间的沟通与交流，使学子们感受到华夏文化的源远流长，同时构建了广大青年学子关注丝绸之路经济、文化、生态发展的平台，也成为“丝绸之路经济带”建设贡献自身智慧和力量的平台。

（四）建立了一批体察丝绸之路文化的社会实践基地

经过十余年的积淀，在兰州、白银、武威、张掖、嘉峪关、酒泉、敦煌等市（县）的相关文化部门、文物保护单位等机构合作建设并挂牌了一大批兰州大学学生社会实践基地，相关社会实践基地已经成为青年学子牵手丝绸之路行活动的重要合作平台和实践活动基地。

（五）培育了一批扎根丝绸之路的文化志愿服务学生团队

通过活动开展，培育了以兰州大学文化行者为代表的一批文化志愿服务学生团队。先后组织实施了多个“丝绸之路多元文化志愿服务”项目，并以此为起点，拓展出涵盖文化、教育、扶贫、环保等9个领域的、累计完成的75项调查和185个志愿服务项目，已成为兰州大学最具影响力的学生实践活动平台和校园文化活动品牌，并取得第三届中国青年志愿服务项目大赛金奖等多项全国性荣誉。

四、经验启示

（一）只有“手牵手” 方能“心连心”

搭建深入交流的实践活动，能有效促进海峡两岸和港澳地区青年学子的理解与沟通。相较其他短期交流或者局限于座谈、论坛式的交流活动，兰州大学“海峡两岸和港澳地区青年学子牵手丝绸之路行”活动每期均在15天左右。活动期间，海峡两岸和港澳地区青年学子同吃同住同行，并以“丝绸之路城市行走”等团队协作的活动为依托，有效促进了海峡两岸和港澳地区青年学子在更大平台与更深层面上的对话与交流。活动互动联谊与主题讨论的形式，为港澳地区青年学子创造了更广阔的平台，从而了解内地同龄人的所思所想，也为内地青年学子更深层次地了解港澳地区青年创造了契机，起到了加深交流、促进对话、加强理解的作用。

（二）15年接续传承的常态化、周期化项目

项目实践模式能有效促进“海峡两岸和港澳地区青年学子牵手丝绸之路行”实践育人品牌的提升与发展。该项目自2005年启动以来，已经形成了常态化机制，固定于每年暑期举办。活动以丝绸之路的甘肃、青海段沿线城市（包括兰州、白银、武威、张掖、酒泉、嘉峪关、敦煌、天水、西宁等）为活动路线，以“同踏丝绸之路，情促海峡交流；共循先人足迹，弘扬中华文化”为宗旨，设定了感受丝绸之路文化、考察河西走廊自然地理、体验西北地区民族特色、探究中华多元文化保护、了解西北现代化进程、深入感知“一带一路”共六大主题。在海峡两岸和港澳地区高校中形成了良好的口碑和广泛的赞誉，被誉为“丝绸之路（河西走廊段）沿途独一无二的华夏文明传承体验”。

（三）读万卷书 不如行万里路

在实践教育中，能有效增强海峡两岸和港澳地区青年学子对中华文化的认同，铸牢青年学子中华民族共同体意识。活动形成了“丈量丝路文明、寻觅文脉根基”“增强文化认同、促进交流融合”“秉持丝路精神、共建‘一带一路’”

“探索西部地貌、促进经济建设”“体验民风民俗、感知淳朴文化”“行走城市之间、关注西北发展”“树立正确观念、纵观世界格局”等不同层次、不同主题的实践教育主题和活动品牌特色，推动了海峡两岸和港澳地区青年学子对祖国文化、历史及经济等有更深入的了解，提供了一个让各地青年就中华民族的现状与发展进行深入交流与讨论的平台，起到了增强文化自信、铸牢中华民族共同体意识的重要作用。

（王延鸿，校团委）

15

创新评价方式 推动五育并举

——以“第二课堂成绩单”引领青年学生德智体美劳全面发展

《《《《

中共兰州大学委员会文件

校党委发〔2019〕122号

关于印发《兰州大学“第二课堂”实践育人体系实施方案（试行）》的通知

榆中校区党工委，医学院党工委，各党委、党总支、直属支部，党委各部门，纪委办公室，工会、团委：

《兰州大学“第二课堂”实践育人体系实施方案（试行）》已经2019年9月27日校党委常委会会议审议通过，现予以印发，请结合本部门、本单位实际，认真贯彻执行。

附件：1.兰州大学“第二课堂”实践育人体系实施方案（试行）.doc

2.兰州大学本科生“第二课堂成绩单”学分管理办法（试行）.doc

中共兰州大学委员会

2019年11月5日

关于印发《兰州大学“第二课堂”实践育人体系实施方案（试行）》的通知

》》》》

引 言

2018年7月，共青团中央、教育部联合印发《关于在高校实施共青团“第二课堂成绩单”制度的意见》（简称《意见》），《意见》明确指出，通过有关方面共同努力，逐步将共青团“第二课堂成绩单”打造成为学校人才培养评估、学生综合素质评价、社会单位招录高校毕业生的重要依据，为提升高等教育质量、深化高校共青团改革、创新人才培养模式发挥重要作用。

2018年9月10日，习近平总书记出席全国教育大会强调，坚持中国特色社会主义教育发展道路，培养德智体美劳全面发展的社会主义建设者和接班人。2020年10月，中共中央、国务院印发《深化新时代教育评价改革总体方案》，指出“创新德智体美劳过程性评价办法，完善综合素质评价体系”。

“第二课堂成绩单”在我校的推广和运行立足于创新学生评价方式，推动五育并举，为引领青年学生德智体美劳全面发展发挥了应有的作用。

一、背景情况

2017年，团中央在全国17所高校试点推行“第二课堂成绩单”制度，我校进入试点单位名单，并着手推进制度试运行。学校党委高度重视，要求出台相关实施方案，落实“第二课堂成绩单”学分制，提高学生核心竞争力。2019年，校团委根据校党委常委会会议精神，就“第二课堂”实践育人体系实施方案征求校内有关部门、学院、专职团干部等意见建议，多次召开会议进行专题研究，学校党委正式印发了《兰州大学“第二课堂”实践育人体系实施方案（试行）》，全面开启了“第二课堂”实践育人体系由共青团工作上升为学校人才培养战略和思政工作质量提升举措的新阶段。

2019年底，我校开展“第二课堂”实践育人的经验做法在全国高校共青团工作会议上进行了介绍，受到上级团组织和兄弟高校的充分认可。2020年，校团委受团中央基层建设部和全国学校共青团研究中心委托，承担了全团研究项目“高校共青团‘第二课堂成绩单’制度建设”的子课题研究，在理论研究层面进一步提升了我校“第二课堂成绩单”的实施力度和水平。

二、主要做法

“第二课堂成绩单”在我校运行数年以来，逐渐搭建起了“第二课堂”的内容供应体系、数据管理体系、价值应用体系，旨在丰富“第二课堂”的内容供给，完善学生参与活动的记录和评价，彰显“第二课堂成绩单”的强大生命力。

（一）构建特色鲜明的内容供应体系

一是建设统筹覆盖全校“第二课堂”的课程项目体系。对全校各级各类“第二课堂”活动进行分类整合和课程体系构建，经全校统筹，定期评估认定，将“第二课堂成绩单”的课程项目分级分类，并依托校级、院级、班级课程设计，形成多层次、全覆盖的课程设计体系。二是实施“第二课堂”课程模块化分类。分为思想成长、社会实践、生产劳动、创新创业、志愿公益、文体活动、工作履历、技能特长八类，建立起“第二课堂成绩单”基础课程体系，形成了丰富、完善的课程菜单，供学生自主选择、自主参与；各类课程项目分为校级（及以上）、院级、班级（团支部）三个层次，由各相关负责人组织实施；根据学科和专业特色，专项订制课程设计，阶段化推进课程安排，充分考虑不同年级不同专业在不同阶段的成长特征。三是打造“第二课堂”金课。如“百年恰风华·奋进正当时”党史知识竞赛、“榜样的力量”优秀师生颁奖盛典、校史教育剧《岁月有痕》、社团嘉年华等活动，不断提升“第二课堂”的内容供给质量，有针对性地提升青年学生人格素质、能力素质、专业素质、健康素质和心理素质，服务学生德智体美劳全面发展。

（二）构建科学规范的数据管理体系

一是实现信息化建设的提档升级。依托全国学校共青团研究中心“到梦空间”APP和兰州大学“云上兰大—智慧学工”平台，完善“第二课堂”数据管理体系，实现了课程项目、记录评价、数据管理、工作运行的信息化，形成了科学设计、分类实施、客观记录、综合评价、动态监测、实时反馈、调整优化的工作闭环。一方面，与学生日常查询审批等流程结合，提高学生认知度和参与度；另一方面，能够确保数据安全，便于实现动态监控，利于进行数据分析。二是建立健全众创众评制度。坚持活动设计“从同学中来、到同学中去”的工作理念，开展活动分级分类达标，推进达标升级。通过建立末位淘汰制度、绩效评价指标体系、开展活动事后评议等，坚持宁缺毋滥原则，确保活动实效，一方面激发了广大同学参与活动的积极性，增强了设计活动的荣誉感和获得感，另一方面不断促进了活动质量的提升。三是最大限度地激发学院活力。在制度设计、信息平台搭建、积分设置等方面充分给予学院自主权，精准凸显学院育人特色和工作需求，科学融入学院人才培养全过程。

（三）构建具有强大生命力的价值应用体系

一是瞄准学校生源特点和毕业生社会评价的问题导向。针对学校学生西部生源多、农村生源多、家庭经济困难学生多的现状和毕业生英语能力、领导力相对较弱的现实情况，提高学生综合素质短板在“第二课堂”活动中的积分设置；同时要求各学院在积分设置过程中，体现学科特点和学院人才培养实际，聚焦短板，精准施策。二是对学生全面发展形成综合评价。依托“第二课堂成绩单”，在学生推优入党、评奖评优等的综合素质考察中给予数据支撑。三是发挥“第二课堂成绩单”在毕业生就业辅导中的作用。根据“第二课堂成绩单”所呈现的学生在校期间的各项活动和成绩记录，在就业指导中分类施策、精准推荐，提升就业质量，促进人岗适配。

三、取得成效

（一）广泛参与 形成趋势

目前，我校近2万名学生在“到梦空间”系统完成注册，现有923个部落，覆盖各班级和学生组织；累计开展活动数量达到1895个，自2020年秋季学期以来共发起活动934个，覆盖思想成长等六大方面，人均参与活动数5.3个，签到率为93%；校团委、学生处等职能部门和各学院等广泛在系统内发起活动，扩大了“第二课堂”主体参与范围。校院两级管理人员通过活动监测，对活动发布、面向人群、组织方式等进行针对性调整，保证了活动的顺利开展和同学们的有效参与。

（二）品牌打造 形成特色

依托“第二课堂成绩单”，开发了以青年研习社、青马宣讲团为带动的理论宣讲和学习平台，以中华优秀传统文化传承教育为主题的“一节日一品牌”活动项目平台，以中教华影校园院线为依托的爱国主义教育创新平台，以及以“萃英登峰”大学生骨干培养体系为载体的青马培养平台，均形成了“点面结合”的具有兰州大学特色的“第二课堂”思政教育资源库，产出了具有较大影响力的系列品牌活动。推动学院“第二课堂”活动设计与“第一课堂”教学紧密结合，聚焦学院人才培养目标和专业特色，形成了以“信息科技月”“生物科技周”“走近哲学”等为带动的“一学院一品牌”活动模式，推动了“第一课堂”与“第二课堂”的有机融合与相互支撑。

（三）精准思政 形成支持

通过打造德智体美劳全面发展评价指标新模式，一方面，可帮助青年学生通过各类课程的选择和参与，明确自身兴趣与爱好，发展自身特长与技能，补齐自身短板与不足，寻找志同道合的同学与伙伴，规划未来的发展与方向；另一方面，在推优入党、评奖评优、研究生推免中的综合素质考察中，可直接采纳“第二课堂成绩单”数据，进一步推动完善“三全育人”体系，实现学生成长“最后一公里”的定制化指导和精细化培养，推动精准思政的开展。

四、经验启示

（一）打造了学生全面发展评价指标新模式

依托“第二课堂成绩单”，客观记录学生成长历程，形成“第二课堂”育人成效的客观评价标准和学生发展的动态考量标准，搭建“学生—学校—社会”三者之间的有效连接平台，同时对学生综合素质全面发展形成数据化的评价指标体系，精准化帮助学生正确了解自身优势、弥补自身不足。

（二）开辟了“第二课堂”实践育人新格局

以“第二课堂成绩单”建设为引领，强化服务力提升，构建精准化的实践育人体系。突出德育平台战略性，体现智育平台系统性，强化美育平台渗透性，注重体育平台覆盖性，聚焦劳育平台体验性，开辟了德智体美劳“五育并举”的实践育人新格局。

（三）推动了学校“三全育人”新发展

借助“第二课堂成绩单”工作推进，全面统计学生“第二课堂”活动大数据，系统汇集“第二课堂”活动综合评价，为学校相关决策提供科学依据，推进学生思想政治教育和综合素质提升的供给侧结构性改革，进一步倒逼学校共青团工作转型升级，推进工作的科学化、标准化、系统化建设。

（王睿娜、侯海坤，校团委）

16

坚持“六个引领”谋划课程思政育人新生态

——兰州大学课程思政教学实践探索

《《《《

第三届课程思政示范课程讲课比赛决赛现场

》》》》

引 言

近年来，兰州大学聚焦为党育人、为国育才，认真落实立德树人的根本任务，自觉践行“四个服务”“四个引路人”要求，紧紧抓住教师队伍“主力军”、课程建设“主战场”、课堂教学“主渠道”，实现知识传授和价值引领、显性教育和隐性教育、实践探索和理论研究以及统筹推进和分类施策的高度融合。在具体实践探索中，形成了以“六个引领”推进“课程思政”，涵养育人新生态的工作模式，切实将价值塑造、知识传授和能力培养三者有机结合、一体贯通，解决好立德树人和“培养什么人、怎样培养人、为谁培养人”的根本问题，努力培养德智体美劳全面发展的社会主义建设者和接班人。

一、背景情况

为深入贯彻落实习近平总书记关于教育的重要论述和全国教育大会精神，根据《关于深化新时代学校思想政治理论课改革创新的若干意见》《高等学校课程思政建设指导纲要》《新时代学校思想政治理论课改革创新实施方案》，2018年9月，学校制定《兰州大学落实新时代全国高等学校本科教育工作会议精神加快一流本科建设的指导意见》，提出“做好顶层设计，在每一门课程中有机融入思想政治教育元素，形成课程门门有思政、教师人人会育人的格局”的工作目标。2019年1月，制定《兰州大学一流本科教育建设方案》《兰州大学关于课程思政建设的指导意见》，提出到2020年，实现全部课程建立德育目标并融入德育元素，把思想价值引领贯穿教育教学全过程和各环节，形成课程思政与思政课程同向同行的育人格局。2020年，在总结我校课程思政建设工作相关经验不足的基础上，落实教育部《高等学校课程思政建设指导纲要》精神，学校发布了《兰州大学课程思政建设工作方案》，制定我校课程思政建设2.0时代工作思路和方向，全面推进学校课程思政建设，构建全员、全过程、全方位育人体系，将价值引领贯穿教育教学全过程，全面提高课程育人实效，全面提升人才培养质量。

二、主要做法

（一）坚持目标引领 构建立德树人新格局

2018年，我校制定《兰州大学落实新时代全国高等学校本科教育工作会议精神 加快一流本科建设的指导意见》，提出“门门有思政、人人会育人”的工作目标。同年，学校党政领导班子全体成员和所有中层单位负责人参加了首届“教学节”启动仪式暨兰州大学首届“课程思政示范课程讲课比赛”决赛，学校党政领导班子全体成员担任评委。2019年1月，学校发布《兰州大学一流本科教育建设方案》《兰州大学关于课程思政建设的指导意见》，提出到2020年实现全部课程建立德育目标并融入德育元素，把思想价值引领贯穿教育教学全过程和各环节，建立一批课程思政示范课程等目标。目前，全校3000余门专业课、232门通识课、89门在线课已实现“课程思政”全覆盖。2020年，我校认真贯彻落实教育部《高等学校课程思政建设指导纲要》和全面推进高等学校课程思政建设工作视频会议精神，发布《兰州大学课程思政建设实施方案》，明确我校课程思政建设2.0阶段的目标、思路和方向。

（二）坚持制度引领 激发教学改革新动能

坚持学校党委书记、校长为学生讲“开学第一课”，要求学院党政领导每学期给学生讲授思政课。出台《加强课堂教学建设 提高教学质量实施办法》《思想政治工作质量提升攻坚行动实施方案》，修订《教师课堂教学规范》《本科教学奖励实施办法》《本科生教学实习管理办法》以及“第二课堂成绩单”等系列制度办法。2020年8月和11月，分别召开暑期工作会、教育教学工作会，专题研究教育教学，将每周四下午设为不排课时段，集中组织教学交流、教学研讨和学生教育活动，为第一课堂、第二课堂建设与改革提供新动能。大力推动“院办校”治理模式变革，落实“校院系三级建制、两级管理、重心在院”的教学管理体制，明确学院党委书记、院长是课程思政建设第一责任人，并纳入年度目标考核任务和绩效奖励指标。

（三）坚持“名师”引领 探索赛教融合新模式

2018年以来，我校成功举办了三届校院两级课程思政示范课程讲课比赛，约500名教师参加比赛，形成了一批可复制、可推广的课程思政教学改革典型案例和特色做法，培育了一批学生津津乐道、热烈追捧的“课程思政”的名师、名家、名嘴。教师们切实将价值塑造、知识传授和能力培养三者有机结合、一体贯通，把课程思政理念润物细无声地融入专业课堂教学。如基础医学院教师陈红梅在讲授“医学生理学”心脏知识时，朗诵了一首与“心”有关的精美小诗。2020年两次参加比赛的文学院教师张春燕，对鲁迅《狂人日记》进行生动解读，鼓励学生“摆脱冷气向上走，有一分热，发一分光”。外国语学院德籍教师乌力在“德语高级写作课”中，让学生朗诵孔子、庄子等关于“学习”的经典段落，并解答德语翻译难点，在中西文化互动中培养“未来文化交流者”。这些教师让专业课飘出醇厚的“思政味”，让平淡的课堂充盈着思想的能量和情感的力量，以自己的敬业、智慧、才情赢得了学生的尊重和热爱。

（四）坚持示范引领 丰富课程建设新内涵

学校目前立项了122门课程思政示范课程、培育了15个课程思政教学研究项目，通过教学创新，把故事讲好、把内容讲透、把课程讲活、把体系讲通，引领广大教师从教学方法改革、教学内容革新、思政元素融入等方面深入开展课程思政建设。如将八步沙“六老汉”三代人治沙造林精神、化学一门八院士以及李吉均团队一门四院士和三代科学人勇闯地球三极的事迹等身边鲜活的案例作为课程思政素材纳入专业课程，让全体师生学有榜样、行有示范、赶有目标，激发坚守奋斗、昂扬向上的精神力量，培养学生爱国、报国、强国的责任使命，树立学生爱校荣校兴校的自觉担当。新华网、凤凰网、《光明日报》、《中国教育报》等媒体对我校相关工作进行了报道。

（五）坚持质量引领 完善教学发展新机制

在教师准入中，实行“师德师风一票否决制”；在教学准入中，将落实课程思政作为核心要求；在教材准入中，将德育教育作为教材编订、选用的基本原则；在学生评教、教学顾问日常教学督导中，将立德树人成效作为课堂教学质量评价的第一指标。同时，系统实施“青年教师水平提升计划”，鼓励学院成立“课程思政”教学团队，加强老中青传帮带，通过入职培训、专题研讨、集体备课、教学诊断和针对性帮扶等，从备课、设计、观摩、反思等方面提升青年教师课程思政教学能力，引导青年教师既当好“经师”，也做好“人师”，更能成为“名师”。近两年，学校组织课程思政培训和专题工作20余场，参加人数近1000人，各学院组织课程思政专题交流研讨活动40余场，参与人数2000余人次。

（六）坚持特色引领 开辟思政教育新途径

学校建设了一批富含思政元素、具有兰大特色，广受学生欢迎的线上和线下金课。如吴王锁教授的“走近核科学技术”将老一辈核行业人“热爱祖国、无私奉献、自力更生、艰苦奋斗、大力协同、勇于攀登”的“两弹一星”精神注入专业教育之中。孙柏年教授的“地球历史及其生命进程”，王铁山教授的

“人生悟理”圈粉无数。张加驰教授的“文科物理”点击量达980万次。面向全校师生举办“国情时政大讲堂”，邀请国家各部委、省市县各级党政军领导同志和学者名人作为主讲人，结合时政热点举办专题报告会。尤其是自新冠肺炎疫情暴发以来，为确保不停教、不停学，在校园网开设“治学大家谈”“学在兰大”等专栏，并通过学校学院官微等平台，为师生提供互动交流的思想高地、人文高地，引发师生心灵共振、思想和鸣，“以‘函授’之形施‘心授’之实”，“化不利因素为互勉动力”，在疫情的挑战下，通过互联网式的人才培养彰显了我校立德树人的价值立场和时代担当。

三、取得成效

2018年以来，制定《兰州大学落实新时代全国高等学校本科教育工作会议精神加快一流本科建设的指导意见》《兰州大学一流本科教育建设方案》《兰州大学关于课程思政建设的指导意见》《兰州大学课程思政建设实施方案》《兰州大学加强课堂教学建设 提高教学质量实施办法》《兰州大学教师课堂教学规范（修订）》《兰州大学本科生课程准入管理办法》《兰州大学本科生课程考核与成绩管理办法》等制度办法，系统化构建课程思政建设的制度体系，健全了“校院系三级建制、两级管理、重心在院”的教学管理体制，建立教务部门和党委宣传部门牵头负责，多部门联动的课程思政和思政课程建设管理机制。充分运用入职培训、专题研讨、集体备课等手段，引导广大教师既要当好“经师”，更要做好“人师”和青年学生的人生“导师”；开展“青年教师水平提升计划”，从备课、教学设计、教案、教学反思等方面提升青年教师的课程思政教学能力；建设由老、中、青教师组成的“课程思政”教学团队，开展“传帮带”。立项建设15项课程思政教学研究项目，激励教师参与课程思政教学改革研究和课程思政案例库研究与建设，已在各类教育杂志发表课程思政类论文30余篇。

构建具有兰大特色的课程思政教育教学体系，保证了全校课程思政教育教学工作的全面开展、质量监督和开拓创新。从教师主体、课程载体、课堂阵地等维度完善课程思政教学体系，明确了哲学社会科学、自然科学、工程技术、人文艺术、医学、体育和艺术等不同类别课程思政建设重点。

学校3000余门专业课、232门通识教育课、89门在线课程已实现了课程思政全覆盖。推动建设“地球历史及其生命的奥秘”“走近核科学技术”“文科物理”“人生悟理”等一批富含思政元素、广受学生欢迎的线上和线下“金课”。成功举办三届校院两级课程思政讲课比赛，近500名教师参加比赛，涌现了一大批课程思政优秀教师和典型课程案例。

学校课程思政建设工作得到教育部和社会各界广泛认可，新华网、凤凰网、光明网、中国教育新闻网等媒体多次进行了报道，一批课程思政优秀教师还为兄弟高校进行课程思政培训、专题报告和经验交流。

四、经验启示

过去的三年里，我校课程思政工作取得了一定的成效，在教育部《高等学校课程思政建设指导纲要》文件精神的指导下，我校积极总结经验和不足，制定我校课程思政建设2.0时代工作思路和方向，注重课程思政建设内涵式发展。

一是建立完整的课程思政教学体系。以立德树人为根本，推进课程思政全覆盖，构建思政课程、公共基础课、专业核心课、通识核心课和基础实验课程五位一体的思政教育体系，把课程思政融入课堂教学建设的全过程，形成科学合理的课程思政教学体系。

二是建立良好的师德师风制度体系。严把教师入口关，规范教师准入制度，完善教师招聘和引进制度，严格思想政治和师德考核。引导教师带头践行社会主义核心价值观，并将其融入教育教学全过程。严格进行入职教师的考核评价，落实师德第一标准，在教师聘用、职称评定、人才推荐、评优评先、年度考核、干部选任等方面采用多种评价方式，严把政治关和师德关。形成教育、宣传、考核、监督与奖惩相结合的师德师风建设体系。

三是建立有效的课程思政培训体系。通过教师岗前培训、在岗培训和师德师风、教学能力专题培训等，提高教师队伍的思政育人能力。将课程思政建设与教师专业发展相结合，推进教师培训、教学研究、教学创新、咨询交流等工作的常态化、规范化、制度化，创建优良的教学文化和浓厚的育人氛围。充分利用名师资源牵头组建课程团队，形成团队稳定发展机制。

四是建立完善的课程思政评价体系。通过将课程思政建设成效纳入教学单位“双一流”建设监测与成效评价、学科评估、本科教学评估、一流专业和一流课程建设、专业认证、教学绩效考核等评价考核中，持续落实、落细教师教学研究、教学设计、教学方式方法运用、教学工作投入、对学生的指导等环节课程思政要求和指导督导，多渠道构建了包含指导、督导、激励、考核的课程思政评价体系。

五是形成兰大特色的课程思政育人体系。到2022年，课程思政建设长效机制初步形成，基层教学组织定期研讨课程思政常态化机制建立，课程思政与专业人才培养方案结合更为紧密，教学单位监督机制基本完善，课程思政作为课程考核、专业评估、教学单位考核等方面的重要参考依据逐步落实，形成符合兰州大学专业育人特点和认知科学要求的具有“兰大”特色的课程思政育人体系。

立足新时代，兰州大学将进一步贯彻习近平总书记关于教育的重要论述精神，贯彻落实全国高校课程思政建设推进会议精神，落实立德树人根本任务，进一步推进所有课程知识传授和价值引领、显性教育和隐性教育、实践探索和理论研究、统筹推进和分类施策的高度融合，努力培养堪当民族复兴大任的时代新人。

（郭明宙、贾洪文、赵鹏飞、韩伟、王淑萍，教务处）

17

以“四暖工程”为抓手 创新学生公寓育人模式

——依托学生公寓开辟思政教育新阵地

《《《《

楼管和留校学生一起包饺子、过春节

》》》》

引 言

学生公寓是教育的最小单元，也是最有效的育人载体，是高校孕育人才的重要阵地，是学校全面开展思想政治教育工作和日常行为管理的关键环节，在培养和提升学生人格素质方面发挥了显著作用。构建优秀的公寓文化是高校精神文明建设的重要内容，也是高校良好校风、学风建设的重要体现。

近年来，随着国家社会各项事业的不断发展及对人才综合素质要求的不断提高，学生公寓在学生培养中的作用也越来越受到学校和公寓工作者的重视，各高校在学生公寓管理过程中做出了一些有益的探索和尝试。

一、背景情况

2018年7月，以后勤改革为契机，学生公寓秉承“立德树人，三全育人”的宗旨，以学生为中心，倡导“给学生一个温暖的家”的工作理念，全面落实“管理精细化、制度规范化、队伍专业化、手段信息化、服务个性化”的改革任务，依托学生在公寓文化建设中的主体地位，充分利用学校有限的硬件条件和资源，突破管理体制带来的瓶颈和桎梏，以全面落实“四暖工程”为有力抓手，有效调动员工的积极主动性，将学生公寓培育成落实思政教育工作、践行服务育人宗旨的“第二课堂”，努力将学生公寓作为学生和学校之间相互作用的重要纽带，在学生公寓全面开展思政教育及公寓文化建设方面探索出了符合我校实际的特色道路。

二、主要做法

“四暖工程”是学生公寓改革的创新举措，也是服务育人的有力抓手。通过后勤服务中的功能设施、工作标准、行为规范和文化传承，影响学生的思想观念、行为习惯等，充分发挥学生公寓育人载体和阵地功能，达到育人实效。

（一）依靠温馨的服务 体现“服务暖情”

学生公寓以家园文化为切入点和突破口，加强人性化管理，倡导有温度的服务，让学生获得幸福感。

1.加强党建引领 实施暖心举措

树立“党员示范岗”和“三全育人示范岗”，倡导“为师生办实事”；建立党建+工会工作机制，使学生能够在传统节日感受到党组织的关心和温暖；建立晚归报备机制，确保学生安全回到宿舍；建立投诉反馈机制，确保学生意见和建议有回复、有落实；鼓励职责拓展，尽可能帮助情绪异常学生疏导情绪，缓解压力；建立温馨小屋机制，为学生提供医药箱、打气筒、微波炉、缝纫熨烫等便民设施和服务，尽可能解决学生后顾之忧。

2.尽到“家长”责任 关心学生生活

作为每栋公寓楼的“家长”，楼管们像对待自己的孩子一样对待学生。疫情期间更是多重操心。按照《学生公寓疫情防控工作标准》，严格落实门禁管理、公共区域消毒、学生宿舍通风和自习室、公寓浴室管理等工作要求。严格落实“异常体温”应急处理流程，确保应对突发事件时反应迅速，应急处置有条不紊。学生无法返校，楼管就帮他们照看花草、寄取快递；学生们无法回家，楼管们就自备食材，和他们一起包饺子、过春节。点点滴滴的关怀，透露出责任，彰显了情怀。

（二）依靠特色的文化 凸显“文化暖景”

以建设优良的宿舍文化为核心，将学生公寓打造成积极健康、富有特色内涵的育人阵地，实现文化育人。

1.树立典型形象，弘扬公寓精神。通过劳动课、技能比武、“最美管家”评选、“生活大讲堂”等活动，挖掘员工队伍中的典型形象，树立服务标杆，以良好的正面形象和感人的典型事迹弘扬公寓精神。结合劳动课、违章电器管理、防电诈教育等活动，引导学生主动参与到公寓管理与建设工作中，让学生体会公寓“不怕苦、不怕累”的精神实质和“全心全意为学生服务”的工作宗旨。

2.突出文化元素，打造兰大特色。以“宿舍文化节”为契机，引导学生发挥特长、张扬个性，打造“网红”宿舍。正在逐步推动更新公寓导视系统，完善学生公寓环境文化设计。依托“公寓印象”活动，以照片墙、留言簿、征文比赛等形式，打造具有兰大特色的学生公寓文化品牌和系列活动，使学生公寓在物质和精神两个层面都能“赏心悦目”。

（三）依靠齐全的功能 展现“功能暖心”

对标标准化公寓建设和“双一流”高校公寓现状，补短板，强弱项，固根基，为学生营造安全文明、功能齐全的人文雅舍。

1.完善功能设计 改善基础设施

公寓楼内设计了自习室、研讨室、交流空间、无障碍宿舍、公共浴室等功能用房，为公寓配备了自助洗衣机、直饮水机、自助吹风机、晾衣房、共享晾衣竿，老旧楼宇改造晾衣绳，公寓门口配备自助贩卖机、自助打印机等，基本实现了学生足不出公寓即可满足日常生活各类需求。

2.利用信息手段 加强智能管理

上线微信小程序报修系统、仓储管理系统、智能控电系统、门禁系统等。各楼建立微信工作群，实现整楼学生全覆盖，做到一分钟响应，三分钟处理，严格落实“首问责任制”，开辟学生公寓工作线上阵地，大大提高了工作效率。

（四）依靠规范的标准 实现“标准暖行”

推行制度化、标准化建设，结合内检和绩效考核工作，初步形成了“培训考核一体”机制和“比技能、比业务、比作风”的良好氛围。

1.规范制度标准，推动精细管理。修订岗位职责，将岗位职责落实为可实际操作的量化考核指标，落实定岗定编、按岗定薪、岗变薪变，激发内部活力，大大提升员工工作积极性。完善各项管理制度，制作《住在兰大》迎新折页，将管理制度转化为温馨提示，引导学生养成良好的生活习惯。

2.规范质量标准，提高工作实效。建立以安全管理和服务技能为主的培训体系，依托培训规范服务质量标准。以提升服务水准和员工形象为抓手，通过规范标识物模板、提升员工仪容仪表、工具色彩标识管理、强化内检机制等手段，构建学生公寓管理服务规范和技术标准化体系。

三、取得成效

随着“四暖工程”不断走向深入，学生公寓管理服务工作不断取得突破的同时，学生逐渐学会了尊重劳动和珍惜劳动成果，在被关爱中学会关爱他人，自律、自信、自立、自豪意识不断加强。学生公寓育人阵地作用进一步凸显，在培养和提升学生综合素质方面发挥了显著作用，“三全育人”新模式已经取得初步成效。

（一）管理育人成效明显

学生公寓实现了由管理者向参与者的转变。立行立改、多措并举，坚持把问题整改和标本兼治结合起来，着力突破基础性、短板性等限制学生公寓发展的瓶颈，使学生公寓工作整体迈入了新的发展阶段。

以创建“一流公寓”为目标，守底线，定路线，对标标准化学生公寓，抓好建章立制，严格制度执行，体现制度成效。健全的规章制度、完善的考核标准、细致的工作要求，确保了学生公寓管理秩序井然、质态良好。在宿舍安全、宿舍卫生、宿舍整体环境建设方面均取得了显著成效。目前，所有公寓楼已基本实现了标准化学生公寓建设，营造了良好的管理育人和环境育人生态。

（二）服务育人深受好评

用学生的评价来说，“楼妈”是同学们日常生活的好帮手、学习成长的好伙伴。通过“温情教育”，学生公寓服务满意度持续提升，投诉比例不断下降。以2019年为例，学生对公寓楼软性服务满意度达到95%以上，对安全管理、维修管理、投诉反馈等满意度达到99%。在微信群内一条条温馨提示的絮叨中，在学生体验公寓管理和服务工作的尝试中，在公寓人的不断“温暖”和“感染”下，温暖、和谐、文明的新风貌在学生公寓悄然形成。学生获得感、幸福感不断增强，对学生公寓乃至学校有了更多的理解和认同。

学生公寓“三全育人示范岗”所取得的成效得到了学校的高度认可，并在甘肃高校后勤工作会议上受到了表扬，也吸引了多所高校到我校交流学习。一批优秀的公寓人频频亮相学校毕业典礼。2020年，学生公寓疫情防控工作举措应邀在全国高校后勤服务保障视频研讨会议做专题交流发言。公寓人荣获全国防疫工作先进集体、先进个人称号。各类服务学生的事迹受到中国新闻网、《人民日报》微信公众号等多家主流媒体报道和转发，产生了广泛而积极的社会影响。

（三）行为育人持续推进

学生公寓整体硬件水平逐步提升，环境持续改善，学生宿舍文明行为进一步向好的态势发展，学生也积极参与到文明行为习惯的相互引导中来。

随着学生的自我约束能力不断增强。楼内抽烟、乱扔垃圾、大声喧哗等不文明行为大大减少；自习室、交流空间使用频率持续升高；宿舍消防安全隐患大大降低，违章电器使用率同比下降80%以上；越来越多的毕业生在离校时自觉将宿舍清理得干干净净，将整洁如新的宿舍留给新入住的学弟学妹；有越来越多的同学选择在节日为公寓基层工作者送去鲜花和感谢，怀抱温暖和感恩在学生公寓蔚然成风。学生公寓俨然成为学生的“第二课堂”。

四、经验启示

古语有云：人生固有道，衣食固其端。宿舍作为大学生的起居室，是弘扬宿舍文化的载体，是打造校园文化品牌的重要基地。在学生公寓以“四暖工程”为抓手，全面践行服务育人宗旨，创新育人模式的过程中，有以下几点思考以供借鉴：

（一）以学生为中心作为一切育人实践的基本遵循

学生公寓从过去单纯提供物业服务的思想中进一步解放，坚持“一切学生生活的问题都不是小问题”，进一步丰富服务内涵，提升服务品质。坚持“以学生为中心”，帮助学生“自立、自律”，培养学生“自信、自豪”品格。主动了解学生生活需求，及时回应学生诉求，形成了教育、管理、服务三位一体的新模式。

（二）以精细服务弥补客观存在的资源配置不均衡

面对学校基础设施方面短期内存在的差异和短板，通过个性化、精细化服务弥补短板，以公寓服务、宿舍文化为载体，突出主题，彰显特色，最大限度实现“沟通换回了解，了解换回理解，理解换回信任，信任换回支持”。培育一批优秀学生宿舍，发挥其示范引领作用，逐渐形成有中心、有层次、有梯度的公寓文化圈。

（三）以改革精神探索适合校情的公寓育人新模式

坚持“立德树人、服务育人”初心不变，主动参与学校人才培养，提高后勤工作亲和力和针对性，不断推进后勤改革。依托劳动教育、文化建设等有效途径，建立密切联系学生、为学生办实事的长效服务机制。充分发挥“大后勤”优势，合理规划利用校园绿地，完善配备服务设施，打造学生宜居社区。持续加强与学生团体互动，加强与学院、学工等部门合作，构建协同育人体系。

（苏振博、张永丽、徐鑫佳、靳斌、李刚、孙惠，后勤保障部）

18

一饭一菜总关情 一粥一汤全凭心

——餐饮服务为“三全育人”注入鲜活动力

《《《《

兰州大学第23届厨艺技能培训

》》》》

引 言

随着后勤改革进程的加快，学校师生对后勤服务和管理水平的要求越来越高。后勤保障部深入学习贯彻习近平总书记在高校思政会议的讲话精神，将“三全育人”的思想融入管理和服务工作中。以优质服务和精细化管理为着力点，深化改革、开拓创新，坚持问题导向、强化责任担当、狠抓工作落实，努力构建更加科学化、程序化、专业化的新型后勤服务保障体系，以服务促培养，努力提高为学生服务的水平和能力，对大学生的思想观念、行为习惯、身心健康产生了一定的积极影响。

一、背景情况

餐饮管理是高校后勤极为重要的组成部分，食堂是学生每天必到的地方，这里不仅是学生食物的供给地，也是学生精神食粮的供给地，如何让他们在愉快和谐的就餐环境中，得到潜移默化地教育和影响，如何使餐饮管理发挥其应有的育人职能?

后勤保障部餐饮服务中心积极探索建立高校餐饮“管理服务育人”新模式，积极构建高校餐饮育人机制，强化相应管理体系，以学生为本，把提升餐饮服务、提高员工素质、关心学生、教育学生作为学校餐饮管理部门的工作宗旨，从关心学生的需要，了解学生的愿望入手，把思想教育做到学生的生活中和心坎上，在实践中不断完善提升。日常工作中，餐饮服务中心积极通过环境育人、管理育人、服务育人、文化育人、活动育人、实践育人等多种育人途径，以餐饮管理服务为抓手，努力培育学生的社会责任感、感恩精神和实践能力，成为学校育人工作中的重要组成部分，取得了一定的工作成效。

二、主要做法

（一）动真格 搞改革

1.调整供餐模式 满足师生个性化需求

大伙食堂（新竹苑一楼、芝兰苑一楼、玉树苑一楼）推出小碗自选售卖菜品，各校区接待餐厅（丹桂苑二楼、新竹苑三楼、芝兰苑二楼、玉树苑三楼）推出称重自选菜品，提供健康、营养、丰富、实惠的菜品，方便师生按需自选。

2.改善食堂设备设施 展示餐饮新形象

对各食堂后堂进行改造，优化生产线，全面推行色标管理，优化、改善食堂加工环境；更换食堂铁质连体桌椅等硬件设备，清洗食堂外立面、烟道，提升食堂硬件设施；对食堂就餐环境进行整体设计改造，美化亮化就餐环境，对食堂内部照片、logo、装饰物进行更新，体现学校百年文化积淀；张贴光盘行动、珍惜粮食等宣传海报，利用食堂内电视播放制止浪费、防诈骗、消防安全知识等宣传片，发挥环境育人作用。

3.坚持社会化改革 调整食堂定位

开放校内市场，8个风味食堂引入社会优质餐饮企业，经营全国各地特色风味小吃，丰富菜品供应种类及层次。榆中校区综合服务中心3个餐厅的启用，丰富了榆中校区师生就餐选择，被称为“网红餐厅”。为保证服务质量，中心派专人负责管理，检查食堂卫生、安全管理制度的落实情况。

（二）出真招 抓安全

1.提高监管手段

2019年9月份启动快检实验室检测制度，每周对原材料农药残留度、餐具清洗消毒程度进行检测，提高检测手段及速率。2020年对各食堂明厨监控系统进行增补升级，联网甘肃省“陇上食安”管理系统，每日更新人员健康信息、晨检信息、留样信息、消毒信息等，实现了原料来源可溯、加工过程可视、风险隐患可控、信息公开可查、用餐师生可感的智慧管理，提高了监管效率和效能，建立了食品安全社会共治体系。

2.加强日常管理

将规章制度、操作规范上墙；各食堂严格抓好蔬菜、餐具清洗消毒过程；建立并严格执行饭菜出品检查制度，经理、厨师长负责制；实行奖罚制度，对于接到师生投诉的食堂查找相关责任人，对经理、直接责任人进行处罚。

食堂推行色标、6T管理，建立了以食堂自查、中心领导及质检组巡查、保障部领导及质量监督科每周巡查、省市区市场监管部门随时抽查的四级常态化检查；聘请市场监督管理部门专业人员指导食堂开展食品安全管理工作；每周出具检查结果，通过各级检查、复查不断落实食品安全管理。

（三）用真情 做管理

1.加强制度建设

加强制度建设，做好“废留改立”工作，按照制度要求与业务需要对制度及流程进行整合，废除与中心实际不符的制度，根据工作实际及时订立新的制度，保证制度上墙。根据各岗位、工种进行目标责任书制定工作，覆盖中心全体员工逐级签订，提升员工的责任感与使命感。建立覆盖全面、程序严谨、数据准确及时的核算制度，对各食堂重要目标、任务和指标完成情况以及重大项目实施、推进情况实行目标管理和目标控制。

2.培养人才队伍

建立培训制度，有序开展员工服务礼仪规范、厨工技能技巧培训，不断提升员工技能。通过现代学徒制模式，由骨干员工一对一带领新入职员工，面对面传授工作技能，培养食堂内部重要岗位技术力量。通过定岗定编核定各部门用工人数，通过岗位技术等级评定员工等级，根据经营情况每月考核浮动发放绩效，下放中心权利，激活食堂自身发展动力。领导班子与员工开展谈心谈话，召开趣味运动会，关注员工业余生活。

（四）拿真心 搞服务

1.研发更新菜品 延长服务时间

食堂每周根据师生用餐情况进行菜品淘汰，成立餐饮服务中心菜品研发工作小组，负责新菜品开发，建立菜品创新激励机制。

延长学生食堂夜宵开放时间（19:10—22:30），学生综合服务中心全天候开业，期间可供学生上自习并提供免费热茶水。

迎新期间制作《食在兰大》宣传折页，介绍中心各食堂特色菜品，为新生提供用餐攻略。

2.贯彻落实制止餐饮浪费行为

大伙食堂单份菜窗口推出半份菜销售模式，并每天推出1元单份菜，快餐窗口米饭按需提供，其他窗口米饭按0.2元/碗、0.5元/碗、1元/碗售卖，接待餐厅推出称斤自助，方便师生按量取餐。

坚决杜绝“三无”产品和不良原材料进入后厨，厨师长每餐实时观察就餐人流量变化情况，采用“勤炒少炒”模式，最大限度避免剩食产生。质检员通过“陇上食安”手机APP名厨亮灶系统时时监控食堂后厨、大厅、收餐处情况，对食堂、师生浪费现象进行监督。

联合校团委开展“光盘行动奖励计划”，为光盘师生赠送水果等礼品；联合中国银行举办“光盘行动”奖励活动，为光盘师生赠送月饼；联合兰大附校党支部、艺术学院研究生会，举办节约新“食”尚光盘科普活动暨兰大附校社会实践课程；举办美好“食”光系列活动，活动设宣传作品征集、食堂光盘行动打卡等环节，邀请校长严纯华题名“俭以养德 文以修身”笔记本作为活动奖品赠送获奖学生。

3.疫情期间及时调整供餐模式

疫情暴发后第一时间制定《餐饮服务中心疫情防控期间供餐服务预案》《餐饮服务中心错峰供餐方案》；每日开餐前、用餐结束后进行全面清洁，对用餐区域、后厨用具进行消杀，制定规范化台账记录表格；出入口单设，根据疫情变化适时调整桌椅布局；延长供餐时间并设置全天候营业食堂；调整、丰富供餐品种，以快餐品种为主，增加炒面、焖面、炒粉等品种，提高取餐速度；为隔离区医护人员及师生提供个性化送餐服务；榆中校区推出移动餐车、临时盒饭供应点，深受学生欢迎，被人民日报微博转发点赞。

4.推出节日特色产品

中秋节制作售卖刻有校徽、校训和图书馆等“兰大印象”的五仁月饼和桃山皮月饼，被CCTV-13、新华社、新华网、中国新闻网等多家媒体报道转载。

端午节制作售卖月饼，春节制作售卖丸子、夹沙、糟肉等特色菜品，弘扬传承中国传统文化。

（五）动实情 做精品

1.开展餐饮主题活动 献礼百十年校庆

110周年校庆期间推出怀旧窗口，让校友重温母校味道；制作巨型蛋糕与高颜值月饼，营造浓厚校庆氛围；推出特色助力窗口，邀请北京林业大学、中科国学技术大学、苏州苏大教育服务投资发展（集团）有限公司来我校开设助力窗口，让师生不出校园就品尝到全国各地的美食；“学子文化节”期间，举办美食嘉年华活动，除各食堂自制美食外，还邀请了兰州市正宁路、榆中县李家庄等知名小吃品牌走进校园；校庆日当天为嘉宾及校友提供优质、安全、放心的饮食供应。

2.举办食堂开放日活动 增加食堂管理透明度

分校区每半年组织一次食堂开放日活动，邀请师生走进食堂，直观了解食堂菜品准备、制作、供应的过程，密切食堂与学生的联系，充分发挥学生对食堂管理工作的监督作用，促进食堂管理工作走向完善。

3.开展主题活动 扩大师生参与度

组织开展了丹桂苑“我最喜爱的食堂窗口” “最美桂苑人”活动；“食全食美抓安全，明厨亮灶办食堂”“营造食品安全，携手共创文明校园”活动；“迎党的生日、讲‘战疫’故事、悟初心使命、谱兰大新篇”主题活动；欢度中秋学生制作月饼活动；研究生支教团厨艺培训；厨师教你家常菜；附校学生劳动实践课活动；榆中校区本科生面点制作实践课。通过各类活动扩大了师生参与度，宣传了餐饮工作与餐饮文化，发挥服务育人、环境育人的作用。

三、取得成效

（一）餐饮管理水平有提升

餐饮改革取得初步成效，坚持全面实施“6T”管理，并与之配套建立健全各项规章制度，规范检查要求，做到了责任到岗、管理到人，食堂工作逐步实现了规范化、流程化、标准化，餐饮服务管理模式已初步形成，中心管理质量及水平都有了明显提升。

（二）食堂环境卫生有改善

习近平总书记在高校思政会议上指出：“加强高校思想政治工作，要注重文化浸润、感染、熏陶，既要重视显性教育，也要重视潜移默化的隐性教育。”食堂环境，正是开展隐性教育的主要媒介。餐饮服务中心利用中央高校改善基本办学条件专项资金，完成各校区食堂的装修改造，设计融合了校园文化、尊师爱生等理念，配备LED灯箱及专业音响功放系统，将食堂打造为学术研讨、交流情感、体验生活、自我教育的多功能空间，给广大师生提供专业化、多样化的贴心餐饮服务。

（三）服务满意度不断提升

主动对接师生需求，把师生的需求想在前，把师生的满意放在心，确保为师生提供优质的餐饮服务。中心服务满意度稳步提升，我们的食堂也变成了网红食堂、别人羡慕的食堂。

（四）服务育人成效凸显

餐饮服务中心通过搭建师生互动平台、举办特色餐饮活动等，将环境育人、文化育人等有机融入服务育人，拓宽服务育人的发力点、覆盖面，打好了服务育人组合拳，取得了阶段性成效。

四、经验启示

以生为本，全心全意为学生服务，把餐饮育人工作融入高校后勤服务之中是高校德育工作的重要组成部分，育人工作是一个春雨润物、情景交融、潜移默化的过程，是学生在学习、生活中不断地积淀、顿悟的过程。

因此，在今后的工作中，要通过翻新食堂门头、宣传栏、展示柜等美化餐厅，发挥环境育人功效；要通过文明服务、菜品更替等方式关注细节，发挥服务育人功效；要通过开放式管理、师生监督等方式要求民主参与，发挥管理育人功效；要通过制作定制月饼、毕业生套餐、节日特色菜品等打造品牌，发挥文化育人功效；要通过开展食堂开放日、烹饪培训班、后勤体验等活动增进了解，发挥活动育人功效；要邀请健康营养学专业、管理学院学生参与食堂工作学以致用，发挥实践育人功效。

后勤保障部餐饮服务中心将始终立足于高校食堂“服务育人”的服务宗旨，更立足于“以服务之美助力大学生成长”的使命，通过特色菜品的展示，在形成口碑、引导消费的同时促使各食堂餐厅不断提升服务质量，更好地满足师生员工的餐饮需求，力争与“双一流”建设相匹配。

（李升红、万红波、徐卓、宫周瑞、赵小刚、李孝节、赵小仙，后勤保障部）

19

培育“书香兰大” 深化“三全育人”

——图书馆阅读推广助力思政教育得实效

《《《《

“书香兰大”阅读推广系列活动启动仪式

》》》》

引 言

“三全育人”是党和国家在新时代为培养社会主义建设者和接班人，对高等教育提出的一体化育人要求。兰州大学图书馆的阅读推广工作坚持以立德树人作为中心环节，坚持全员育人、全程育人、全方位育人的工作思路，充分发挥图书馆教育和信息服务两大重要职能，全面融入“三全育人”的工作体系，为更好地服务学校文献信息资源建设、辅助科研教学、滋养师生心灵情怀、培育社会文化自信等方面贡献力量。

一、背景情况

党的十九大报告指出，文化是一个国家、一个民族的灵魂。文化兴国运兴，文化强民族强，没有高度的文化自信，没有文化的繁荣兴盛，就没有中华民族的伟大复兴。推进全民阅读是促进文化繁荣、推动文化创新的重要支撑，在实现新时代文化建设目标中意义重大。文化需求是人民日益增长的美好生活需要的重要内容，推进全民阅读也是满足人民文化需求的重要途径。高校图书馆是开展全民阅读工作的重要阵地之一，在全民阅读中承担着重要角色。作为阅读推广、文化育人的主阵地，兰州大学图书馆在校领导的关心指导下，学校办公室、宣传部、学生处、团委以及社会组织等机构大力支持，众多学生社团积极参与、集思广益、团结协作，形成强大合力，着力打造富有特色的、丰富的阅读活动，为师生营造良好的读书氛围，大力引导广大师生养成多读书、读好书、好读书的良好习惯。

二、主要做法

（一）构建多部门联合阅读推广工作体系

“全员育人”，是兰州大学图书馆阅读推广工作始终坚持的目标。在具体工作设计中，广泛考虑到我校广大师生的实际情况。工作中，既有普及性的面向全体读者的活动，也有分门别类，针对不同读者群：学生和教职工、不同年级、不同年龄段读者开展的系列活动。

为切实把“全员育人”落到实处，树立起育人责任感，引导全校师生养成多读书、读好书、好读书的良好习惯，提高师生的文化信息素养，推动“书香兰大”建设，发挥阅读推广、文化育人主阵地的作用，兰州大学图书馆积极联系校党委宣传部、学生处、团委和相关学生社团、出版发行服务商等部门，整合校内外资源，打造联运机制，发挥不同优势，积极采取有效措施，利用现代技术和图书馆丰富的数字信息资源，策划了阅读推广系列活动方案。同时，特邀校领导出席线上启动仪式，图书馆馆长深情寄语全校师生，校内名师、校友发表读书感言，他们以广博的知识积淀、丰厚的成长阅历和深情告白号召广大读者朋友积极参与阅读活动，以阅读成就人生和梦想，共促书香校园建设。

（二）制定全学年阅读推广工作计划

“全过程育人”，是兰州大学图书馆阅读推广工作始终坚持的宗旨。在制定阅读推广工作计划时，考虑到学生读者从入校到毕业整个过程成人成才的基本规律，精心规划低年级到高年级不同阶段的阅读推广工作的重点和方法措施，开展针对性活动。

面对刚入学的新生，在图书馆阅读推广工作中积极联系各院系，开展新生入馆培训工作，帮助新生读者尽快掌握和有效利用图书馆的馆藏资源和各项服务，顺利步入和适应大学期间的学习和生活。针对即将毕业的学生，设计出“书香之恋”毕业生电子纪念册，方便毕业生查看自己在大学期间的借还书记录，保留一份大学期间的珍贵回忆。此外，对在校师生而言，阅读推广工作中还包括定期举办的系列活动，如每年4月23日世界读书日的“阅读之星”评选活动、图书超期豁免日活动、“独具慧眼”读者原创视频大赛、“书动青春”知识竞赛、影像阅读周、人文阅读摄影大赛等巳经形成品牌效应。还有积石好书推荐、学科资源实时推送、“风速对话”读书分享会、新生入馆培训、“百年历程 光辉闪耀”庆祝建党百年红色文献展、“文献中的百年党建——马克思主义传播在中国”展览、“丹青著兰大 点墨绘书意”——兰州大学2021年绘画作品展、雕版印刷体验活动、“助学中共党史 展播红色电影” 等活动，更是覆盖到全学年每个月份。

（三）搭建丰富多样的阅读推广活动平台

“全方位育人”，是兰州大学图书馆阅读推广工作始终坚持的工作要求。在开展阅读推广工作中，积极搭建服务平台，开展多层次、立体化、全方位的活动。

1.搭建阅读推广线上发布平台

注重发挥网站、微信群、微博的作用，及时发布关于文献资源利用或网络培训的信息，从信息搜集、要点抽取，到内容编辑发布，全馆协同推进，为师生教学科研提供支持与帮助。数字资源24小时对师生开放，确保学校图书馆信息系统正常运行以及校外授权访问系统VPN、CARSI等能够正常访问图书馆各种电子资源。基于现代技术平台，馆员们开展了丰富多彩的各类线上阅读推广活动。如“知识视界”线上知识竞赛活动、“悦读抗疫”书评征集活动、第二届“图书馆杯”主题图像创意设计征集活动、21天阅读习惯培养计划之“阅读打卡，晚安兰大”活动、社科文献数据库产品读书月线上活动、3C文献资源优惠传递和宣传推广服务活动、学科资源实时推送、积石好书等。

2.优化完善阅读服务空间平台

具有良好阅读氛围、提供优雅阅读环境、承载着文化服务的图书馆，滋养和孕育了几代文化名人，他们把图书馆视为知识的港湾、文化的载体、文明的殿堂、信息的集散地，这是大家对图书馆一致的感受。借助新冠疫情读者尚未返校的空窗期，阅读推广二部集中精力，完成阅读服务空间的优化和美化。由于书库存放空间有限，随着新书陆续到馆上架，库存严重超容量，图书挤满了书架，给读者查找图书造成极大的困扰，也给图书的管理带来许多不便。为解决这一难题，馆领导结合师生的反馈和诉求，利用图书馆大数据资源管理系统，确定了图书下架标准、旧书剔除标准，拟定了下架的陈旧图书的初步清单，制定了周密的馆藏调整方案。在各职能部门的大力支持和配合下，下架打捆7817捆图书，图书总计135719册。此外，将价值较高的大套藏书，集中密集排架，设置了专门的阅览区域。图书下架进入三线书库之后，需要对空出来的书架进行书本腾挪，预估留出将来要采购、上架的新书位置。为此，阅读推广二部对开架书库负一楼至三楼的全部图书进行了倒架、排序工作。优化后，图书馆藏布局更为合理，书架藏书均匀，主次更为突出，读者阅读体验更舒适，借还书更为便利，让读者在图书馆学习更加愉悦，更有效率。

3.设置积石馆藏图书展示平台

为尝试突破图书馆物理空间的限制，扩大读者阅读视野，发掘馆藏优质纸质图书文献资源，阅读推广二部在积石堂开架书库一楼设置了馆藏图书展示平台，用作专题书展。每年的9月至10月，阅读推广二部联合阅读第三党支部，都会利用积石馆藏图书展示平台举办以“弘扬中华民族传统，传颂红色经典文化”为主题的国庆红色经典书展，展出包括政治理论系列读物、党史党建、长征历程、伟人传记、军事战史、“一带一路”相关研究等经典图书500余册。红色经典图书既体现前辈们爱国主义和民族精神，同时也承载着历史记忆和感情寄托。图书馆充分发掘馆藏资源，积极引领广大师生阅读红色经典图书，接受红色文化熏陶，在品读中知史爱党、知史爱国。每年的10月至11月，都会举办馆藏外文原版图书展览，分批展出精选馆藏外文原版图书200多册，促进读者对外文图书资源的了解和利用。

4.打造阅读推广服务平台

为促进阅读推广工作开展，图书馆成立了读者俱乐部、阅读推广社团、读者服务社等服务平台。阅读推广服务平台旨在帮助读者更好地了解和使用图书馆资源，增强同学们利用第二课堂的意识，提高信息采集和图书馆资源的使用能力，深化图书馆读者服务工作内涵，促进读者与图书馆之间的互动。在全校开展阅读相关活动并扩大阅读普及度、改善阅读环境、提高阅读者的数量和质量，积极在校内营造良好的阅读氛围，进一步加强提升兰州大学的学风建设。阅读推广社团成立后，有效地推进了工作的开展。目前已经开展了21天阅读习惯培养计划之“阅读打卡，晚安兰大”第四期、阅读分享会、影视沙龙等活动。

三、取得成效

自2008年始，兰州大学图书馆按年度开展阅读推广系列活动。2016年创建提升为“书香兰大”阅读节，设计了“书香兰大”阅读节徽标，促进了兰州大学阅读文化发展。14年来，兰州大学阅读推广工作取得了丰硕的成果，在校内外产生了广泛影响，获得了师生的高参与度和社会赞誉。多次被甘肃省图书馆学会和中国图书馆学会评为“全民阅读先进单位”，2012年被甘肃省图书馆学会授予“全民阅读基地”称号，2015年被中国图书馆学会授予“全民阅读示范基地”称号。2019年，“悦读音乐”荣获第九届“视友杯”高校电视奖评选综艺类一等奖，“图书馆阅读推广及服务创新培训交流会”优秀案例二等奖。在中国图书馆学会举办的首届全国大学生“悦读之星”读书演讲风采展示活动中，兰大图书馆选送的于洋、光建阳获得首届全国大学生“悦读之星”读书演讲风采展示活动“悦读之星”荣誉称号。兰州大学读者俱乐部在第二届全国高校“阅读推广”优秀学生社团成果展示活动中荣获“阅读推广之星”称号。由中共兰州市委宣传部主办的第三届“爱兰州·爱阅读”2019阅读嘉年华活动，兰州大学图书馆馆荣获最佳组织奖。2020年，获“全国大学生‘悦读之星’星级组织单位”、第二届大学生中华经典美文诵读活动星级组织单位、第四届全国高校网络教育优秀作品推选展示活动微作品优秀奖。

兰州大学图书馆的阅读推广工作始终对标“三全育人”的工作要求，注重文化浸润，坚持以文化人、以文育人，有效激发读者的阅读热情，提高读者的阅读品味，营造了浓厚的书香校园文化氛围，真正起到了阅读推广活动育人的效果。

四、经验启示

（一）高度重视，精心策划，充分发掘内部资源

兰州大学图书馆以“专业智慧、细节服务”为宗旨，高度重视历年的全民阅读推广工作，并精心组织策划。在接到中国图书馆学会和甘肃省图书馆学会相关通知后，党政领导研究成立了阅读推广团队，对活动做了充分部署，对活动方向做了准确定位，即把阅读活动融入民族复兴、经济发展和图书馆服务工作之中，加强与读者的沟通，以活动促进图书馆服务读者能力的提升，营造全民读书、终身学习的良好氛围。

为使活动顺利开展，达到预期效果，图书馆多次召开阅读推广工作专项工作会议，充分发掘内在优势力量，集中业务骨干发挥特长，集思广益征集活动项目，丰富活动内容，统筹资源，对活动的成功举行起到了重要作用。

（二）相互协调，通力合作，激发部门合作优势

兰州大学世界全民阅读活动的成功举行，离不开校内各部门之间的通力合作。图书馆积极联系相关单位，常年与学校办公室、党委宣传部、学生处、共青团兰州大学委员会、科学技术发展研究院、科学技术协会等单位保持紧密联系，在开展活动中形成合力，扩大了影响范围。兰州大学阅读推广社团、兰州大学读者俱乐部、兰州大学摄影协会、兰州大学电影协会、相关出版发行服务商等积极参与、密切合作、集思广益，从每次活动的场地、人员、经费预算、活动流程、技术支持等诸多方面认真思考，反复推敲，强调相互协调、通力合作，丰富了活动内容，为活动的成功举行起到了重要的保障作用。

（王晶、邓后生，图书馆）

发掘校史 追寻精神 传承文化

——档案工作中的思政教育

《《《《

“萃英记忆工程”丛书《我的兰大 人物访谈录2》书影

》》》》

引 言

档案、档案工作、档案馆一直给大家的感觉就是保密、“遥远”，但是作为学校历史的“守护者”，我们担负着保管利用好学校成长发展产生的所有材料的重任，从不敢有一丝懈怠。在做好档案业务工作的同时，我们也认识到作为高校档案馆，我们不仅要为学校各项工作提供优质的档案服务和支撑，同时也承担着资教育人的职责。而如何在档案工作中做好育人工作，经过全员广泛讨论，最终大家达成共识：利用档案承载历史的特性，开展挖掘校史工作，从校史中追寻兰州大学的精神，用于传承兰州大学文化，从而达到档案文化育人的目的。

一、背景情况

档案工作承担着记录兰大历史、传承兰大精神的重要任务。同时，档案更是生动的育人素材，利用馆藏档案，讲好兰大人的故事、兰大故事和兰大精神，发挥好档案育人的作用。

二、主要做法

（一）深挖馆藏资源，发挥档案资教育人的作用

1.“党建+业务”把档案中的红色资源变成党建素材，增强党性教育

成立党课制作小组，立足馆藏档案，深入挖掘档案中的精神精髓，集思广益，带动全体党员参与到党课制作中，在创作过程中达到教育党员的目的。2018年，档案馆根据老校友刘铭庭捐赠的档案资料，深挖馆藏资源，制作微党课视频，讲述一名扎根边疆六十年、从事沙漠治理、服务边疆人民的老党员的家国情怀，刘铭庭对祖国、对党、对人民的最淳朴的情感深深感染和感动了大家。我们以此号召广大师生学习江隆基、刘冰、刘铭庭等老一辈共产党员爱国爱党、艰苦奋斗的精神，激励大家立足本职工作，发挥先锋模范作用。2019年和2020年又从档案中挖掘了红军老战士夏志坚和牺牲在珠穆朗玛峰的兰大烈士“攀登者”汪玑的故事，先后制作成微党课和精品党课，从老一辈兰大人的坚守

奋斗的故事中，挖掘兰大精神，传承兰大文化。

2.用档案展览的方式宣传兰大良好的学风、校风，充分发挥档案资教育人、传承文明的积极作用，做到文化育人

建成“珍贵档案陈展厅”“草业史料馆”。举办档案展览：《手迹·徜徉——档案中的师风学风展》《王栋先生史料展》《一个老教授的家国情怀——刘德山教授捐赠美国〈国家地理〉杂志精品展》《刘德山教授珍藏冬奥会邮票精品展》《刘德山教授珍藏皮影精品展》，展览要么展示了名师大家、优秀校友的笔记、论文，反映了优良的师风学风；要么展示了校友的广泛收藏，反映了校友爱国、报国之情，是兰大人扎根西部，砥砺奋进，用自己的行动为国家和民族事业发展做贡献的缩影。

（二）“萃英记忆工程”助力学校校园文化建设

“萃英记忆工程”以“追寻萃英文化，传承兰大精神”为宗旨；以“如实记载，选择呈现”为原则；通过建立“老先生学术顾问队伍、中青年研究指导队伍、青年师生志愿者工作队伍和档案馆专业技术管理服务队伍”，精心搭建“人文社会科学研究的平台、青年学生实践教育的平台、（兰大）精神文化传承弘扬的平台”，努力打造“萃英记忆工程”成为兰大校园文化品牌。2015年10月经学校批准，创建了“兰州大学口述档案研究中心”，专事“萃英记忆工程”。“中心”聘请部分退休人员为工作骨干，为他们提供继续施展才华的平台；招募青年教工、学生甚至校友为志愿者，特别是萃英学院的学生志愿者，给我们做了大量工作，他们接受培训、参与访谈视频资料的文字摘录整理，参与收集资料的整理入库等工作，使他们在参与工作的同时接受兰州大学历史文化的教育。现已取得一系列重要研究成果。

（三）立足本职岗位，力求让管理育人、服务育人工作“润物细无声”

档案工作为学校的各项工作提供了服务和支撑。在提供档案服务时，我们本着服务师生校友、学校、社会的目的，以解决问题为出发点，基于馆藏档案全力提供服务，为广大师生校友、学校、社会各界解决各类“难题”：校友就业、晋升、落户、深造、认证学历需要时，我们依据档案，给出认证结果；职能部门在工作查考、事件查证、学校权益维护、基建维改需要时，我们提供档案助力。虽然工作琐碎、量大，但是我们深知档案馆是学校服务师生校友的窗口，所以我们的工作力求做到周到细致。在学历认证工作中，偶尔会遇到学历造假的社会人员，我们也会耐心服务，并引导其树立诚实守信的价值观，对来馆办理其他业务的同学也起到了教育和警示作用。

在我们馆内还有一群年轻的小伙伴——勤工助学、研究生三助、萃英记忆志愿者同学们，主要帮助我们日常的档案整理、库房管理、提供档案服务等工作。我们要求馆里每位老师不仅要带好这些同学，让他们在档案馆能够有所学，在日常的工作中，我们首先要做好表率，在教授他们档案相关知识的同时，也有以德育人的责任。

三、取得成效

（一）创新“党建＋业务”的活动形式，充分发挥档案育人的重要作用

通过“党建+业务”，支部利用馆藏档案，讲好兰大人的故事、兰大故事和兰大精神，发挥好档案育人的作用。我们将档案中发掘的前辈故事制作成微党课、精品党课，2018年获得兰州大学第一届微党课大赛优秀奖，2019年、2020年获图书馆与直属单位党委微党课优秀奖。在档案中发现兰大故事，传承兰大精神，支部党员共同参与党课的制作。在翻阅这些档案时，同志们被前辈的坚守奋斗的精神所感动，激发了立足本职岗位、发挥先锋模范作用的热情。

（二）“萃英记忆工程”已成为我馆在校园文化建设方面的“品牌”

2018年被列入兰州大学思想政治工作精品项目培育名单，截至2020年10月，依托萃英记忆工程，已形成4个系列丛书：“我的兰大——人物访谈录”“我的兰大——人物回忆录”“兰大文藏”“兰大百年萃英文库”，出版图书16本。出版了《我的兰大——人物访谈录1》《我的兰大——人物访谈录2》，访谈录中收录了兰大人回忆求学兰大、建设兰大和见证兰大的苦和乐，回忆学科肇始、学业初成、学校发展的事与人，进一步推动了弘扬兰大精神，传承兰大文化，讲好兰大故事；出版了《我的兰大——诗词赋散文辑1》《彩云（兰大文藏·刘德山教授收藏皮影精选·皮影）》，反映了不同时期兰大学子的追梦故事，见证了校友们对母校的深厚情谊；出版了《兰大百年萃英文库首辑》（商务印书馆出版发行）10卷，反映了兰州大学早期知名学者的代表性著述，再现了国内早期西部学术研究的丰硕成果。黄河九曲，文脉兰庠，薪火相传，璀璨华光，传承百年萃英学术传统。

学生志愿者齐笑婕谈她的体会说：“加入萃英记忆工程以来，我最大的收获应该就是了解了兰大的历史，发现了未知的自己，也锻炼了与老师们交流的能力。”

学生志愿者毕铖说：“参加萃英记忆这一志愿活动，是一份宝贵的财富，使我们了解、传承兰大精神。”不论大家是否真的如说的那样受益良多，我们心中实际上都已深埋一颗情怀的种子，这是我们离学者、优秀文化更近的一次。若千年后，如果我们都能一直记得当时的采访者说过的几句话，或是还能认出零星的、以前帮教授整理过的几张邮票图案，就已足够。

2020年10月萃英学院青年志愿者协会以参与的“萃英记忆工程”工作，参加“甘肃省第三届青年志愿服务项目大赛”，荣获铜奖。

（三）用展览展示档案，传承文化

通过展览，在校大学生们，能够管窥兰州大学及其师长们走过的路，更能从我们的个体不足与时代痕迹中，珍惜今天的美好，激发人生潜能，为母校，更为祖国奉献自己的智慧。让观者感受到传统文化的感染力与精湛的技艺，了解古往今来百姓生活的演变，从中学习中国传统文化，增加对历史和文化的了解。讲好兰大故事，传承我校办学历史上杰出共产党人的浩然正气和高贵品质，传承我校优良师德师风和校风学风，让历史照进现实，用榜样激励人心。

（四）档案工作作风得到全面提升

档案赋予了档案工作者神圣的职责：那就是克服一切困难，排除一切干扰，创造必要条件，确保档案安全，发挥档案作用。我们优化完善各类工作流程，目前校内公务查档已全面实现OA线上办理，2019—2020年全力配合教务处，实现了本科生成绩中英文在线打印。在疫情期间创新工作模式，研究线上工作方式，急师生校友之所急，在人力有限的情况下，采取邮箱预约办理，全部业务实现线上办理，得到了校友的好评与点赞。我们的工作经常会收到这样的好评：“虽然已经毕业很多年了，但是仍然能感受到母校的温暖，我很感动，并以母校为荣。”“有着百年历史的学校工作效率和服务态度就是不一样。”我们在服务中向外界传递着学校的底蕴和文化，在点滴工作中践行“管理育人”“服务育人”。

建立档案文创小组，依托馆藏，结合“兰大精神”，提出一系列文创产品开发方案，目前已有4种产品与大家见面了：《初行有歌 10周年返校纪念》《又见芳华 20周年返校纪念》《万里归来仍少年 30周年返校纪念》《杏林往事 依稀如梦》。

2016届药学院毕业生刘仁斌曾在我馆勤工助学，曾这样描述自己在馆的工作：“在档案馆既是一个不断学习、提升自我的过程，更是一个缅怀先烈、铭记历史的过程。在这里，我看到了独树一帜、自强不息的兰大精神，看到了一代代兰大人身先士卒、艰苦奋斗的历史，看到了一个屹立东方、奔临寰宇的萃英学府。”

2018年在兰州大学“干部作风、校风学风、师德师风、医德医风”建设年活动中获得嘉奖。

2019年我馆的综合管理室和业务指导室被学校列为“三全育人”“文明校园创建”示范岗。

四、经验启示

档案承载着学校的百年历史，我们守护着档案宝库，不仅要保护好档案，更要利用好档案，让档案“活”起来，挖掘档案资源，借助科技手段，从不同的角度让档案展现新的亮点，特别是结合高校的育人工作，发挥档案的作用。

我们从馆藏档案资源出发，挖掘档案中、校史中、校友中的各类档案故事，精心制作党课，让全校师生都能感受前辈们爱国爱党、艰苦奋斗的精神。不仅丰富了支部党建工作，更让大家受到了教育。

依托“萃英记忆工程”，我们丰富馆藏资源，真实记录师生校友的“兰大故事”，及时将优秀事例集结成书，用于选择呈现，传承“兰大精神”。

在提升档案业务质量的同时，将档案育人有效融入“三全育人”的各项工作中。

（薛玉洁，档案馆）

21

凝心促发展 聚力推改革

——思政教育助推校企改革发展

《《《《

2019年7月，公司党委赴白银组织开展“迎校庆 谋转型 促发展”活动

》》》》

引 言

2017年以来，兰州大学校属企业开启了新一轮的改革攻坚，面对清理经营性不动产、解决校属企业遗留问题、所属企业体制改革、新冠肺炎疫情、推动转型发展的艰巨任务，资产公司党委坚持以习近平新时代中国特色社会主义思想为统领，以党建促发展，以思政聚人心，以担当推改革，在强有力的思想政治工作保证下，清退工作、新冠疫情防控工作得到学校肯定，先后荣获兰州大学“担当作为奖”“兰州大学抗击新冠肺炎疫情先进集体”，为助推学校“双一流”建设做出了新的贡献。

一、背景情况

2017年，兰州大学启动经营性不动产清退工作，把产业发展过程中形成的优质固定资产交回学校，用于补充解决“双一流”建设发展过程中办学资源严重不足的问题。2019年，教育部启动了18所高校试点所属企业体制改革工作，希望通过改革，调整所属企业结构、去除企业沉疴宿疾、提质增效，实现集中统一监管，建立健全现代企业制度，将企业的发展融入学校中心工作，兰州大学被列为试点高校之一。2020年，新冠肺炎疫情发生后，学校决定在资产公司所属萃英大酒店设立留观隔离区，承担师生和医护人员的疫情接待隔离留观任务。在这些急难险重任务面前，资产公司党委勇于担当，主动作为，充分发挥党委的政治核心作用，牢牢把握思想政治工作的领导权和主动权，凝聚力量，提振正气、士气，为各项工作顺利开展提供了坚强保证。

二、主要做法

（一）以党建促发展

1.凝聚发展共识

兰州大学产业规模小，缺乏具有示范引领作用的高科技企业，历史遗留问题多，因不动产清退、校属企业改革，事业编制人员不愿在企业工作，企业员工思想不稳定，产业面临怎么改，往哪儿去，怎么发展的问题。公司党委围绕如何推动发展，组织集中学习研讨，探讨了校办产业发展新途径，凝聚发展共识，解决了干部思想解放不够、转型发展思路不宽、创新意识不强的思想问题。

2.理清发展思路

结合国家和学校政策，进一步理清校产转型发展思路，为大家勾勒出下一步公司发展的“路线图”，确立探索所属企业“科创+”发展新模式，建立新型现代企业制度，创新产学研联动的良性发展思路。明确进一步深化所属企业体制改革工作，继续推动解决历史遗留问题，推进保留企业集中统一监管及治理体系和治理能力现代化；建立产业与科研院及科研单位的联动机制，推动形成科技成果转化产业服务链；积极谋划“科创大厦”综合体的合作建设；加强预算管理、工资总额调控和绩效评价，完善所属企业经营绩效考核激励机制的具体工作举措。

3.着力推动发展

落实支部建设“五融入”和组织生活“三结合”，确保业务开展到哪里，党组织工作就到哪里，使思想政治工作在着力解决问题中有效推动发展。公司党委开展“不忘初心、牢记使命”主题教育，要求党员领导干部紧密结合校属企业改革、转型发展等重点工作检视问题，着眼于解决实际问题抓整改，以钉钉子精神做实、做细、做好各项工作。通过检视问题找准企业经营绩效的政策导向性不强的不足，制定了《兰州大学所属企业绩效评价考核管理办法》，从源头上通过激励机制调动员工的积极性。通过解放思想、转变观念、创新方法，加快推进所属企业体制改革工作，为相关学院和企业搭建政府指导支持、律所咨询把关、资产公司全力推进等三个工作平台。

（二）以思政促工作

1.坚持思政贯穿工作始终

在工作开展中我们充分发挥自身的服务保障作用，把思政贯穿工作始终。不动产清退工作在学校历史上属首次，全天候、高强度近两年的时间跨度，清退的面积大、体量大，工作难度大、矛盾问题多，面对复杂艰巨的工作任务，党政班子坚决用学校决策部署统一思想，提高站位。为充分调动员工积极性，消除员工担心清退后下岗的顾虑，公司领导先后3次召开清退工作座谈会、交流会，深入细致做好思想工作。主要讲清了清退工作是学校“双一流”建设和事业发展的需要，公司的发展离不开学校，只有学校建设好，公司才能发展好，拥护支持学校决定义不容辞、责无旁贷，切实把员工的思想统一到学校的决策部署上来；破除等靠要思想，讲清“幸福都是奋斗出来的”“饭碗永远掌握在自己手中”，以急难险重的清退工作为契机，积极引导员工立足本职岗位努力工作，以优异工作成绩取得学校认可，向学校交出一份合格答卷。

2.坚持思政解决实际问题

坚持把解决思想问题与解决实际问题结合起来，积极回应员工现实诉求和普遍关切，化解矛盾，解决问题。党员领导干部经常性深入员工当中了解思想动态、谈心谈话、解决实际困难，做到人文关怀“动之以情”、心理疏导“导之以行”、关爱员工“施之以爱”。还制定了《清理经营性不动产工作奖惩办法》，慰问清退一线工作人员，采取多种举措确保了不动产清退工作顺利完成。

3.坚持思政推动工作落实

校属企业改革难度巨大，为确保按照教育部规定时间节点和要求完成任务，党委对改革任务进行了分解和细化，建立清单，明确了责任人、完成时限，实行责任清单管理，层层落实责任。新冠肺炎疫情发生后，资产公司党委以高度的政治站位与责任担当在第一时间做出安排，要求萃英大酒店认真履行社会责任，全力配合学校高标准、无条件完成好留观隔离任务，工作组多次到萃英大酒店指导规范疫情防控工作，慰问一线员工，开展心理疏导和送温暖活动，为高标准完成工作提供了坚强保证。

（三）以担当推改革

1.坚持积极担当作为

古人曰：“道虽迩，不行不至；事虽小，不为不成。”资产公司党委认真落实领导干部约法十则、校院两级领导班子干事十要和领导干部担当十要，切实把抓落实作为履职尽责的本分，把求实效作为一切工作的目标，提升了干事创业的精气神。围绕做好校企改革，进一步增强抓落实力度、破难题勇气，积极破解企业发展困境，推动解决历史遗留问题，通过解决制约公司发展的深层次矛盾，努力开创产业工作新局面。

2.充分调动员工积极性

针对改革攻坚转型发展期企业员工思想迷茫的现状，召开工作总结表彰大会，讲清校属企业改革工作相关政策及目的意义，鼓舞员工发扬自强不息、顽强拼搏的精神，顾全大局，全身心做好各自的本职工作。资产公司班子成员及各企业负责人以身作则，身先垂范，时时处处弘扬正能量，以良好形象带动全公司工作水平全面提升。

3.努力营造担当作为的浓厚氛围

通过开展“七一”、清退、抗疫等评优表彰，选树典型，设立党员示范岗、监督岗，引导广大干部员工向优秀党员和身边的先进学习，努力营造比学赶超的浓厚氛围。

三、取得成效

（一）党的领导更加坚强

通过强有力的思想政治工作，提高了公司党的建设质量，推进了加强党的领导和完善公司治理统一协调的体制机制，党务与业务深度融合，使党的领导更加坚强。

（二）工作机制更加健全

加强制度“废改立留”工作，完善了《资产公司党委会议事规则》《资产公司党政联席会议事规则》《资产公司党委党支部书记考核办法》等，建立了《兰州大学所属企业绩效评价考核管理办法》等一系列企业管理内控制度，使各项工作机制更加健全规范。

（三）员工积极性充分调动

思政汇集了全体员工的智慧和力量，破解了企业发展困境，充分调动了员工的工作积极性，员工的工作责任心、主动性有了很大提高，主人翁意识、广泛参与意识明显增强。

（四）工作取得显著成效

圆满完成会宁路、草科院、西北电子商贸城和兰大电脑城共1529商户的清退任务，近6万平方米建筑用于教学科研，缓解了学校办学空间不足的矛盾，清退工作得到学校领导的高度评价，资产公司（党委）荣获“担当作为奖”。产业人以弥补学校办学经费不足为己任，2014至2019年度，产业共上交学校2.22亿元（最高年度达6000万元）。校属企业体制改革稳步推进，已完成18家企业改革工作，完成率达94.73%，获得教育部的充分肯定。圆满完成了学校交办的疫情防控重点任务，历经5个多月，共接待提前返校留观师生和兰大一院一线医护人员共计935人次，资产公司被学校表彰为“兰州大学抗击新冠肺炎疫情先进集体”。

四、经验启示

（一）党的坚强领导是前提

坚持党的领导、加强党的建设，是国有企业的“根”和“魂”，是做好思想政治工作的首要政治任务，也是做好一切工作的前提，无论是校属企业改革还是棘手的不动产清退工作，学校、资产公司党委和各党支部的坚强领导，为各项工作顺利推进提供了有力政治、思想、组织保证。下一步资产公司党委将深入学习贯彻习近平新时代中国特色社会主义思想，认真落实《中国共产党国有企业基层组织工作条例（试行）》，不断强化立根铸魂、强基固本工作，毫不动摇地加强党的建设。

（二）做好“人的工作”是基础

“人心齐，泰山移。”一切工作都离不开人，做一切工作都要依靠人，只要做好“人的工作”，就抓住了一切工作的核心。也只有坚持以人为本，紧密团结依靠员工，充分汇集员工的力量和智慧，调动员工积极性，才能做好工作。在不动产清退工作中，产业人从最基层的雇佣保安到董事长、总经理全员参与，心往一处想、劲往一处使，同心协力，密切配合为清退工作奠定了坚实基础。

（三）建立制度机制是保证

没有严格的制度就没有管理和行为的规范。只有建立全方位较为完备的制度体系，以制度管理人和事，以制度规范人的行为，从而建立起工作长效机制，做到凡事有章可循、凡事有据可查、凡事有人负责、凡事有人监督，工作落实才有根本保证。资产公司党委按照公司法人治理要求，配齐了董、监、高人员，将党建工作要求写入企业《公司章程》，把党的领导融入公司治理各环节，明确和落实党组织在公司法人治理结构中的法定地位，并修订完善了《资产公司党委会议事规则》《资产公司党政联席会议事规则》等制度，努力做到党委政治领导，董事会战略决策，监事会依法监督，高级管理层授权经营，党委会、董事会、经营层、监事会独立运作、有机统一，这些制度机制有效提高了工作质效。

（四）推动解决问题是动力

习近平总书记多次指出，“问题是时代的声音”。如果不能消灭问题，就会被问题所消灭。抓住问题就能抓住工作的“牛鼻子”。历史正是在问题的不断产生与解决的过程中向前推进的。只有坚持问题导向，积极克服困难，勇于解决问题，敢于担当作为，才能开创工作新局面，工作才能不断向前推进。资产公司在校属企业改革中，始终坚持问题导向，着眼于解决实际问题抓改革，针对我校属企业科技含量低、经营模式落后、可持续发展的后劲不足的实际，立足调整所属企业结构，提质增效，以钉钉子精神做实、做细、做好改革工作，推动了工作落实，收到较好效果。

（五）促进事业发展是落脚点

衡量工作有无实效，要以能否促进事业发展为根本着眼点，以能否经得起时空和历史的检验为落脚点。不能图一时名利得失，也不能搞花架子，只有把时间拉长、把空间拉大后审视，本着对事业高度负责的原则，以一颗敬畏之心，把工作的着眼点、落脚点放在促进事业长远发展上，就没有做不好的工作。校属企业改革涉及历史遗留问题多，情况复杂，难度巨大，资产公司党委始终以促进事业长远发展为落脚点，以确保学校国有资产不损失、后期不留下隐患为底线，坚持依法依规处理问题，目前各项工作正在积极推进。

（涂思龙、徐国英、程亚娟，资产经营有限公司）

22

立足岗位做贡献 我为党旗添光彩

——疫情防控下医疗工作中的思想政治教育

《《《《

校领导、校友办及校医院接受社会各界捐赠的疫情防控物资

》》》》

引　言

新冠肺炎疫情发生以来，校医院认真贯彻落实习近平总书记重要指示精神和教育部、省委省政府决策部署，在学校党委的坚强领导下和图书馆与直属单位党委的工作要求下，认真履行疫情防控主体责任，积极推进疫情期间全体职工的思想政治教育，充分发挥基层党组织的战斗堡垒作用，持续激发党员的先锋模范作用，彰显了非常时期的担当和作为，为学校疫情防控和助力开学返校贡献校医院力量。

在新冠肺炎疫情防控工作的关键时期，校医院严格落实疫情防控责任的同时，利用重大疫情这一特殊时期和特殊情境，挖掘抗击疫情中的思政元素，切实开展校医院全体职工思想政治教育，让医务人员深刻领会中国共产党的初心使命、中国特色社会主义制度的显著优势、强大的中国力量、伟大的中国精神和医务人员的使命担当，进一步坚定中国特色社会主义的道路自信、理论自信、制度自信、文化自信，使广大职工获得丰富的教育体悟和深刻的思想淬炼，提升医务工作者思想政治教育的创新性和针对性，有力推动了疫情防控工作。

一、背景情况

2020年伊始，一场新冠肺炎疫情突袭大江南北。这场疫情，暴发于“九省通衢”的湖北武汉，扩散在人流规模最大的春节假期，成为中华人民共和国成立以来在我国发生的传播速度最快、感染范围最广、防控难度最大的一次重大突发公共卫生事件。在决胜全面小康、决战脱贫攻坚的关键时刻，中华民族又一次面临严峻考验。

面对疫情，以习近平同志为核心的党中央把人民生命安全和身体健康放在第一位，全国一盘棋，联防联控，各地区各部门各司其职，全国广大党员干部不忘初心、牢记使命，解放军战士、医务工作者、科技工作者、社区工作者坚守岗位，不畏艰险，不怕牺牲，严密防控，精准施策，人民群众的规则意识不断提高，中华民族的凝聚力和战斗力不断增强。

疫情就是命令，防控就是责任。校医院党总支充分发挥基层党组织作用，第一时间响应党中央和学校党委号召，组织召开院党政联席（扩大）会，成立疫情防控领导小组，研究制定疫情防控工作方案和应急预案，安排部署疫情防控每一个环节，不折不扣落实上级和学校的各项防控工作要求，团结带领全体职工特别是党员干部勇挑重担，以科学有效的方法和逆行而上的担当，坚守“主阵地”、严守“责任区”，切实守好学校疫情防控第一道防线。

二、主要做法

在疫情防控工作中，校医院党总支带领广大党员干部带头贯彻落实上级和学校党委关于疫情防控的决策部署，带头担当作为、冲锋在前，校医院全体职工闻令而动、迅速反应，顽强拼搏、日夜奋战在学校疫情防控的前沿阵地，以实际行动展示了“不忘初心、牢记使命”主题教育的丰硕成果，持续巩固了学校疫情防控形势向好的局面，为创建健康校园做出了应有的贡献。

（一）理论学习不松懈 学深悟透强素养

校医院党总支高度重视在职工思想政治工作中渗透党的理论知识的学习，时刻把党的理论知识学习贯穿于疫情防控的全过程，结合疫情防控，先后组织召开数次院党政联席（扩大）会议和党员会议及全体职工大会，专题安排部署中共中央政治局常务委员会数次专题研究部署新冠肺炎疫情防控工作会议精神、学习近平总书记《在统筹推进新冠肺炎疫情防控和经济社会发展工作部署会议上的讲话》和全国抗疫表彰大会精神，要求全体党员干部和广大医务人员在线上认真学习领会，在线下自觉贯彻落实，坚决服从学校疫情防控服务大局，积极发挥党员的先锋模范作用，切实扛起疫情防控政治责任，做到守土有责、守土负责、守土尽责。

（二）典型引领激干劲 勇往直前做表率

为增强思想政治教育在疫情防控中的实效性，校医院党支部根据疫情防控工作需要，深入挖掘教育系统典型人物先进事迹，组织全体党员在线上观看高校党组织战“疫”示范微党课系列讲座，学习援鄂医疗队队员们敬佑生命、救死扶伤、甘于奉献、大爱无疆的精神，主动宣讲校医院在疫情防控中涌现出的先进人物，感受一线医护党员以实际行动践行入党誓言的崇高品质，并将其充分转化为思想政治教育的生动教材，通过身边人讲身边事，在校医院形成“学先争优、你赶我超”的良好氛围，切实推动思想政治引领下的高校疫情防控等医疗保健工作取得实实在在的成效。

（三）投身大局强担当 齐心协力抗疫情

1.强化防护技能。校医院及时组织制印《高等学校秋冬季新冠肺炎疫情防控技术方案》和《新型冠状病毒肺炎诊疗方案》，同时每天在校医院工作群推送全国中高风险地区等新冠肺炎疫情防控相关知识，要求全体职工认真学习，全面掌握，做实做细学校疫情防控工作。

2.进行流病调查。校医院抽调医务人员，组建“爱心小分队”，佩戴标识，为留观医学观察人员及发热学生进行心理疏导、人文关怀、健康咨询等主要内容的流行病学调查健康服务，适时引导同学们培养良好的生活习惯、理性平和的心态和文明健康的生活方式。

3.指导疫情防控。校医院利用专业特长，分批次为国际文化交流学院、萃英大酒店、保卫处、后勤保障部等防控相关部门提供基础防控知识培训，现场演示口罩正确佩戴方法、七步洗手法、手消液的用法等，指导环境消毒剂的配比浓度、手持式额温枪、水银腋温计的使用和医学隔离区的防控布置等工作。

4.保障防护物资。校医院群策群力，寻找各种正规渠道，采购合格规范的防护用品，并实行专人专管，统筹统调。在保证正常门诊防护和师生需求的同时，校医院给后勤保障部、保卫处、医学隔离区等重点防护部门及学校各职能处室和各学院调配消毒液、体温枪、口罩、防护服等防疫物资。

5.普及防控知识。校医院第一时间组织编制《新冠肺炎疫情防控健康教育手册》在校园网上发布，制作《新冠肺炎防控知识》展板、海报等材料，门诊大厅电视屏滚动播放“正确佩戴口罩法、正确洗手法、正确测量体温”及有关新冠肺炎防控健康教育短视频，及时提醒同学们做好自我防护，强化同学们疫情防范意识。

三、取得成效

校医院通过疫情防控下医疗工作中的思想政治教育，进一步促进了校医院基层党建工作，激发了基层党组织活力，加强了党支部的战斗力、凝聚力、执行力，提升了党员的政治素质、担当意识，强化了党员的先锋模范作用，展示了党员良好的精神面貌，进一步引领广大职工参与到疫情防控中，提高了职工的服务意识，增强了职工的责任感和使命感。

（一）强化理论武装 提高了政治站位

疫情时期，坚持思想政治教育不断线，全体党员干部和职工通过个人自学、集中学习、线上讨论、“学习强国”等不同形式深入学习贯彻习近平总书记有关重要讲话和批示指示精神，深刻领会精髓要义和实践要求，进一步增强“四个意识”、坚定“四个自信”、做到“两个维护”，履职尽责、担当作为，确保工作有方向、有思路、有信心、有底气。

（二）加强组织领导 凝聚了抗疫力量

校医院在学校党委及图书馆与直属单位党委的领导下，自觉提高政治站位、职业敏感和社会担当，提前谋划，靠前部署，安排做好开学报到、迎新、军训和新生体检等期间的疫情防控工作，倡议全体党员干部在关键时刻亮身份、当先锋、做表率。在此次疫情防控工作中，校医院领导班子成员恪尽职守，亲力亲为，始终冲在一线，干在一线，每一项工作亲自认真谋划，每一处细节亲自再三考虑，用实际行动诠释了党的干部的责任与担当。

（三）注重党旗引领 提高了服务效能

根据学校党委决策部署，引领党员干部在疫情防控中充分发挥先锋模范作用，投入到学校抗击疫情最前线，主动为党旗添光彩，积极为师生做贡献，以实际行动践行了初心使命和诠释了党的优良传统，让思想政治教育成为校医院疫情防控工作中看得见的生命力，进一步激发了党员干部全心全意为师生健康服务的精神动力，为打赢疫情防控阻击战，保障师生生命健康安全做出了积极贡献。

（四）强化多措并举 促进了抗疫工作

校医院在第一时间建立疫情联防联控体系，在医务人员严重短缺的情况下，组织、协调各方力量，成立“爱心小分队”，在返校点医学筛查、排查发热患者、驻守隔离观察点、接送疫区返校学生、进行流行病学调查、保障防控物资供应等方面，关爱学生，呵护健康，充分发挥了医务人员的使命担当。王作武、刘贻功是校医院的两名救护车司机，在疫情防控期间，24小时不间断待命在医院，及时转送返校学生和拉运防控物品，每当同事们对他们的辛苦表达感激和点赞时，他们却说：行医治病我们是外行，我们只能一趟趟出车，把自己的工作做好，请放心，我们会全力以赴完成好工作任务。

（五）挖掘先进典型 发挥了榜样作用

利用高校党组织战“疫”示范微党课平台，引导党员干部学习抗疫先进事迹，以身边涌现出的典型事迹和先进人物为榜样，进一步强化党员的先锋模范作用。我院护理部党员陆立伟同志在听到“学校在萃英大酒店设立临时医学观察点”的消息后，第一时间主动请战，希望为疫情防控贡献自己的力量，她说：“我是共产党员，疫情当前我愿意义不容辞担当责任……我自愿去隔离区，直至隔离解除。”简短朴实的话语，体现了一个医务工作者勇挑重担的责任和担当，更映照着一名共产党员义不容辞的奉献和作为。

四、经验启示

校医院在推进疫情防控工作中积极实施思想政治教育，是深入贯彻落实习近平新时代中国特色社会主义思想的生动体现，也是贯彻落实全国教育大会、全国高校思想政治工作会议的具体措施，更是学习高校党组织战“疫”示范微党课系列讲座、抗疫表彰大会等先进事例、优秀典型的实际行动。通过一系列思想政治教育，更加坚定了全体职工的理想信念，更加厚植了全体职工的爱国情怀。

（二）思想政治教育是丰富基层党组织活动的重要载体，也是强化党员实践教育的具体体现，能进一步树牢党员的初心和使命，提高党员的党性修养，促进党员先锋模范作用的发挥。疫情防控期间思想政治教育过程中树立的先进经验、典型做法和涌现的先进个人、优秀党员，通过这些事迹和人物，以点带面，以面概全，示范引领，不断巩固和拓展疫情防控的阶段性胜利。

（三）思想政治教育与业务工作有效融合的做法积极发挥了专业技能和业务特长，同时，在思想政治教育与业务工作协同发展中，又能很好组织党员、联系群众、凝聚力量、达成共识，有效推进基层党建工作，有力提升校医院医疗质量和服务水平，更能激发全体职工立足本职、带头奉献，积极投身疫情防控一线，在常态化疫情防控工作中接续奋斗。

（李学军、马仁军、包智强，校医院）

23

挖掘哲学社会学科与中国传统文化的思政育人功能

——“走近哲学”系列校园哲学文化主题教育

《《《《

2019年10月，第十一届“走近哲学”系列活动开幕式

》》》》

引 言

哲学社会科学作为人们认识、改造世界的基础性学科，能够为思想政治教育提供必要的学科支撑和学术资源，是思想政治课程的有益补充，在思政育人层面哲学社会学科有着重大的作用、意义。同时中国传统文化也是思想政治教育活动开展的有力资源保障和支撑，但在日常高校的思想政治教育活动开展过程中，鲜有有效地将哲学社会学科和与之相关的中国传统文化相结合，内化于思想政治教育的内容内涵中去，充分挖掘两者思政育人功能的活动做法。面对哲学社会学科面临的发展契机和新时代传统文化的创新发展契机，如何创造性地探索思想政治教育质量提升的新路径、新方法，使其内容以更接地气的方式入脑入心，兰州大学哲学社会学院在不断探索和持续深化凝练的过程中，“走近哲学”系列活动应运而生，将中华优秀传统文化、意识形态与哲学学科智慧融为一体，为全国高校提供了哲学主题教育、中国传统文化教育以及大学生思想政治教育的新的视角和发展空间。

一、背景情况

2016年5月，习近平总书记在哲学社会科学工作座谈会上指出，哲学社会科学是人们认识世界、改造世界的重要工具，是推动历史发展和社会进步的重要力量，其发展水平反映了一个民族的思维能力、精神品格、文明素质，体现了一个国家的综合国力和国际竞争力。而哲学是人文科学中最深刻的一门学问，它在原理和内涵方面涵盖了一切学科的研究性基础。哲学是一个大学的精神脊梁，哲学的通识教育对于提高学生的人文素质和思维水平有着无可替代性。同时充分重视中国传统文化资源的开发与研究，是思想政治教育在“全球化”时代背景中，在当前所面临的复杂的社会环境、文化环境中披荆斩棘、奋勇前进，以自身的文化土壤阻抗多元文化侵蚀的必然选择。哲学社会学科中蕴含着丰富的中国传统文化底蕴，其中包括中哲体系、社会学中关于道德人性社会的理论体系，等等。

在高校思想政治教育工作中，大众哲学的教育使得哲学社会学科的重要价值与其在青年学生群体中的认知程度不成正比。新时期随着对中国传统文化的思想政治教育作用的重视程度不断加深，对传统文化思政育人功能的认识不断深入和结合时代特征对传统文化内容形式进行不断创新发展，很多高校都认识到必须把中国传统文化作为当代大学生思想政治教育的基本内容。

此背景下，兰州大学“走近哲学”系列校园哲学文化主题教育旨在探索多种方式的哲学社会学科主题教育和传统文化内涵教育，不仅仅限于哲学专业的学生，且意图将哲学教育有效地传导至广大的大学生群体，过程中深入挖掘和发挥哲学社会学科与中国传统文化的思政育人功能和基础性、先锋性作用。

二、主要做法

自2007年以来，哲学类主题教育历经10年的提炼，逐渐形成以“走近哲学”为教育主题，以纪念“世界哲学日”为开端，通过“哲学与艺术——室内弦乐四重奏专场音乐会”“现象学与中国思想”等为主题进行青年优秀思想成果征集、名家讲坛、哲学沙龙、与国学经典对话、名家荐书、主题影评会、哲学知识对抗赛等多项学生参与度高的校园文化活动，创新性地建立起教育体系完善、教育目标明确、教育效果良好的校园哲学文化主题教育推介体系。同时，面向在兰各高校、高初中、小学开展哲学知识巡展、国学夏令营、公益讲座等活动，取得了以社会科学为平台向外开展主题教育的经验，为后续各种校园文化推介和活动开展提供借鉴。

（一）发挥哲学社会学科的奠基作用

1.“世界哲学日”主题宣传：宣传方式包括手语哲学、舞动哲学、哲学灯谜、电影会、哲学读书角、书目展览、历届成果汇报及赠阅活动等。

2.“走近哲学”主题讲座或课程：邀请校外哲学名家就西方哲学、中国哲学、伦理学、逻辑学等领域为我校热爱哲学的青年学子进行深入浅出的专业学术讲座。

3.主题论文征集：每年根据具体情况以年刊或半年刊的形式出版《走近哲学》一到两期，集结各项活动中的思想火花，以资纪念，扩展出一个坚实不变的平台，使得各位名师、名家能够精心创作或挑选一些好的哲学作品，以飨青年。

4.哲思读书会：因为哲学学科的内容非常丰富，不仅有中、西哲学之分，更有各种断代哲学，以及当今最热门的欧洲大陆哲学与英美分析哲学，不仅是人文学科基础性的延续及体现，还关联着人类心智、思维与科学技术新发展等前沿话题；进行线上共读，希望通过领读人带领同学们进行原著选读接近哲学之思。

5.哲学沙龙：邀请省内各高校老师主持哲学沙龙，每期就一个主题展开辩论，全校各专业不同学术背景和思维习惯的师生思想碰撞，共同营造自由、开放、思辨的学术氛围。

6.哲影人生：电影作为艺术作品的一种，同样也蕴含着哲学的思考与张力，哲学经典电影以沙龙的形式进行，吸引着广泛电影爱好者的关注，同时，哲学的思考与分享也渗透在其中，使哲学变得“平易近人”。

通过上述几种开展形式，在校园文化活动中潜移默化地传导哲学理念和哲学社会学科作为基础性学科的包容万象、丰富广阔的学科知识，在学术讲座、读书沙龙中激发学生的哲学思维和思辨的逻辑能力。其中不乏对马克思主义著作和中国特色社会主义理论著作的深入讨论学习，对学科知识中思想政治教育的基础内涵、唯物辩证的理论方法进行学习。

（二）发挥中国传统文化对思政教育内容的充实作用

1.“哲学与艺术”。哲学是认识的抽象，艺术是感受的抽象。哲学是人类智慧的抽象，艺术是人类心灵的抽象。哲学与艺术，亘古以来便是相得益彰的姐妹。“哲学与艺术”板块，以期通过室内弦乐四重奏、室内交响乐等，以探戈与电影音乐会为主题，辅以讲演报告的形式，为全校师生诠释哲学与艺术的魅力。

2.与国学经典对话。举办“大方杯”高校国学知识邀请赛、甘肃省传统文化周等国学活动，邀请武汉大学、四川大学、重庆大学、西安交通大学等多省多所高校参加，加强我校与西北、西南及东部高校的交流沟通，宣传展示兰州大学优良校风学风及深厚国学底蕴和人文精神。

三、取得成效

（一）现实活动成效

据统计，“走近哲学”系列校园哲学主题教育，自2007年以来，刊印《锋芒——走近哲学》专刊两期共2400份，编印《走近哲学》文集共计四辑5500本，面向甘肃省各大高校的师生免费发放，累计受益师生可达5000余人。成果覆盖到全校党政机关、不同学院、不同专业的师生千余人，《走近哲学》文集累计发放至兰州大学党政机关各处室，27个学院办公室以及全校319个本科生团支部。经过十余年的探索实践，“走近哲学”系列校园哲学主题教育真正达到了“让大众了解哲学，让哲学走近大众”的活动目的，较好地完成了以最大的成效向广大青年学子普及哲学知识与哲学精神的初衷。先后被《中国青年报》、《兰州日报》、中新网、中国大学生在线等多家媒体宣传报道，得到来自清华大学、浙江大学、华中科技大学、南开大学、厦门大学、香港中文大学、山东大学及吉林大学等国内数十所重点高校的关注与支持。在第三期《走近哲学》文集的编纂过程中，全国许多知名哲学学者寄赠文章，借以表达对广大热爱哲学的青年学子的关注与支持。“走近哲学”系列主题教育成果面向甘肃省内各高校师生免费发放，涵盖兰州大学、西北师范大学、西北民族大学、兰州理工大学、兰州交通大学、兰州商学院等。本项目先后前往省内各高校、中小学进行哲学知识的普及推广，邀请王庆节、王路、范鹏、白奚等数十位哲学名家与学生交流，社会反响较好。

（二）精神文化成效

“走近哲学”系列校园哲学文化主题教育活动，作为大学生思想政治教育的重要载体，旨在向青年普及哲学知识与哲学精神，推动哲学学科在青年学生思想政治教育中发挥积极作用，开拓了大学生思想政治教育的空间。同时项目也承担着“哲学内涵”推介的教育功能，并逐步发掘利用中国传统文化和传统精神来提高大学生思政教育的品质质量。首次尝试将人性教育、意识形态与哲学智慧通过高等学校第二课堂的方式予以呈现，在校园文化活动中融合产出，为推动甘肃省大专院校哲学通识教育提供平台，为全国高校提供了哲学主题教育、中国传统文化教育乃至大学生思想政治教育的新的视角和发展空间。

四、经验启示

（一）在大学生思政教育体系中形成意识形态与哲学智慧的深刻对话机制

大学生思想政治教育如果与哲学类通识教育双管齐下，互为补充，有助于青年人才的转化，将生命的活力贡献到真正的事业中去。这个维度的核心问题是：如何实现义务制教育理念与大学教育理念在学生思想活力中的真实对接。大学生思想政治教育的根本目的是主体性人格自由而全面发展，学生需要的是与时代思想的深刻对话，是自己心灵内在的声音，而这种声音需要哲学智慧来帮助引导发声。而哲学这种形而上的学科，通过学生参与度较高的校园文化活动，进行落地、推广、普及。本项目从哲学学科本身及其历史、当今社会理解哲学的程度，针对青年群体的精神需求，从各种角度普及哲学知识及哲学精神，切实加强哲学实践教育，为全校不同学科、专业的学生搭建平台。

（二）在校园文化活动中建构中国传统与现代文化之间的理解平台

当代大学生有很多迷茫，其中最主要一个是：不知道通过怎样的途径去接触到伟大祖国千年根深的优秀文化，以及把可能学习到的东西转化到自己的现实经验中来。他们的生活方式受到现代性思潮的影响更深，自由化的倾向更浓厚，但自由往往便成了无节制的自我，乃至于对他者的伦理学产生漠视，对自然之美视而不见。相互通融的哲学智慧可以帮助学生从多个不同的方面进入到深层次的自由中去，将自我释放到广阔的时间空间及历史中去。而这并不是哲学史的教育或者哲学专业的教育，或者类似哲学教育的思想形态教育能独立完成的，它需要哲学通识的合作，“通”即是理解和转化，“识”即是分辨与安身立命。哲学通识教育的一个目的即在于：探索新的方法，联系大学生中、西、古、今的意识，整合文化心态，补充学术与生活、心灵与现实之间任何一个环节的缺失或不足。我们拥有民族自身的哲学或智慧，而这种智慧的底色是通融的、合一的、大同的。在中国的文化土壤中探索哲学通识教育的新的可能性，具有世界性价值。

（陈声柏、孙立国、马世英、彭战果、唐远雄、张钰炀，哲学社会学院）

24

“我们的抗疫群英谱”

——师生党员共同讲述抗疫英雄故事

《《《《

《我们的抗疫群英谱》画册封面

引 言

突如其来的疫情让每一位党员同志都感受到了“不忘初心、牢记使命”更深层次的意义，无数党员同志、普通群众冲向了抗击疫情战斗的最前线。他们当中有身披白衣战甲、荆楚斗魔的医护人员，有面对疫情考验、奋勇争先的工作人员，有不忘初心、坚守基层的中流砥柱，有默默付出、坚守平凡岗位却又伟大的基层工作者，当然也不乏我们身边的优秀老师、担当青年。这些发生在当下可歌可泣的英雄事迹无疑是我们中华民族最宝贵的精神财富，当然也是开展“不忘初心、牢记使命”主题教育最生动鲜活的教材。以此为契机，2020年4月，在经济学院党委的号召下，学院开展了主题为“我们的抗疫群英谱——经济学院师生发掘的榜样故事”的主题党日活动，学院全体师生党支部，每一名党员、积极分子都参与其中，从网络、身边搜索发掘出令自己感动的故事，经过院党委统一组织编辑、整理汇编成电子书，供全院师生学习。这是一次成功的主题党日活动，更是一次党性教育、思想政治教育的生动实践。当然，这本电子书的意义绝不止于此，它是我们国家、14亿民众在这场特殊战争中一段真实的记录，也是一个普通基层党组织、一群普通党员视角下中国共产党践行“以人民为中心”思想的一段鲜艳历史。

一、背景情况

新冠肺炎疫情发生以后，以习近平同志为核心的党中央反复强调“把人民群众生命安全和身体健康放在第一位”，围绕“坚决遏制疫情蔓延势头、坚决打赢疫情防控阻击战”的总目标，不惜按下经济社会运行发展“暂停键”，以巨大的政治勇气和果敢的历史担当，领导人民全力以赴抗击病魔，坚决做到“不遗漏一个感染者，不放弃每一位病患者”。广大党员干部不忘初心、牢记使命，或坚守，或下沉，履职担当，积极发挥基层党组织战斗堡垒作用和广大党员先锋模范作用；广大白衣战士逆行出征、救死扶伤，为抗疫斗争的胜利立下“头功”；广大公安干警、社区工作者、以青年为重要组成部分的志愿者团队和广大人民群众舍小为大、无私奉献，踊跃参与生命大救援。这些都是人民至上、生命至上崇高理念在抗疫斗争中的生动体现，是立德树人、开展思想政治教育的最好载体，是高校培养社会主义合格建设者和可靠接班人的实践教材，值得我们每一位党员学习。为在学院引导形成崇尚英雄、学习英雄、争当英雄的良好氛围，弘扬伟大的抗疫精神，充分发挥基层党组织战斗堡垒作用和党员先锋模范作用，让特殊时期的党内组织生活充分发挥出教育引导广大师生党员增强“四个意识”、坚定“四个自信”、做到“两个维护”，提高党员思想觉悟、坚定党员信心决心的重要作用，经济学院党委决定将学习抗疫英雄事迹作为主题党日活动内容，学院13个党支部、每一名党员以及入党积极分子踊跃参与编辑整理抗疫英雄事迹，撰写学习心得，院党委从搜集的100多个故事中进行遴选，最终汇编成由48个故事及心得组成的电子书——《我们的抗疫群英谱——经济学院师生发掘的榜样故事》。

二、主要做法

（一）前期工作

各党支部按照校发文件的精神要求和经济学院党委的指导意见，组织开展了主题党日活动，活动内容包括学习习近平总书记关于新冠疫情防控的系列讲话精神、抗疫先进团体和个人事迹、疫情防控局势下的人文关怀等。各支部党员同志积极参与，认真研读了各项学习材料，积极参与主题党日活动，踊跃发言交流感想，挖掘身边的抗疫先进事迹，深化了党性教育和责任奉献意识。

（二）材料筹备工作

按照学院党委的工作部署要求，各支部在开展了数次主题党日活动后，决定以支部为单位，推荐网络、身边的抗疫故事，撰写《我们的抗疫群英谱——经济学院师生发掘的榜样故事》电子书。活动主要采取各支部推荐、院党委统筹编写的方式进行。各支部专门召开了任务安排会议，由各支部委员牵头，全体党员、积极分子参与，每人推荐2至3个先进抗疫事迹，撰写推荐意见和个人感想，在支委会完成收集以后，组织支部党员进行线上学习和分享讨论，挑选具有代表性的、行业典型意义的、贴近我们生活的先进事迹，每个支部精选10份稿件上报学院党委。

（三）中期编写工作

经济学院党委对全院13个党支部上交的稿件内容进行审核，严把质量关，进一步筛选出各行业、领域、地区的先进事迹48例，成立《我们的抗疫群英谱——经济学院师生发掘的榜样故事》编写工作小组，经济学院党委书记黄剑华统筹安排工作。电子书编写任务主要分为两部分，一是内容审核整理，二是设计版面并编辑成册，学院党委号召各支部同志积极参与编写，学院党委组织成立编写小组，给小组成员分配了工作任务，一部分成员负责文字内容美化和格式统一，另一部分成员负责搜集事迹相关图片，进行排版和电子书美化工作。经过反复推敲和讨论，电子书目录划分为“民族脊梁，国士无双”“白衣战甲，荆楚斗魔”“疫情考验，奋勇争先”“少年侠气，知难而进”“涓涓细流，汇聚江海”“坚守基层，中流砥柱”和“巍巍华夏，大爱无疆”七个版块。电子书选取的事迹中有举国敬仰的钟南山院士，有白衣批甲的医护人员，有快递小哥，也有货车司机，有默默无闻的农村聋哑小伙，还有经济学院的教授和学生，内容充实有序，涵盖面较广。

（四）后期修订完善工作

在完成电子书初步编写以后，学院党委及编写小组又对电子书进行了二次修订审核，征求各支部的意见建议，尽量统一格式，力求美观大方。在讲好抗疫故事的同时，用电子书这一特殊形式，记录了普通党员视角下中国共产党践行“以人民为中心”的根本宗旨，扩大了本次主题党日活动的影响力，深化了对全院党员的党性教育，是“不忘初心、牢记使命”主题教育的生动实践。

三、取得成效

此次主题党日活动前后耗时一月之久，覆盖面广，全院党员同志、志愿者200余人参与其中，前期搜集整理先进人物事迹129篇，经反复筛选、整理，最终挑选48篇汇编成册供全院师生学习，书中的内容丰富多样，涵盖各个阶层、不同岗位的优秀人物事迹。

此次党日活动的开展，让大家收获良多：每位党员自身参与其中，更加深入地了解到疫情期间的先进人物事迹，深受先进人物事迹鼓舞；全体师生学习了抗疫英雄们万众一心、众志成城的团结精神，舍生忘死、日夜奋战的奉献精神，精准防控、精心救治的科学精神，激发了师生党员的爱国热情，弘扬了民族精神；党员们纷纷发表心得感受，表示疫情期间这些先进人物身上所表现出来的抗疫精神，正是生生不息的中华民族精神，是我们这个民族坚韧顽强、不可阻挡走向复兴的重要力量，抗击新冠肺炎疫情的斗争，展现出并在新的时代条件下进一步锤炼着中华民族的伟大精神。更重要的是，本次活动在党性教育方面也取得了良好成效。通过举办这次党日活动，对做实教育引导学生党员坚定理想信念，在重大任务、重大事件、重大考验面前和关键时刻，应该做什么以及怎么做，使其在此次疫情防控阻击战中积极贡献青春正能量，奋勇担当、迎难而上，积极践行初心与使命有重要意义。广大师生的党员意识与责任担当意识进一步强化，提高了政治站位，坚定了大局观念，进一步深刻认识和体会到中国特色社会主义的制度优势，增强了“四个意识”、坚定了“四个自信”，做到了“两个维护”。教工党员特别是青年教师的党性意识得到锤炼和熏陶，在“课程思政”讲课比赛中涌现出一批优秀青年教师，结合学科、专业特点，深入挖掘、聚焦、发挥课程的思想政治育人元素及其所承载的思想政治教育功能，努力实现专业知识教育和思想政治教育的有机统一，实现育人效果最大化。此外，通过此次主题党日活动，支部的政治功能进一步增强，“三会一课”进一步规范，各支部已养成按标准要求使用“甘肃党建”平台开展组织生活的良好习惯，基层党组织的战斗堡垒作用进一步得到强化。

四、经验启示

我校是“双一流”建设高校，承担着为国家输送高质量人才的重要任务，因此如何做好思想政治教育，为国家培养政治过硬、德才兼备的人才是我们面临的重要课题。而高校党支部的组织生活是思想政治教育的有效途径，不仅起到加强党性教育、提高思想觉悟、坚定理想信念的作用，也具有凝聚团结人心、培育家国情怀、促进人的全面发展的重要作用。本次主题党日活动，对如何发挥好高校党支部的战斗堡垒作用和学生党员的先锋模范作用，探索新时代育人方法，创新思想政治教育载体和途径提供了很好的经验启示。

一是，党的组织生活要贴近时事政治，树立运用习近平新时代中国特色社会主义思想铸魂育人的理念，要以当下党的最新的政策方针，决策部署、先进理论成果、重要讲话精神为指引，开展专题教育活动。

二是，党的组织生活要发挥专业特色优势，要尽量贴近师生的发展需要，符合学科专业要求，要能够让师生真正地融入其中，更好地服务于学科建设和学生的全面发展，不能内容简单、形式随意、为了开组织生活而开，使其流于形式。

三是，党支部组织生活标准化建设是探索、开辟学生思想政治教育路径的有力抓手。要充分发挥党支部的战斗堡垒作用和党员的先锋模范作用，加强思想引领和示范辐射，使组织生活丰富多样化，提前做好统筹安排，做到有计划、有分工、有成果，统筹兼顾，权责明晰，使每一位学生党员、积极分子、志愿者都参与进来，充分调动学生的主观能动性和积极性，充分发挥当代青年的主人翁意识，引导学生志存高远，将日常学习生活融入国家建设发展伟业的洪流中，树立为实现共产主义而奋斗的远大目标。

（黄剑华、刘菁、李斐，经济学院）

25

融合式育人机制引领卓越法治人才培养

——法学院党建引领思政育人创新实践

《《《《

2020年6月29日，党支部赴榆中县夏官营镇高家营村、新营镇罗景村、城关镇金家圈村、马坡乡哈班岔村开展普法宣传专题讲座

》》》》

引 言

习近平总书记在全国高校思想政治工作会议上指出，高校思想政治工作是党领导高校工作的具体体现，是开展高校党的建设的重要抓手。同时，他还指出，好的思想政治工作应该像盐一样溶解在各种食物中自然而然吸收。如何创新思想政治工作的载体和方式，让思想政治工作真正成为高校加强党的建设的重要抓手，是一个需要深入探索的问题。同时，要通过党建工作与业务工作的融合，来引领和促进思想政治教育工作与业务工作的融合，从而构建起一整套党建思政融合式育人机制，引领卓越法治人才培养，这是近年来法学院积极开展的思政育人创新工作实践。

一、背景情况

自2018年起，兰州大学法学院积极开展融合式育人机制探索，推动学生党建工作与学生培养相融合，引领带动学生思想政治教育工作与学生成长成才相融合，努力构建党建思政融合式育人工作机制，选取研究生第十二、十三、十四、十五党支部及本科生第二党支部作为实验对象，积极利用兰州大学法学院先锋模范工程等一系列组织建设、内容创新活动，探索高校融合式学生党建思政工作新模式，逐渐形成了专业学习、志愿服务、平台联动的学生党建思政工作新格局。

二、主要做法

（一）立足学生培养 实现党建思政与专业学习的融合

高校学生党建工作的中心是育人。唯有围绕育人根本任务抓学生党建，坚持抓基层、打基础，才能充分发挥高校基层党组织的战斗堡垒作用和党员的先锋模范作用；唯有始终坚持育人为本、德育为先，才能把立德树人的根本任务落到实处，逐步探索出一条符合大学生特色的党建工作之路。因此学生培养是高校党建的第一要务。

1. 立足专业知识 开展普法创新教育探索

普及法律知识，弘扬法治精神，法学院本科生第一党支部开展了“普法讲义”党员普法新篇章系列普法活动，开始专业知识与学生党建活动融合探索，旨在贯彻落实党中央关于全面依法治国重要战略部署，以法律意识最为薄弱的乡村地区为普法宣传主阵地，以接受新鲜事物及知识最为容易的中小学生为主体，普及法律知识，弘扬法治精神，为全面建设社会主义法治国家贡献绵薄之力。

项目前期，通过实践调研及乡村法治建设实际情况，列出乡村法治建设最为重要、需求最为迫切的十个主题，编写以食品安全、儿童防拐、交通安全、校园反暴力等为主题，适合中小学生群体特色的主题普法讲义十份。项目中后期，结合普法宣传实际开展情况及反馈信息，对十份普法讲义进行二轮修改，最终形成十份主题鲜明、体系成熟、内容丰富且通俗易懂的普法宣传讲义。

自2017年以来，党支部内成立了十个专题小组，组织小组成员多次赴周边进行实地调研，并开展各式各样的讨论交流活动。党支部党员、入党积极分子参与各项活动积极踊跃，累计参与各项活动三十余次；党支部成员累计获得各项奖励二十余次；支部荣获2018年度兰州大学“先进党支部”；支部成立的社会实践团队获“兰州大学暑期社会实践优秀论文奖”；支部将学习成果具体化，编写10份普法讲义，在周边中小学开展普法进校园活动，该志愿服务活动日前为《兰州日报》所刊登报道。

2. 立足学科兴趣 设立学科兴趣小组

为了更好地调动学生参与党建活动的积极性，本科生党支部在认真执行以“五个一”实践教育平台为主体，以志愿服务教育和法治宣传教育为两翼的“一体两翼”党员教育格局的前提下，成立10个学习小组，由素质过硬、品质优秀的党员或预备党员担任组长，涵盖模拟法庭、英语学习、综合素质拓展、行政法学习等多个领域，全年累计开展各类学习交流活动50余次。成立“兰州大学赴甘肃省榆中县家事审判改革调研暑期社会实践团”，在暑期前往榆中县人民法院和兰州市正天合律师事务所开展家事审判改革的社会调研，形成调研报告成果，撰写了相关学术论文，并获得兰州大学暑期社会实践优秀论文奖。

3. 立足时事热点 开展学术探索

法学院实验党支部紧跟时事热点，通过时事热点追踪、学科知识学习，立足学科融合，开展学术探索活动。以学院本科生第二党支部与研究生第十五党支部学习李克强总理政府工作报告为例，2020年5月28日，兰州大学法学院研究生第十五党支部联合本科生第二党支部在线举办了主题党日活动，支部党员、本科生和研究生代表以及来自吉林大学法学院、四川大学法学院、中国社会科学院研究生院的学生党员参加了本次活动，法学院党委委员、副院长吴双全线上参加活动。会议伊始，全体参会人员共同学习了李克强总理所做的政府工作报告，交流了心得体会。与会人员以“观点展示+圆桌论坛”的方式开展了“重大突发公共卫生事件的应对与治理”主题学术沙龙。三位主讲人从各自研究领域出发，探讨了不同部门法在应对突发公共卫生事件时所发挥的作用。

（二）注重能力拓展 实现党建思政与志愿服务的融合

长期以来，学生党建工作重理论，轻实践，重学生参与，轻实际效果。近年来，学院主动承接地方需求开展各类交流活动。与甘肃省高级人民法院、甘肃省检察院、甘肃省司法厅、天水市人大签订共建协议，提高学院服务地方、社会的能力。学院主动对接甘肃省教育厅，承担全省范围高校普法宣传比赛，引领省内高校普法工作；主动对接学校办公室、宣传部，承担校内普法宣传工作。基于以上背景，我院学生党建工作积极转型，立足地方需求，以志愿服务为载体开展学生党建活动。

1.建立法律援助中心 开展法律援助工作

我院积极推动学院学生党支部与兰州大学法学社、兰州大学“致和”法律援助中心共建合作，利用专业知识，参与农村法律援助工作。建立线上线下协调反馈的学生法律援助中心。包括解决基本法律纠纷（非诉讼）、创新创业商标注册、合同审查等法律基础服务等。该中心兼具法律援助与社会普法双重职能；该中心以专业学术指导教师为学术支撑、以专业律师为实务支撑、以通过法律执业资格考试的研究生为实施团队、以本科生为运营团队建立一支师生共建、校友支持、学生运营的稳定学生团队。

2.充分发挥专业知识 参与法制乡村建设

党的十九届四中全会《决定》提出“构建基层社会治理新格局”，强调“健全基层党组织领导的基层群众自治机制，在城乡社区治理、基层公共事务和公益事业中广泛实行群众自我管理、自我服务、自我教育、自我监督”。2020年3月中央全面依法治国委员会印发了《关于加强法治乡村建设的意见》指出各阶段法治农村建设基本目标。

2020年5月29日，法学院共组织包括研究生第十四党支部、本科生第二党支部、研究生第十二党支部等五个支部前往榆中县司法局、榆中县法律援助中心、榆中县夏官营镇司法所、榆中县城关镇兴隆路社区等单位开展了调查访问。详细调查了兰州市榆中县法制乡村建设的基本情况。调查显示，一方面，基层司法局缺乏专业及新生代的工作团队，导致工作开展方式陈旧，一些“数字法治·智慧司法”的措施也仅仅是搭建框架，很难运行。另一方面，到了乡镇、村（社区）一级，往往对标县区评估指标进行社区建设，而这类指标有时关注结构形式更多，关注实际效果更少，对如何能实现最终的目标力所不能及。基于以上现实，基层法制乡村建设很容易陷入形式化的境地之中，完成任务与最终实现建设目标存在一定的距离。基于以上需求，法学院党支部开展了广泛田野调查，在借鉴国内法治建设先进省份经验的基础上，利用专业优势与榆中县典型村镇合作，助力其申报、创建省级、国家级“民主法治建设示范村”，提供包括但不限于起草、评估“乡规民约”、评测“法律明白人”、动态化跟进等服务。以党支部成员为活动主体，在全院范围内选拔学生加入乡村法治建设普法宣传队伍中来，加强了党支部与党员、党支部与群众及支部党员与其他学生之间的联系，让大家对基层党组织有了更加深刻的认识和了解。

3.充分利用多平台开展普法宣传教育

法学院学生党支部尝试建立了稳定的农村创新普法宣传教育的志愿服务团队。与兰州大学法学社、兰州大学法学院青年志愿者协会、兰州大学研究生志愿服务队、兰州大学小树苗儿童关爱团队等学生组织形成了普法教育志愿服务矩阵，包括青少年法制宣传创新教育支持（包括撰写青少年普法讲义、支持参与中小学法制宣传活动、开展农村中小学法制夏令营）、新媒体普法实践（普法公众号建设、音视频普法活动）、农村普法活动专业支持（参与农村法制培训、共建一户一个法律明白人）等多种普法教育形式。党支部组织支部成员赴榆中县夏官营镇高家营村、新营镇罗景村、城关镇金家圈村、马坡乡哈班岔村开展普法宣传专题讲座10多场。与学院青年志愿者协会联合开展志愿服务活动10多次。

4.开展基层实践 积极参与脱贫攻坚

2020年是全国上下团结一心共同抗击新冠肺炎疫情的特殊年份，也是决战脱贫攻坚、决胜小康社会的关键之年。为深入学习贯彻习近平总书记对全国各族青年的寄语精神，积极响应中共甘肃省委教育工作委员会《关于组织开展全省高校优秀大学生结对留守儿童“好伙伴共成长”关爱行动的通知》，不断弘扬疫情防控期间广大“90后”“00后”展现出的家国情怀与担当作为精神，进一步鼓励在校大学生以实际行动投身疫情防控阻击战、脱贫攻坚战，为全面建成小康社会贡献青春力量，兰州大学法学院本科生第二党支部及兰州大学文化行者团队共同组建了社会实践团队赴甘肃省平凉市崆峒区峡门乡峡门村开展“惠民乐童”专项计划。本项目一方面旨在健全关爱留守儿童服务体系，提升留守儿童教育质量，同时发掘社区文化资源，推进以文化为基础的可持续生计改善，助推少数民族地区脱贫攻坚取得进一步成果；另一方面积极引导大学生党员把实践作为成长成才第二课堂，积极践行社会主义核心价值观，树立全心全意为人民服务的理想信念，增强社会责任感和实践能力。

三、取得成效

（一）党建思政引领“普法教育”提升质量水平

党支部结合普法宣传实际开展情况及反馈信息，编以食品安全、儿童防拐、交通安全、校园反暴力等为主题的专题普法讲义十份，并积极在周边中小学开展普法进校园活动，该志愿服务活动日前为《兰州日报》所刊登报道；支部累计参与各项活动三十余次；党支部成员累计获得各项奖励二十余次；支部荣获包括“2018年度兰州大学‘先进党支部’”等在内的多项荣誉。

（二）党建思政推动学术创新形成多元化模式

在“一体两翼”党员教育格局的指引下，支部10个学习小组全年累计开展各类学习交流活动50余次。此外，“兰州大学赴甘肃省榆中县家事审判改革调研暑期社会实践团”形成的关于“家事审判改革”的调研报告获得兰州大学暑期社会实践优秀论文奖。各党支部全年累计开展主题党日活动等十余次，其中，2020年5月28日，我院研究生第十五党支部联合本科生第二党支部以“观点展示＋圆桌论坛”的方式举办了线上主题党日活动。本次活动邀请学院党政领导、来自吉林大学法学院、四川大学法学院、中国社会科学院研究生院的学生党员代表参加，全体参会人员共同学习了本年度政府工作报告，并开展了“重大突发公共卫生事件的应对与治理”主题学术沙龙。

（三）党建思政引导志愿服务取得良好成效

支部联合支持“致和”法律援助服务中心全年累计受理各类咨询案件近百件，完成法律咨询意见书67份，审查草拟各类法律文书近20份；在助推乡村法治建设方面，党支部联合当地司法部门、社区等单位开展多次法制乡村建设基本情况调研，提供“乡规民约”起草评估、“法律明白人”评测调查等服务类型；支部联合其他学生组织形成的普法教育志愿服务矩阵创新包括青少年法制宣传创新教育支持、新媒体普法实践、农村普法活动专业支持等多种普法教育形式，先后组织成员赴榆中县夏官营镇高家营村、新营镇罗景村、城关镇金家圈村、马坡乡哈班岔村开展普法宣传专题讲座10多场，联合开展志愿服务活动10多次。

（四）党建思政激励学生服务社会勇于担当

2020年，面临新冠肺炎疫情的严峻挑战，支部结合疫情防控期间实际工作要求，进一步鼓励在校大学生以实际行动投身疫情防控阻击战、脱贫攻坚战，助力弘扬高校青年的家国情怀与担当作为精神，为全面建成小康社会贡献青春力量。期间，在疫情防控关键阶段，支部根据实际情况，鼓励支持数名支部党员根据当地疫情防控部署安排，开展疫情防控志愿服务与普法宣讲工作。此外，本科生第二党支部及兰州大学文化行者团队共同组建了社会实践团队赴甘肃省平凉市崆峒区峡门乡峡门村开展“惠民乐童”专项计划。助力当地提升留守儿童教育质量，助推少数民族地区脱贫攻坚取得进一步成果；另一方面，充分发挥“三全育人”作用，积极引导大学生党员树立全心全意为人民服务的理想信念，增强社会责任感和实践能力。

四、经验启示

学院党委积极引导支部探索整合各类平台资源。促进学生党建活动的参与和效果最大化。形成了本研协作、教师参与、地方支持的党建活动新常态。

（一）促进共同参与 探索本研支部协作

在融合式党建思政工作实施过程中，积极探索本科生党员与研究生党员共同开展学生党建活动，以本科生党员作为活动策划与实施主体，以研究生党员提供智力支撑。有以学院研究生第十二党支部通过法律执业资格考试的部分同学与本科生第二党支部联合建立的法律援助中心与各类学术沙龙活动；还有研究生第十二、十三、十四、十五党支部与本科生第二党支部联合开展的法制乡村建设助力活动等。

（二）加强教师参与 增强活动专业性

依照设计党建活动兼具专业学习、人才培养、实习实践等多样化内容，融合式党建思政探索形成了学术指导老师统筹专业赛事开展、创新创业指导老师提供创业实践指导、实务指导老师支持法律援助服务的核心资源支撑；通过整合原有相关项目、吸纳相关专业人才等形式建立起研究生项目实施团队、本科生项目运营团队的“双轮”辅助模式，支持党支部法律援助中心、法制乡村建设项目等项目内容。总体上呈现出师生共同参与，有领有干的综合性服务模式。

（三）促进地方支持 增强活动效果

学院融合式党建思政工作机制，充分利用本科生党支部参与地方发展中形成的资源渠道，积极联动地方单位与企业联合开展党建活动，同时，在党建活动中多次邀请已毕业校友、法律实务工作者提供实务支持，为活动提供实务指导。充分实现校友拉动学生，学校学院校友企业联动。研究生第十二支部还与甘肃省高级人民法院刑事审判庭党支部开展联合党建活动。

（贺军文，法学院）

26

创新实践育人 提升法律素养

——大学生普法宣传教育下的实践育人探索

《《《《

模拟法庭展演活动掠影

》》》》

引 言

党的十八大以来，习近平总书记多次就法治宣传教育发表重要讲话、做出重要指示，为深入开展法治宣传教育指明了方向，提供了基本遵循。高校作为青年人才培养的重要阵地和专业人才的聚集地，自然要肩负起提升社会公民和师生法治素养的重任，帮助树立宪法法律至上、法律面前人人平等的法治理念，为全面推进依法治国而助力。

深入扎实开展新形势下法治宣传教育，既是满足全面依法治国、培养高质量人才的必然要求，也是加强高校思想政治教育的内在要求。兰州大学法学院创新和丰富高校法治宣传教育的方式方法，深入开展校园法治文化建设工作，以普法宣传教育活动为载体，拓宽实践育人渠道，促进社会公民和校内师生法治信仰的树立和法治思维的塑造，为统筹推进世界一流大学和一流学科建设营造良好法治环境。

一、背景情况

兰州大学法学院充分发挥学科特长和专业优势，坚定落实高校立德树人的根本任务，努力推进普法教育工作创新，形成以提升法学生社会责任、培养法学精英人才为主干、多重活动培养的综合培育矩阵，搭建助推学生成长成才的思想实践和文化育人平台，使思想育人、实践育人、文化育人搭上学生专业素养提升的“列车”，相互融合，共同促进，为培养德法兼修、全面发展的社会主义法治人才奠定良好基础。

二、主要做法

（一）紧抓重要法治时间节点 打造实践育人综合平台

兰州大学法学院结合法学学科专业特点，围绕“3·15”消费者权益保护日、“4·26”知识产权日、“12·4”国家宪法日等重要法治节点，在总结往年活动的工作基础上，注重采取各种有效措施来提高法治宣传教育工作效率以及质量，开展了包括模拟法庭展演、“至公杯”法律辩论赛、“明理杯”中华法文化与法律知识竞赛、法律文书进校园、法律援助中心、小树苗儿童法治创新教育团队等多项活动内容。并辅助各类型的专业学术类讲座、案例研讨、读书沙龙等系列学术活动，打造精品化项目，以此推动宪法等法律知识的普及，增强学生法治观念，培育校园法治文化，推动法治社会进步。打造以普法宣传教育系列活动为载体的学生实践能力锻炼平台、专业素养提升平台、校园文化活动育人平台。

（二）打造精品法治宣传教育活动 推进法治宣传教育与法治实践相结合

1.打造学术支撑平台 拓展学生实践教育空间

以兰州大学萃英法律大讲堂、法学院卓越法律人才系列讲座为依托，紧密结合中国法治建设实际，围绕社会法治热点事件和校园法治热点问题，每年邀请多名校内外学者教授、法律实务专家举办不低于三十场次的普法专题讲座。讲座尽可能采取通俗易懂的方式进行讲述，确保达到普及法律知识的目的，推动法治观念广泛传播。

为培养德法兼修、全面发展的社会主义法治人才，增进校地交流，兰州大学法学院先后与甘肃省人民检察院、兰州市司法局、兰州市中级人民法院、天水市人大常委会等单位合作建立法学实践教育基地，在大滩小学、岳家巷小学、美丰实验小学等地建立普法宣传教育基地，并积极开展模拟法庭展演、普法支教、法律讲座等“送法进校园”系列普法宣传教育活动。同时，学院充分发挥实训实践基地作用，邀请各单位实务届人士为学生提供专业指导，包括创新创业指导、论文写作培训、案例研讨会等习法启思系列活动，实现我院学生全覆盖，进一步提升学生学术能力和专业素养，增加学生参与其他各类型活动的知识储备。

2.模拟法庭生动展演 以案说法取得明显成效

每年通过精心选取的与学生生活贴近、在高校频发的热点案例为原型，多次组织开展师生参与、面向校内外的模拟法庭展演活动，能够帮助同学们切实感受到法庭的庄严和肃穆，进一步加深对中国特色社会主义法治的理解，坚定对中国特色社会主义道路自信、理论自信、制度自信、文化自信。每年现场参与观看的校内外学生达一千多人。同时，研究生模拟法庭展演还创新性地与甘肃省人民检察院开展合作，成为兰州大学法学院与甘肃省人民检察院落实全方位合作战略框架协议，开展校检共研，提升检察理论研究水平的重要环节；也是兰州大学成立刑事检察理论研究中心，将刑事检察理论与具体法律实践环节相结合的重要实践。

3.法律辩论唇枪舌剑 法治意识深入内心

兰州大学法学院已经成功举办六届“至公杯”法律辩论赛，选取社会热点法律话题，将法律知识和法治理念融入辩题之中，历届辩论赛的辩论周期均达到一个月，有全校二十余个学院的两百余名学生参加比赛、近千人观看比赛。同时还会邀请法学专业老师、法律实务界人士等参加并担任比赛评委进行现场点评，帮助大家正确认识法律问题和法律现象。通过辩论赛的形式普及法律知识，弘扬宪法精神，推进教育治理体系和治理能力现代化，为同学们搭建了思想交流和智慧碰撞的平台，已经成为兰州大学唯一常规举行的法律专业辩论赛事。

4.加强省内外院校联系与交流 拓展实践育人的横向维度

为使广大师生进一步提升法治意识和法律素养，增进省内外高校普法及法学教育工作的学习交流，兰州大学法学院积极主动对接地方政府和校内各单位，已连续开展四届“明理杯”高校中华法文化与法律知识竞赛，搭建与省内外各院校交流的平台。2020年有来自陕西师范大学、西北师范大学、西北民族大学、甘肃政法大学、甘肃中医药大学等33个省内外院校的百余人参加比赛。通过全面梳理、学习中华人民共和国成立70多年来辉煌的法治建设成就，提升广大师生的法治意识和法律素养，为学生思政教育提供了一个更为广阔的交流平台。

5.创建“致和”法律援助中心 打造服务师生、服务基层、服务西部的实践平台

“致和”兰州大学诊所式法律援助服务中心是以专业学术指导教师为学术支撑、以专业律师为实务支撑、以兰州大学通过法律执业资格考试的研究生为实施团队、以兰州大学法学院本科生为运营团队，建立的一支师生共建、校友支持、学生运营的稳定学生团队。通过线上平台面向全社会提供多种服务：开设法律咨询、接收法律求助、提供法律援助、进行法律专题普及与宣传、发布案例参考、上传最新法条等，面向校内外积极解决居民实际生活中的法律问题。“致和”兼具法律援助与社会普法双重职能，同时以本平台志愿服务参与数据，为学生第二课堂成绩提供支持，引导学生参与专业类的志愿服务工作。致力于高校公益性法律援助服务行动，进一步增强了学生的服务意识，扩展了思想政治创新教育的纵向维度。

截至2020年12月1日，“致和”兰州大学诊所式法律援助中心已经受理案件近百件，出具法律咨询意见书47份，代拟委托合同等法律文书12次。受理的案件类型主要为民事纠纷。后期反馈意见中，咨询人对提供的服务，从服务质量、服务内容、答复速度上满意度为99.3%。

6.校园内外积极普法 不断助推法治中国建设

学院积极主动与相关单位联系，依托普法宣传教育基地，举办宣传支教、法律讲座等“送法进校园”系列普法宣传教育活动。不断助推法治中国建设。组织师生组建多支普法宣传小分队，分别在兰州市东方红广场、榆中县健身广场等地开展了法律宣传教育和法律咨询援助活动。同时，指导学生组织在兰大校园内开展了法治图片展览等活动，并着力打造小树苗儿童法治创新教育团队。

7.组织法治宣传专题实践 提升学生社会责任感

每年依托暑期社会实践活动，发挥专业特色和区域优势，并结合团队项目特点，支持10至15支团队开展专业实践活动，使法学学子在志愿服务中体会责任与担当，在实践锻炼中收获经验与能力。近年来，学院团委组织成立本科学生骨干赴“一带一路”沿线城市调研习近平法治思想社会实践团和本科学生党员赴平凉市崆峒区峡门乡“脱贫攻坚·普法先行”暑期社会实践团等两个专项实践团，并分赴兰州市、张掖市、酒泉市、嘉峪关市等“一带一路”沿线城市和甘肃省崆峒区峡门乡开展习近平法治思想调研、精准帮扶、普法宣传活动；支持兰州大学法学社“绘法兰图”实践团赴榆中县各村开展助力法法治乡村建设活动。受到了大学生联盟网、兰州大学官方微博、兰州大学新闻网以及平凉市崆峒区政府官网等媒体的宣传报道。

三、取得成效

（一）社会主义核心价值观教育得到进一步加强

我们始终把培育和弘扬社会主义核心价值观这条主线贯穿于普法宣传教育系列活动的全过程，引导学生积极参与普法宣传教育系列活动，深入社会基层一线，了解考察民情社情，感受和认知中国特色社会主义法治建设进程，实现了理论和实践的相统一。

（二）实现了思想引领和专业提升的双赢效果

普法宣传教育系列活动主旨鲜明、积极向上，得到了广大学生的积极参与和认同，增强了思政育人的实效性。同时在此过程中，同学们得到了专业老师在实践环节的指导，加深了对法学知识的理解，提高了认识、分析和解决法律问题的能力。

（三）达到了教书和育人、实践和创新、课堂与课外相结合

在普法宣传教育系列活动中，部分教师参与指导活动，在课堂教学、实践教学之外，对同学们进一步指点了迷津、启发了思想；全体学工人员全程参与组织，推动了思想政治教育工作手段和方法的创新，形成了具有专业特色的校园文化活动品牌。

（四）学生党员先锋模范作用和学生骨干示范引领作用得到较好发挥

在普法宣传教育系列活动中，学生党员和学生骨干在其中承担了主要任务、扮演了重要角色，并带动广大学生积极参与，增强了对法治的尊崇和敬仰，并且促使学生党员和学生骨干的作用发挥。同时，也提高了学生党员和学生骨干的法律专业素养和思想政治素养。

（五）媒体宣传影响力逐步扩大

充分借助校院网站、微信等新媒体平台，对普法宣传教育系列活动进行宣传，受到广大师生及社会群众的广泛关注和积极参与。先后得到了中国大学生在线、中国普法网、《兰州晚报》等媒体的宣传报道。

四、经验启示

（一）加强统筹协调 构建常态化、长效化工作机制

建立健全法治宣传教育工作领导机制，要积极同学校办公室、党委宣传部、学工部、研工部和校团委等校内单位在工作机制构建方面的沟通交流和活动组织方面的协调配合，提升工作合力，注重不断增强法治宣传教育工作力度，确保各项普法宣传教育活动能够有序有效地开展。

要做到把普法宣传教育工作与学校“双一流”建设相结合，与师生思想政治教育相结合，做实、做细、做出成效。普法宣传教育工作要能够常态化运行、长效化开展，切实增强广大师生的法律意识和法治观念，助推学校“双一流”建设。

（二）牢牢把握立德树人的中心环节

在普法宣传系列活动中，要始终坚持立德树人根本任务，抓住培育和践行社会主义核心价值观这条主线，引导学生坚守正确理想信念，用心读书、大胆励志，为国家民族铸就最有用之自我。要深入学习宣传贯彻习近平新时代中国特色社会主义思想和党的十九大精神，引导学生坚定对中国特色社会主义法治体系和法治建设的自信。动员广大学生积极参与、认真实践，树立起正确的价值取向和人生观。

（三）积极推动思想政治教育与专业素养提升的相互联动

要加强普法宣传教育工作的顶层设计，利用专业特色开展丰富多样的普法宣传教育活动，注重探索开展参与式教育以及实践式教育，使广大师生浸染在法治校园文化氛围中。充分借助本科生导师制，发挥教师对学生的专业引导和思想政治教育作用。注重实践育人，坚持开展好普法宣传活动月等主题教育活动、社会实践活动、校园文化活动、创新创业教育等，加强学生实践锻炼，提升学生专业能力和综合素质。

（李川，法学院）

27

初随林霭动 我欲探其原

——政治与国际关系学院“互联网+”新思政模式探索

《《《《

政国小树洞

初原工作室 **初原工作室** 2020-11-08

近期树洞问题反馈

微信公众号

》》》》

引 言

为充分发挥互联网优势，拓宽思政工作渠道，提高学院思政教育工作水平，在学院党委领导下，学院取“初随林霭动，我欲探其原”之意，组织成立政治与国际关系学院“初原工作室”，将思政教育和互联网宣传深入结合，进一步增强思政工作的引领力和凝聚力。

一、背景情况

为深入学习贯彻党的十九大和十九届三中、四中、五中全会精神，全面贯彻落实习近平新时代中国特色社会主义思想、全国高校思想政治工作会议和全国教育大会精神，进一步丰富校园网络文化内涵和优秀网络文化产品供给，开创学院特色的网络思想政治工作新模式，充分发挥网络文化育人功能，2020年3月，学院设立网络文化工作室——“初原工作室”。

二、主要做法

“初原工作室”成立以来，紧密围绕“立德树人”目标，站稳网络思政教育高地，以正确价值观念为基点，以师生需求为向标，重点针对我院师生开展思政服务。工作室内容涵盖“生活分享”“技能成长”“薪火相传”“师生服务”等几个模块。自工作室成立一年来已完成信息推送70余条，累计点击量6200余次，对学院人才培养和学生成长起到了重要作用。

（一）生活分享——思政教育走进学生

大学阶段是一个人向成熟过渡的阶段，在此阶段中，大学生的心理状态尚未稳定，往往会出现关于学习、生活、社交、恋爱、就业等方面的矛盾和困惑，这就需要发挥个别谈心在德育教育中的重要作用，提升思想政治教育和价值引领工作的针对性和亲和力。

“生活分享汇”通过师生分享生活所遇所想，或紧跟时事热点，或倾听内心所思，贴近师生实际生活，使思政引领贴近学生生活。例如：推送《“有趣”的刑法讲堂》结合罗翔老师课程在网络的受关注度，讨论自由的边界、学术与价值，树立学生尊重他人、保守伦理、关心弱者的正确思想。推送《为什么你永远比别人慢半拍》则通过对学生中常见的“拖延症”剖析，解读“拖延症”形成原因，提出克服“拖延症”的有效方案。将思想政治教育落在学生身旁，走进学生心灵，进一步落地思想政治教育目标，形成合力把思想政治工作贯穿到教育教学的全过程，构建“大思政”育人格局。

（二）技能成长——素质提升全程相随

大学阶段也是积累技能、提升能力的重要阶段。为了积极适应社会发展要求，顺应学生成才需求，培养德智体美劳全面发展的当代大学生。“初原工作室”结合2020届学生面对最难就业季，充分利用新媒体宣传平台，为学生提供技能成长教育。例如：推送《如何写好“大学生课外科创计划”项目申报书》一文，从项目申报的选题、研究思路，到具体格式规范，全方位为本科生讲解项目申报注意事项，提升学生科研、探索能力与学术规范意识。

针对疫情对2020届学生就业影响，“初原工作室”推出“技能提升课”系列推送，邀请就业、升学、留学校友等，分享成功经验与心得。邀请石家庄市委组织部2018届硕士生校友分享公务员备考经验；邀请俄罗斯留学2019届校友畅谈出国升学历程；邀请南京大学硕士生2019届校友分享考研高校选择，复习时间规划，为2020届学生开展帮扶，并推出简历制作等技能培提升内容。

（三）薪火传承——英雄精神青年担当

当代大学生处于新媒体时代，互联网是学生获得资讯的主要手段，在重大时间节点，“初原工作室”紧抓思想政治教育，引导大学生正确认识世情和国情，树立正确的价值观。如在国家安全日，“初原工作室”发表推送，从国家安全日的起源到确定历程进行全方位解读，发出大学生维护国家安全倡议，号召学院青年坚守法律红线，保守国家秘密。疫情期间，面对肆虐疫情，“初原工作室”积极发出防疫知识，发出防疫倡议书，向学院青年普及抗疫知识，明确抗疫指南，开展线上防疫知识竞赛，普及国家防疫政策，宣扬抗疫故事，切实提升防疫工作实效。

（四）师生服务——温馨相伴携手共行

现如今，学院师生对网络社区的参与热情很高，对网络便捷性服务提出了新要求。“初原工作室”基于师生服务需求，力图搭建网络社区平台，开展线上服务。通过“政国小树洞”提供个性化咨询服务；通过提供学校基础设施运行信息，引导师生充分利用学校资源；通过完善自动回复词条，逐渐形成学院特色知识库；通过网络社区为师生提供更加自由、互动、个性化服务。“政国小树洞”，聆听师生建议，累计收到师生各类建议意见反馈10余条，并邀请相关老师进行反馈，拉近师生距离。

在迎新期间，制作并发布新生报到指南，为新生来校做好准备。同时，工作室公众号集成学生常用服务各类链接以及学校场所、校车开放时间，方便师生生活。

三、取得成效

（一）创新开展网络思想引领新方式

积极宣扬英雄故事与学院青年典型，注重新媒体在思政引领中的作用，通过开展英雄故事讲述与学院优秀青年成长故事分享，营造向典型学习的浓郁氛围。在“抗疫”进程中，“初原工作室”充分把握思政教育契机，讲述英雄故事，为大学生注入“精神疫苗”。在日常教育中，“初原工作室”充分挖掘诸如技能土豪、知识学霸、双创精英等学院故事，展现学院青年积极践行社会主义核心价值体系的生动事迹，让大学生思想政治教育工作在改进中加强、在创新中发展。

（二）拓展学院思想政治工作的新思路

通过工作室，思政工作形式从宣讲、谈心谈话等进一步拓展，逐步凝练为学生特色活动，为学院思想政治工作添加了亲和力。工作室具有更强的互动潜力，展现了思想政治工作中的热点、难点、重点问题，对思想政治工作问题进行了深入研究，促进了教学、科研与思政工作的结合，提升了思政教育的深度与广度。

（三）提供学生技能提升的新途径

学生成长成才中，有着多方位的成长需要，为满足学生成长的多维度需要，“初原工作室”设立专门技能提升板块。通过邀请校友、教师等促进学生间互帮互助，提供师生技能沟通平台，丰富了学生成长选择。以工作室为阵地，开展技能提升教育，拓宽了第二课堂教育，促进学生全方位成长。

（四）逐步成为服务学生成长的新阵地

工作室可以根据便捷网络平台，从新生入学到毕业，提供各类信息查询通道改善工作效果。通过“政国小树洞”做到“门常开、灯长亮”，实现与学生之间的无缝链接，以开放式状态与学生沟通交流，解答学生成长过程中的疑难问题，成为服务育人新阵地。

“初原工作室”通过加强交流互动，整合院内院外各种资源，凝聚全院各方力量，围绕学生思想、学习、生活、发展、就业等各个方面展开了一系列具有针对性的活动安排，营造积极主动学习网络思政内容的浓厚氛围，增强学生的各方面素质，促进学生全面发展，提高了学院网络思政教育的深度和广度。打造学院网络思政高地，发挥师生智慧，将思政工作深入学生生活、深入学生心灵。提高学院思政教育工作水平，开创了学院思政教育的新模式，成为学院思政教育的新载体。

四、经验启示

（一）网络思政能力“提升+”

通过打造“初原工作室”，政治与国际关系学院不断探索网络思政新模式，提升思政教育效果，增强服务师生能力，为培育和践行大学生社会主义核心价值观，为加强和改善大学生思想政治教育找到了抓手。丰富教育内容、传播方式和交流渠道，与课堂思政教育携手探索思政教育模式，充分发挥互联网媒介优势，通过青年学生熟悉并喜爱的新媒体技术实现了生动活泼的多元化青春表达，增强了思想引领的吸引力、感染力、亲和力，取得了良好成效。

（二）学院服务水平“贴心+”

政治与国际关系学院通过“初原工作室”为各年级学生提供所需信息。从新生需要了解的学院概况、学校生活小妙招，到毕业生关注的就业、考研等问题，师生问题在哪里，“初原工作室”就服务到哪里。通过有效整合学校服务信息，学院政策信息，通过工作室平台简单操作，实现了数据共享。同时，“初原工作室”利用网络平台以更加便捷的方式与学生进行沟通，能够更好地了解同学们的诉求，回应同学们关切的问题，进而提高学院的服务水平和服务质量。

（三）学院学生综合素质“发展+”

通过精准把握学院育人目标，找准践履路径和方法，系统梳理育人元素。通过“初原工作室”平台着力打通学生综合素质发展存在的盲区断点。大力推动育人体系联动互动，实现了育人资源共享、育人力量汇聚、育人功能提升。把学院院领导力量、管理力量、服务力量、思政力量压到教育管理服务学生一线。注重优化线上线下供给，统筹线下资源和线上资源，积极汇聚教育教学、就业创业、便利服务等资源，满足学生学习、生活和发展需求，调动一切育人因素，打造全方位、立体式的育人时空，构建学生综合素质“发展+”。

（雷环瑞、贯海燕，政治与国际关系学院）

28

立大志 明大德 成大才 担大任

——“马+”工程引领马院青年思政工作体系

《《《《

2021 年马克思主义学院“马上嗨”师生趣味运动会

》》》》

引　言

为深入贯彻落实党的十九大和十九届二中、三中、四中、五中全会精神以及习近平新时代中国特色社会主义思想，兰州大学马克思主义学院精心谋划、积极落实、打造形成“马+”工程思政工作体系，积极创新理论学习的新模式，探索理论传播的新平台，拓展思政工作的空间，延伸思政工作的队伍，协同思政工作的机制，引导学生在学思践悟中坚定“四个自信”，在知行合一中成长成才，强化理论学习、推动有效思考、延伸深度感悟、深化实践举措，有效推动马院青年思政工作实起来、活起来、动起来，增强育人实效。

一、背景情况

高校立身之本在于立德树人，在于培养德智体美劳全面发展的社会主义建设者和接班人。思想政治工作是我们党的优良传统和政治优势，是高校各项工作的生命线，关系高校培养什么人、怎样培养人以及为谁培养人这个根本问题。我们党历来高度重视学校思想政治工作，改革开放以来，党中央先后出台10多个关于学校思想政治工作的文件，不断加强学校思想政治工作，不断提高学生思想水平、政治觉悟、道德品质、文化素养。

党的十八大以来，以习近平同志为核心的党中央高度重视学校思想政治工作，先后召开全国高校思想政治工作会议、全国教育大会、学校思想政治理论课教师座谈会等，采取一系列有力举措推动学校思想政治工作“提质增效”。习近平总书记强调指出：“党和国家事业发展对高等教育的需要，对科学知识和优秀人才的需要，比以往任何时候都更为迫切。”①当今世界正处于大发展、大变革、大调整时期，全球治理体系和国际秩序变革加速推进，同时，世界面临的不稳定性、不确定性突出，高校思想政治工作的“事”“时”“势”都发生了深刻变化，高校思想政治工作面临着新的要求和挑战。

兰州大学马克思主义学院因事而化、因时而进、因势而新，遵循思想政治

① 《习近平在清华大学考察时强调 坚持中国特色世界一流大学建设目标方向 为服务国家富强民族复兴人民幸福贡献力量》，载《人民日报》2021年4月20日，第1版。

工作规律、教书育人规律、学生成长规律，不断提升思想政治工作能力和水平，着力构建“马+”工程思政工作体系，坚持“马院姓马、在马言马、懂马信马、传马护马”的鲜明导向，在理论深度、实践高度的双维协同下，拓展学思践悟“第三维度”，丰富思政工作抓手、创新思政工作方式、完善思政工作机制，让思想政治工作活起来，帮助学生扣好人生第一粒扣子，勉励广大马院青年肩负历史使命，坚定前进信心，立大志、明大德、成大才、担大任，努力成为担当民族复兴重任的时代新人。

二、主要做法

近年来，兰州大学马克思主义学院始终坚持以习近平新时代中国特色社会主义思想为指导，坚持立德树人根本任务，以培养“担当民族复兴大任的时代新人”和“胸怀家国”的马院青年为己任，因时而变，因地制宜，因材施教，进一步加强对马院青年的思想引领和专业指导，全面服务学生专业发展与个人成长，教育引导学生坚定理想信念、矢志艰苦奋斗、筑牢青春梦想。

（一）马上学：打造互动课堂，从“教师中心”到“学生主体”

在学校党委的领导下，马克思主义学院牵头面向全校更新重组工学院、生科院、资环院、物理院、马院研究生、护理学院、化学院的7支“习近平新时代中国特色社会主义思想学习小组”和马院本科生、哲社院、管院、大气院国防生、学生处党员5支“马克思主义经典著作学习兴趣小组”，为小组聘任专业指导教师，围绕马克思主义经典著作、习近平总书记系列重要讲话精神等内容组织专题学习30余期，通过读经典、品经典、谈经典的方式引导学生积极探究思考理论问题，从“原著”中挖掘“理论之源”，从时政热点中找寻“实践案例”，“因疑而生奇”，从而将学生从传统课堂转向“互动课堂”，增加了思政课教学的活力。

（二）马上讲：组建思政讲师团，从“被动聆听”到“主动宣讲”

引教并举，广聚英才。近年来，马克思主义学院以马院青年特色专场为抓手，组建大学生讲思政课讲师团，发挥学生主体作用。通过面向全校学生招募大学生讲思政课讲师团成员，引导学生变“被动聆听”为“主动宣讲”，在主动参与中思考思政课讲授，实现“要我学”向“我要学”的转变。聘任学院青年教师担任“大学生讲思政课讲师团”团长，成员覆盖护理学院、药学院、马院本科生和研究生，共讲授课程10余讲；马院青年以榜样力量彰显奋进活动，立足甘肃省实际，在展现兰大学子厚重的家国情怀和深厚的理论素养的同时，力争讲好陇原大地故事，推荐参赛的团队连续三年获全国大学生讲思政课公开课展示活动一等奖。

（三）马上微：传承红色基因，从“理论驱动”到“创新引领”

不断丰富育人手段和活动形式，激发学生的主动性和积极性，成立“青年马克思主义说”和“清风映画”网络文化工作室，充分发挥红色文化特色优势，用好红色资源，组织学生围绕党史、校史、主题教育，走进红土地，挖掘红色故事，通过微电影、微视频拓宽思政工作思路。拍摄的《坚守生态使命 建设美丽中国》《把红色基因传承好》《弘扬社会主义法治精神 建设社会主义法治国家》《决战决胜 脱贫攻坚》等6个微视频相继被“学习强国”平台推送；微电影《初心》获第三届“我心中的思政课”全国高校大学生微电影展示活动三等奖、西部“双一流”高校“我和祖国共成长”摄影、视频征集大赛二等奖。

近年来，兰州大学马克思主义学院创新工作机制，引导马院青年将所学知识与社会现实、与中国特色社会主义的生动实践结合起来。在第六届中国国际“互联网+”大学生创新创业大赛全国总决赛上，2016级思想政治教育专业杨怀川负责的兰州大学“星船——唱响长征路上的英雄赞歌”项目斩获“青年红色筑梦之旅”赛道全国金奖，这是兰州大学首次在该项赛事获得金奖，也是甘肃省在“互联网＋”红旅赛道中的首个金奖。

（四）马上行：延展思政空间，从“课本研学”到“实践体悟”

结合马克思主义学院“别样思政课”系列教学体验活动，组织学生分赴武威市古浪县八步沙林场、张掖市高台县中国工农红军西路军纪念馆、武威市古浪县黄花滩生态移民区富源新村、平凉市崆峒区峡门乡等地开展接力研学活动；连续五年组建暑期社会实践团开展“重走长征路”实践活动，得到团中央的高度评价；连续两年组建专项暑期社会实践团开展“十九大”精神宣讲，2018年“兰州大学萃英崇廉社‘兰天’‘丝路’习近平新时代中国特色社会主义思想青年宣讲团”获评甘肃省“三下乡”暑期社会实践优秀团队；2019年《马克思主义学院以理论学习小组为载体唱好立德树人主旋律》获甘肃省“红色基因传承行动”主题教育活动案例一等奖；“我和祖国共成长”：马克思主义学院2019届毕业生最后一堂课被全国高校思想政治工作网报道。

（五）马上嗨：夯实“三全育人”，从“学业关怀”到“启智润心”

近年来，兰州大学马克思主义学院始终坚持立德树人根本任务，纵深推进“三走进”工作。早在2015年，学院启动《马克思主义学院本科生导师制》，促进学生学业提升，增强育人实效，打造一流的师生队伍。2018年，学院党委根据学校“三走进”相关工作要求，多举措打好育人工作“组合拳”，切实增强“三走进”工作的实效性。通过每年组织学院“马上嗨”师生趣味运动会和“三走进”“马上乐”马克思主义学院师生跨年会，促进全院师生沟通交流，增进感情，增进学院凝聚力和向心力。通过本科生导师制、宿舍联系制、趣味运动会、“我和院长面对面”、“我和老师面对面”等系列活动缩短师生间的距离，让老师们真正成为马院青年生活中的挚友、学习上的良师、心灵上的益友。通过思想引导、学业辅导、生活指导等方式，用心走进学生，用情了解学生，用智服务学生，极大程度地增强了学生思政工作的亲和力、针对性和实效性。

三、取得成效

（一）激发青年内生动力，提升思政良好形象

兰州大学马克思主义学院结合自身实际，围绕学生事务管理和思想政治教育，正确认识学生工作中教育、引导、管理与服务的关系，转变传统工作观念，使学生工作逐步从管理型转向教育型、服务型，为学生的成长成才创造有利条件，激发了马院青年全面发展的内在动力。

“马+”工程思政工作体系有效利用“红色资源”强化对马院青年的革命传统教育和爱国主义教育，通过红色文化讲座、红色经典读书交流等活动激励马院青年传承红色基因，强化政治理论素养。“别样思政课”系列涵盖让爱国更有仪式感，迎接七十年诵读新思想让思政课更具现场感，请时代楷模进课堂、兰州大学马克思主义学院第三届全国大学生讲思政课公开课展示活动一等奖侧记、中医文化进课堂师生共话医者仁心、师生共访基层法治建设、聚焦脱贫攻坚、从思政课中汲取艺术创作灵感等内容，在光明网、甘肃日报、兰州大学新闻网、学习强国的兰州大学和甘肃学习平台二级平台转载，引起强烈的反响。

（二）乘势而上铸魂育人，扩大辐射带动效应

兰州大学马克思主义学院按照学校总体部署，结合学院实际情况，有针对性地开展马院青年意识形态工作、思想政治工作、安全稳定工作，为学院学风建设、教学质量提升、育人氛围营造做好基础保障。

“马+”工程思政工作体系以理论学习小组为中心，以点带面，充分发挥理论学习骨干的辐射带动作用，通过大学生讲思政课讲师团、互联网+红色文化、社会实践等活动方式，扩大理论学习受众范围，切实提升思政工作育人实效。理论学习小组活动先后被中宣部学习强国、每日甘肃、兰大官微等宣传报道。2016年以来，马克思主义学院理论学习小组的活动模式已受到学校师生的充分认可，其中组织各类专题学习和理论研讨等活动20余次，参与人数超过5000人次，2018年5月的纪念马克思诞辰200周年暨五四运动99周年系列活动，校内9个学院的1000余名师生参与其中，切实增强育人实效。

（三）坚持工作固本培元，开创思政体系新格局

习近平总书记指出："要有强烈的问题意识，以重大问题为导向，抓住关键问题进一步研究思考，着力推动解决我国发展面临的一系列突出矛盾和问题。"①思政工作的根本任务是立德树人，其他一切工作都要围绕这个根本任务开展。

兰州大学马克思主义学院高度重视马院青年的现实需求，直面影响他们成长成才的因素，科学合理地制定目标，精准发力解决问题。在学生工作中坚持"马院姓马、在马言马、懂马信马、传马护马"的鲜明导向，开展形式多样、健康向上的文化活动和各类实践活动，形成特色鲜明的"马+"工程思政工作体系。坚持"理论+实践"的特色培养体系，坚持理论学习，筑牢学生的思想政治理论基础。创新理论学习模式，运用实践教学，让马院青年在体验式教学实践活动中深化对理论的理解。依托理论学习和社会实践相结合的形式，加深对习近平新时代中国特色社会主义思想的理解，引导青年坚定治信念，增强广大青年学生的马克思主义理论与实践素养，形成思政工作新格局。

四、经验启示

（一）新时代高校思政工作是一项复杂工程，必须长期坚持、久久为功

思想政治工作是学校各项工作的生命线。这是扎根中国大地办好中国特色社会主义学校的根本要义。培养社会主义的合格建设者和接班人，培养一代又一代拥护中国共产党领导和我国社会主义制度、立志为中国特色社会主义奋斗终生的有用人才，就要把立德树人作为贯穿全部教育活动的根本任务与中心环节，作为学校各项工作的方向与指南。所以，做好思想政治工作，事关意识形态工作大局，事关中国特色社会主义事业全局，必须始终摆在突出位置，持之以恒、常抓不懈。兰州大学马克思主义学院在思政工作中长期坚持打造"马+"工程引领思政工作体系，培育新时代马院青年。今后，要目标明确，针对性强，坚持问题导向，从学生需要出发，从实际问题出发，解决学生在理论内化过程中的疑难杂症，用新思路解决旧问题，有效提升马院青年的思政工作育人实效。

① 中共中央文献研究室：《十八大以来重要文献选编》（上），中央文献出版社2014年版，第497页。

（二）新时代高校思政工作是一项系统工程，必须凝心聚力、同向同行

马克思主义是在批判吸收人类全部知识基础上产生，并随着时代、实践和科学的发展而不断丰富和发展的科学思想体系，也是人类迄今为止最先进的科学思想体系。无论时代如何变迁，科学如何进步，马克思主义将永远显示出科学思想的伟力，占据真理和道义的制高点。运用马克思主义推进思政工作体系，让学生充分学习和掌握马克思主义理论的精髓，培育新时代马院青年是我们要一直坚持的。

坚持培育和弘扬社会主义核心价值观，强化价值基础。价值观是“总开关”，习近平总书记多次对社会主义核心价值观建设做出指示、提出要求，为我们高校培育人才指明了方向。用社会主义核心价值观引领思政工作，是高校实现立德树人根本任务的重要抓手和关键措施。习近平总书记明确指出：“要坚持不懈培育和弘扬社会主义核心价值观，引导马院青年做社会主义核心价值观的坚定信仰者、积极传播者、模范践行者。”①

坚持组织导向，强化组织基础。思政工作的育人体系既要依托学校主管部门，以制度体系、课程体系、教材体系等建设为抓手，进一步强化、优化“顶层设计”，又要依靠其他学院的师生，以推动综合改革创新为动力，进一步深化、细化，取长补短，探索切合实际、行之有效的路径和做法。成立学校党委书记和校长任组长、各文科院长为成员的马克思主义学院思政工作建设领导小组，推动思政工作队伍建设。推动校内马克思主义研究力量整合，依托马克思主义学院马克思主义基本原理教研室、马克思主义中国化教研室、思想政治教育教研室等教研室，协同科研力量；联合甘肃省各大红色基地，推进相关研究的资源共享、协同攻坚、成果应用，加强思政工作体系。凝心聚力，协同推进，为思政工作的扎实推进提供坚强的组织保证。

（三）新时代高校思政工作是一项创新工程，必须因势利导、创新守正

兰州大学马克思主义学院创新载体，形成特色优势。近年来，指导学生开展百余项暑期实践课题和创新项目，并组织现场教学，深化教育效果，在做清、做好、做新的同时，实现做透、做实、做深。以线上线下活动方式有效提升学生参与度，扩大思政教育的影响力，通过丰富多样的实践参与引导学生理论联系实际，加深学生对思政教育内容的理解与掌握。“马+”工程采取形式多样的方式开展活动，如著作导读、心得交流、小组讨论、导师讲座、主题汇报、实

① 习近平：《把思想政治工作贯穿教育教学全过程 开创我国高等教育事业发展新局面》，http://cpc.people.com.cn/n1/2016/1209/c64094-28936173.html，2016-12-09。

地参观等。通过开发、整合、转化、利用红色文化资源，以实践教学和校园文化活动为载体，充实教育内容、丰富教育形式、创新教育方式，因地制宜，注重把甘肃省红色文化资源转化为课堂教育资源、专题育人资源和实践教学资源，在今后的思政工作中，创新工作体制，增强育人实效。

回看来时路守初心，踏上新征程担使命，兰州大学马克思主义学院“马+”工程打造的思政工作的出发点和落脚点是助力马院青年成长成才，我们的动力来源于对马院青年的情怀，今后的工作中要坚持理想信念，形成“以马院青年为中心”的工作机制，切实扛起培育新时代马院青年的使命担当，不断完善“马+”工程思政工作体系，推动马院青年思政工作取得新的、更大的成就。

（宋涛、蒋海蛟、韩瑞强、李宏敏，马克思主义学院）

29

挖掘经典精气神 传递文艺正能量

——打造党员思想文化教育长效工作机制

《《《《

2018年5月24日汉语言文字学研究所党支部开展“一支部一品牌”——感悟时代·咬文嚼字之时政热词溯源解读主题党日活动

》》》》

引 言

文学院党委以党的十九大精神和习近平新时代中国特色社会主义思想为指导，将专业学习与品行修养相结合、思想政治教育与专业教育相结合，确定“挖掘经典精气神，传递文艺正能量”的思想政治教育工作主题。在学院党委统一领导之下，各党支部根据思想政治教育需要，紧密结合学科特点、党员和学院实际，突出学科和专业特色，凝练支部品牌内涵，创新活动方式，发挥支部和党员的积极性、创造性，打造党员思想文化教育长效工作机制。

一、背景情况

文学院汉语言文字学研究所党支部（以下简称“文字所党支部”）立足于学生党员的专业特点和学科优势，确定支部品牌为“感悟时代·咬文嚼字之时政热词溯源”。

此项品牌创建活动从社会学、语言学、文化学角度出发，选取具有时代特色的政治热词进行剖析解读，寻其前世，探其今生，在追根溯源的同时深入分析每个词在新时代的新内涵、新价值，以期弘扬中华传统文化、领悟习近平新时代中国特色社会主义思想。研究成果采取线上线下两种方式加以呈现：一方面通过文学院微信公众号公开推送，连续两年已推送46期；另一方面将时政热词系列文章按政治、经济、文化、社会、生态等板块归类汇总，排版付印，目前已出版《感悟时代·咬文嚼字之时政热词溯源》四册。

二、主要做法

文字所党支部按照文学院“一支部一品牌”建设活动的要求，凝练支部特色，创新活动形式，扎实推进支部品牌活动常态化。支部通过组织召开支委会和支部大会，讨论、商议、制订了严密的品牌建设计划，并明确任务、逐步落实。具体做法如下：

（一）结合专业特色确定支部品牌

文字所党支部召开支委会和支部大会专门讨论支部品牌创建活动，在形成了初步活动计划的基础上邀请联系学院领导就该支部品牌活动计划进行指导，同时广泛听取学院其他党员的意见建议，最终确定支部品牌为“悟时代·咬文嚼字之时政热词溯源”。2018年3月支部书记联系文学院《秘书之友》编辑部负责人王安应老师协商支部品牌文章写作、推送相关事宜，初步明确了书写规范、篇幅标准、推送频次。4月初向支部成员传达时政热词具体写作要求，除一般形式要求外，内容上要求必须包括词语溯源、文化典故、新时代新内涵三部分，专业性与趣味性相结合；同时对写作任务进行分工，明确每人每月搜集时政热词撰写一篇文章，按时提交。

（二）安排部署逐步开展工作

文字所党支部每个成员按照活动计划，紧密关注时政热词，结合专业特长，每月撰写一篇说解时政热词的文章，将阅读与写作相结合、专业与思政相结合。支部定期召开“咬文嚼字之时政热词解读”专题研讨会，由支部成员对自己关注的时政热词进行深入解读，分享写作心得，交流写作过程中遇到的问题及处理方式，并总结写作中存在的不足，明确之后努力的方向。支部成员通过每个月的时政热词解读，收到了三个方面的成效：一是锻炼了写作能力，深化了对习近平新时代中国特色社会主义思想和党的十九大精神核心要义的理解；二是加强了政治理论学习，提高了党性修养；三是增强了支部成员的参与感和支部的凝聚力。在这一过程中，支部成员各显其能、集思广益，支委会群策群力，立足专业特点，凝聚党员智慧，在不断挖掘党员思想教育学术资源的过程中，创新方式方法，推动品牌创建活动规范化、常态化。

（三）及时梳理品牌开展情况

每年年底，文字所党支部邀请专业老师就本年度时政热词写作情况进行点评，并对存在的问题给予指导。同时，对本年度支部品牌创建活动中存在的问题和不足进行总结，列出整改清单，明确改进措施，并梳理品牌成果，现已结集付印了四册。

三、取得的成效

文学院文字所党支部立足支部学生党员实际和专业优势，积极创新支部品牌，结合“两学一做”和“不忘初心、牢记使命”主题教育活动，不断推进支部品牌活动常态化发展。经过多年的探索，该支部在党员教育、党员管理、党员监督、组织建设、宣传工作等方面取得了显著的成果。在宣传工作领域，文字所党支部的特色品牌活动“咬文嚼字之时政热词溯源”取得了突出进展，成为全校优秀模范品牌活动。该支部获2016—2017学年兰州大学文学院“先进党支部”荣誉称号，获兰州大学2018年学生党支部“一支部一品牌”优秀案例征集评选活动第一名，获2020年兰州大学“十佳学生党支部”荣誉称号。

四、经验启示

（一）将“政治性”“专业性”“时代性”有机结合

“政治性”“专业性”“时代性”是做好支部品牌活动的三脚架，缺一不可。要加强专业实践在新时代党支部建设中的作用，做到学习与写作相结合、专业与思政相结合。文学院“一支部一品牌”活动，就是将“政治性”“专业性”“时代性”有机结合，如汉语言文字学研究所党支部的“咬文嚼字之时政热词溯源”、中国古代文学与古代文献学研究所党支部的“古代文学中的正能量”、文艺学研究所党支部的“回到原典，烛照当下”、戏剧影视文学研究所支部的“红色影像研摩”、中国现当代文学研究所党支部的“研究身边文学，弘扬西部精神”等，就是把专业训练与党性修养相结合，把支部活动与教学科研相结合，发挥党支部在思想政治教育、专业学习、教学科研中的战斗堡垒作用。支部成员在运用专业知识指导实践的同时，还通过大量的写作提高了自身的写作能力和专业修养，为以后工作积累了宝贵经验。

（二）创新支部工作方式

文学院各党支部积极创新品牌活动形式，从支委到支部每个成员积极参与，热烈讨论，建言献策，集思广益，以确保品牌创建活动顺利开展。如汉语言文字学研究所党支部的“咬文嚼字之时政热词溯源”，前期的咬文嚼字活动主要是查找并分析网络、报刊、海报、条幅中的错别字，虽然很有现实意义，但是宣传力度和落实情况都不太理想。之后支部积极探索、不断实践，寻找更为合适的方式解读时政热词，如以“共享”“人民”“民生”等时政热词为主题，发挥研究所的学术资源优势和专业优势，探究时政热词的语义演变，梳理其历时脉络，以书言志、以古为训，回溯历史、启迪当下。同时，全员参与、全体研讨的方式，不仅增强了支部同学的政治意识及专业素养，也提高了支部成员的凝聚力，为其他工作的顺利开展奠定了基础。

（三）充分利用互联网平台

在现在这个信息时代，“互联网+”已经成为新时代党建工作的重要载体。要发挥网络优势，进一步加强党建工作的传播效果，就要整合线下线上资源，充分利用好“互联网+”这一载体，打造党员思想文化教育长效机制，实现教育党员效果的最大化。做好高校党员的思想文化教育工作，要因事而化、因时而进、因势而新。运用新媒体新技术使工作活起来，将思想文化教育工作的传统优势与信息技术高度融合，增强时代感和吸引力。随着科技的发展，“互联网+”的方式深刻影响着年青一代党员的观念和行为。因此，互联网势必成为党员思想文化教育的重要阵地。广大年轻党员可以充分利用网络获取形式多样、内容丰富的理论知识，构建生动灵活的教育情境，有针对性地接受多层次、高质量的思想文化教育，进而有效推进新时代青年党员的培养。

（牛春雷，文学院）

30

传承“范长江精神” 提升学子“四力”

——“重走中国西北角 新闻学子接力采访”活动

《《《《

第十届新闻学子“重走中国西北角 新闻学子接力采访”启动仪式

》》》》

引 言

2018年8月，习近平总书记在全国宣传思想工作会议上强调要“不断增强脚力、眼力、脑力、笔力，努力打造一支政治过硬、本领高强、求实创新、能打胜仗的宣传思想工作队伍”，这是对新时代新闻工作者提出的要求。“实践出真知。”为加强国情教育，强化实践育人，响应卓越新闻人才培养提出的“进基层、懂国情、长本领”新闻实践育人项目，学院深化“重走中国西北角 新闻学子接力采访”活动，把爱国主义教育融入实践、把专业教学融入实践，与新闻单位、基地紧密合作，让学生认识国情、了解社会发展，提高学生专业技能、筑牢新闻职业精神；“重走中国西北角 新闻学子接力采访”活动推动了实践基地建设，推进了产教的融合，形成了基地、新闻单位、教师协同育人的良好局面，对于培养德智体美劳卓越新闻人才，增强新闻学子脚力、眼力、脑力、笔力有着重要的时代意义和价值。

一、背景情况

范长江是新中国新闻事业的开拓者和奠基人，在中国现代新闻史上具有重要地位。1935年，他用了10个多月的时间，行走近万里，写下经典著作《中国的西北角》。

2010年，为响应新闻战线“走基层、转作风、改文风”活动、探索新时期新闻学教育的新路子，强化学院的实践教学环节并对新闻学子进行高质量的专业训练，让广大新闻学子更好地认识西部、认识中国，培养他们的家国情怀和使命担当，兰州大学新闻与传播学院率先在全国新闻院校中开展了“重走中国西北角 新闻学子接力采访”实践教学活动。新闻学子组成若干个小分队，以接力的方式，分段重走当年范长江的采访路线，完成全程的采访。

为引领新闻学子薪传“范长江精神”，增强新闻学子脚力、眼力、脑力、笔力。学院连续举办“重走中国西北角 新闻学子接力采访”实践教学活动，迄今已办10届，活动覆盖陕甘宁青川和内蒙古六个省区，8条线路同步展开，10余所高校参与，900余名本科生和硕士研究生、90余人次的教师参加，得到中国记协（中华全国新闻工作者协会）的充分肯定，成为在我国新闻学界与业界具有重大影响的品牌实践教学活动和暑期社会实践活动，成为实践育人的有效载体和全员、全方位、全过程育人的有效途径。

二、主要做法

（一）实施规划

1.制订计划

学院成立工作小组，由学工组、教学组共同负责活动的策划、组织、协调、保障等各项工作。工作小组制订详细的活动方案，提前设计好活动主题、线路，做好各项保障工作。每年暑假组织开展一次“重走中国西北角”活动，沿着范长江足迹，设立6～8个小分队，每队1～2位教师带队（其中至少1名专业教师，有条件的配备一名业界导师）。

2.召开动员大会

动员学生积极参加“重走中国西北角 新闻学子接力采访”活动。根据活动主题、线路等组织学生报名，确定带队老师及线路。

3.培训与启动仪式

以整体培训与小组培训相结合的方式开展培训和安全教育。开展启动仪式，为活动授旗。进行安全教育，为每位参与活动的学生购买保险，带队老师为第一责任人负责学生的安全，并设立安全员。

4.组织实施

按照方案，带队老师带领学生开展实践。与新华社甘肃分社、人民网甘肃分社、中国甘肃网、每日甘肃网、甘肃视听频道等建立合作，优秀新闻作品通过不同平台推送，同时，中国甘肃网、甘肃视听频道设立专题网站推送学生优秀作品；后台编辑老师做好各线路作品的整理、编辑、反馈，第一时间推送至不同平台。在开展实践中，每个小分队都走进一个红色教育基地、开展一次红色教育、开展一次临时党支部活动或联合支部活动。

5.总结表彰

每年11月，开展“重走中国西北角 新闻学子接力采访”总结表彰大会，总结活动成效及存在的问题，分享收获，总结经验，表彰优秀。按照学院奖励办法，奖励优秀作品、优秀个人、优秀团队。对获得校级优秀团队或个人的在综合测评时给予一定的加分。

6. 质量控制

每位学生须全程参与培训、选题、采访任务，每个学生完成2件作品（包括文字、图片、短视频、纪录片和H5等），在实践考核表中给出综合考核结果，并计入第二课堂成绩单。

（二）具体实施内容

1. 进行爱国主义教育，厚植爱国主义情怀

带队老师带领学生走进甘肃省红色教育基地，进行爱国主义教育，举行临时党小组活动，面对党旗庄严宣誓，重温入党誓词，学习革命英雄事迹，缅怀革命先烈，感受先辈舍生忘死的伟大精神。近年来，实践小分队走进了大庆铁人王进喜纪念馆、中国工农红军西路军纪念馆、中国工农红军西路军古浪战役纪念馆、哈达铺红军长征纪念馆、范长江纪念馆、俄界会议遗址、腊子口战役纪念馆、会宁红军长征胜利纪念馆、山丹县培黎故居等红色教育基地。

2. 传承范长江精神，培养新时代新闻传媒人

活动追寻范长江的足迹，重温历史，接力采访，深入了解著名新闻记者范长江为党和国家新闻事业做出的贡献，深入学习与弘扬范长江精神，做范长江式新闻工作者，记录奋进中的中国，通过实践，观察、记录改革开放以来社会的发展与变化，弘扬爱国奋斗精神，增强社会责任感、使命感，坚定“四个自信”。

3. 提升专业技能，培养知行合一新闻学子

邀请专业老师带队，对学生进行实践教学与指导，提升学生专业采写技能，尤其在活动中，老师从选题角度、选题意义、采访、写作等方面进行专业指导。同时，部分老师带领学生参观当地电视台、融媒体中心等，了解新闻产生流程，还邀请当地记者指导学生选题。专业老师、专业记者的参与，使活动形式更加多样，内容更加丰富，对学生专业能力和实操能力的提升有很大帮助。

4. 发挥实践基地作用，产教协同育人

与中国甘肃网等新闻单位全面合作，设立“兰州大学新闻与传播学院实践教学与协同育人基地”，搭建了优质实习实践平台，形成了学界和业界的良性互动，并以专题专栏的形式支持“重走中国西北角 新闻学子接力采访”接力采访活动。与新华网、视听甘肃等合作，以专题形式推送学生优秀作品。在每年的启动仪式上，邀请业界导师对学生进行培训，重点培训现场采访及新闻作品写作技巧与方法等。

5.开展社会调查，讲好中国故事

活动关注的议题广泛，涉及新农村建设、文化传承与发展、脱贫攻坚、教育等。学生深入广大群众生产生活一线，切实感受时代脉搏，调查相关议题，采写新闻，讲好西部故事。以2019年为例，平庆线小分队走进兰州大学扶贫工作点，专门对扶贫干部进行采访报道；河西线小分队走进玉门油田一线工人，与工人们一起吃、一起上班，感受一线油田工人工作；宁夏线小分队走进鸣沙村，深入田间，深入农户，感受脱贫致富路；甘南线走进藏族聚居村落，了解非物质文化遗产的发展与传承。

三、取得成效

“重走中国西北角 新闻学子接力采访”活动不断丰富育人载体，探索出了新闻专业实践育人的模式，形成了丰富的实践育人经验，同时也对甘肃省传统文化传承、扶贫典型事迹、新农村发展等做了典型报道，引起了社会的广泛关注，起到了很好的服务地方发展的作用。

（一）厚植学生爱国主义情怀

将实践育人与爱国主义教育紧密结合，挖掘经典新闻活动实践育人的时代价值，带领学生走进红色教育基地，参观纪念馆，接受红色教育，讲好党的故事，讲好红军故事，传承好红色基因；学生党员组成临时支部，联合实习实践基地开展主题党日活动，拓展育人新模式。活动追寻范长江的足迹，重温历史，接力采访，践行四力，弘扬“范长江精神”，厚植学生爱国主义情怀。

（二）引导学生树立了正确的新闻价值观

学生与采访对象近距离接触，亲身体验建设与创造者的默默奉献。学生深入基层、深入群众，切实体验、感知现实生活状况。通过“重走”活动，学生亲眼看到了社会的发展，看到了群众生活中的幸福瞬间，感受到了新时代社会发展对新农村建设的巨大影响和变化。使学生在新闻实践的过程中实现了理想与精神的升华，树立了马克思主义新闻观。

（三）促进学生新闻调查和写作能力双提升

通过深入基层、深入田间地头、深入老百姓点滴生活的调查，感知改革开放之后中国发生的伟大变革，让学生观察生活、体验生活、感受生活，产出接地气的、老百姓喜欢的新闻作品，培养学生知行合一、躬行实践、吃苦耐劳、爱国奋进，培养新闻学子的家国情怀和历史担当。通过实践，在老师的指导下，学生自由分组，以小组为单位进行选题、采访、拍摄、写稿，他们协同合作、共同商议、共渡难关，分工明确、责任到人，学生获取了第一手材料，切身认知社会，提高了学生的专业素养，巩固、加深了理论知识。同时，学生的团队合作能力、专业实践能力、综合能力也得到提升。

（四）师生同学、同行、同讨论，实现“师生交流共同体”

“重走中国西北角 新闻学子接力采访”实践活动历时两周，带队老师和学生一起吃、一起住、一起进基层、一起讨论选题、一起参访、一起修改稿件。带队老师提前策划路线、提前规划好吃住行，利用晚上时间一起讨论，指导选题。带队老师利用机会甚至创造机会主动接触学生，为遇到采访困难的学生指点迷津，引导学生找到解决方案，进行面对面、点对点的实践指导和价值引领，深化以身作则“带头”的育人效果，通过彼此交流实现“师生交流共同体”，成为真正的生活导师、专业导师、实践导师，达到教书育人目的。

四、经验启示

“重走中国西北角 新闻学子接力采访”活动形成了传统+现代的载体平台，构建了学校+新闻单位+基地、学生+学伴+导师的育人机制，形成共建共享、共同成长、共同服务的模式。

（一）活动与党建紧密结合，形成了实践+党建的育人模式

“重走中国西北角 新闻学子接力采访”活动充分用好了甘肃的红色教育资源，把爱国主义教育融入实践，每一队都会走进爱国主义教育基地，实现爱国主义教育与实践育人活动互融互通，形成小而精的实践育人体验，增强了红色文化学习氛围和认同。以弘扬爱国奋斗精神为时代主题和育人内涵贯穿于学生实践的全过程，培养学生发挥艰苦奋斗、吃苦耐劳精神，践行老一辈新闻学者的优良作风。与基地开展的联合支部活动更是丰富了党小组活动形式，也使活动与业界、专业结合更加紧密。

（二）活动与教学紧密结合，形成了实践+教学的育人模式

“重走中国西北角 新闻学子接力采访”活动是一项教学实践活动，活动围绕专业课程，对学生进行实践教学与指导，提升学生专采写技能，同时，教师、管理人员全程参与整个过程，并通过线上线下形式开展教育，形成课堂育人、实践育人、服务育人、管理育人、网络育人相结合的育人模式。

（三）活动与基地紧密结合，构建了实践+基地平台的育人模式

从参观实践基地到业界导师指导实践，从新闻作品的生产到发布，实践基地平台都发挥了作用，中国甘肃网还设立专题网站发布学生作品。一方面提升了学生专业能力和实操能力，另一方面产生了大量的高质量高流量作品。从而提升了实践育人效果。

（四）活动与调查紧密结合，构建了实践+社会服务模式

“重走中国西北角 新闻学子接力采访”活动以传统文化艺术的传承、区域环境变迁、西部乡村扶贫、教育等为主题，深入广大群众生产生活一线，深入调查采访，形成一批反映精准扶贫、美丽乡村建设的好文章，为讲好甘肃故事、传播甘肃好声音助力。

（周兆瑜、秦亚男、杜娥，新闻与传播学院）

31

在传承红色文化中铸魂育人

——兰州大学“文化行者”红色文化实践育人探索

《《《《

兰州大学文化行者志愿者甘肃省陇东地区红色文化遗产调研活动

》》》》

引 言

红色文化是中国共产党领导人民在革命战争年代、社会主义建设时期、改革开放与新时代形成的精神文化及其物质载体的总称，是爱国主义精神的源头和母体，更是青年思想政治教育的重要资源。以红色文化为主题开展青年实践教育，是引导青年濡染红色文化、赓续精神理念、厚植爱国情怀的有效途径。

一、背景情况

2019年9月，习近平总书记在河南考察时强调："要讲好党的故事、革命的故事、根据地的故事、英雄和烈士的故事，加强革命传统教育、爱国主义教育、青少年思想道德教育，把红色基因传承好，确保红色江山永不变色。"2019年11月，中共中央、国务院印发《新时代爱国主义教育实施纲要》，明确将党史、国史、改革开放史教育和弘扬民族精神、时代精神列为爱国主义教育实施的基本内容。在青年群体中广泛、深入开展红色文化教育是贯彻落实习近平总书记讲话精神和《新时代爱国主义教育实施纲要》的必然要求。

陇原大地是集中体现"共和国艰辛历程与中国共产党初心使命"的代表，这里是中国工农红军长征胜利的会师地，是西部最早红色革命政权的诞生地，是西路军英雄历史的见证地，是中华各民族团结奋斗的示范地。不同时期在陇原大地建设形成的革命纪念地、纪念馆、纪念物和相关的红色记忆、红色人物、红色文学及其所承载的革命精神，成为当代青年感知红色力量、坚定理想信念、厚植爱国情怀的典型教育素材。

如何在陇原大地红色文化的场域中引导青年濡染红色文化、赓续精神理念、厚植爱国情怀？围绕这一思路，兰州大学历史文化学院从2010年开始，指导以"文化行者"为代表的学生社团开展红色文化专项实践活动，深入挖掘和依托红色热土上的红色文化资源，支持青年通过调查记录、社会实践、创新创业等多层次实践教育形式，在感悟红色文化中的光荣传统与时代价值、赓续红色文化呈现的理想信念与精神内涵，以此培养铭记传统、扎根西部、心怀家国的新一代青年红色先锋力量。

二、主要做法

（一）以调查记录为起点，引导青年濡染红色文化

依托陇原大地代表性红色文化资源和兰州大学学科优势，“文化行者”组织超过2500名青年深入西部14省市自治区的革命老区、纪念场馆、民族村寨、边陲城乡，开展调查记录、影像创作等活动125项，完成调查报告、考察散记、老兵档案、口述历史故事等各类成果1800余份，整理并集中弘扬“陇东老区光荣传统（自力更生与时代精神）”“各民族共创中华（民族团结）”等2个实践教育主题。这些活动和成果记录着同学们“在陇东老区聆听红色歌谣和光荣传统”“在村寨田野间读懂各民族共创中华的团结故事”“在边陲城乡里记录最美奋斗者的时代精神”“在壮美山川前体悟家国归属的真挚情感”……十二年间，兰州大学“文化行者”红色文化专项实践活动带领年轻人一起，读懂了红色西部的生动故事，理解了爱国主义的文化渊源，提升了对家国民族的感知与情感。

校园推广教育让更多青年濡染红色文化。举办“红色故事联展”“多彩民族文化周”“看见西部·理解中国青年沙龙”等80余项活动，孵化和组建“文化遗产友好使者”“兰香朵朵红色教育服务队”等9个特色学生活动小组和105项创新训练计划，《陇东红色文化遗址青少年教育功能开发调查研究》等12项研究成果被地方政府部门采纳并成为制定工作策略的重要参考，近82%的参与大学生由此开启以西部文化为主题的学习、研究或就业选项。

“文化行者”核心成员、历史文化学院毕业生赵文明毅然选择到西藏自治区日喀则就业：“实践教育为我带来了非常深刻的西部情缘，也让我很早便立志坚守西部，希望能将我学到的知识和本领奉献到西部最需要的地方。”

（二）以社会实践为指向，支持青年赓续理想信念

结合暑期“三下乡”和青年志愿服务项目，兰州大学“文化行者”红色文化专项实践支持青年大学生连续十二年投身祖国西部最偏远、最需要的地方，开展红色教育、政策宣讲、老区服务等社会实践活动128项，与当地政府或社区合作共建服务基地19个。邀请老红军开设“兰香朵朵”主题课堂传述红色经典，援建红军小学图书角与文化角，为界石铺纪念馆设计青少年研学方案，协助“贤孝”传承艺人传播新时代社会公德、和边陲小学各民族的孩子们讲述民族团结人物故事……十二年间，兰州大学“文化行者”在服务基层社区、延续红色精神中升华了爱国主义的价值内涵，更生成了青年扎根西部、服务群众的志向。

在做好文化实践志愿服务的同时，兰州大学“文化行者”还根据时代发展和地方需求投身基层社区实践锻炼、贡献智慧，践行新时代红色精神。响应国家“青春扶贫行动”号召，同学们投身10个深度贫困的社区，组织留守妇女和老人活跃社区文化活动、提供“一家一策”扶贫咨询、开发民族特色文化产品，“白马藏族特色家庭旅舍扶持计划”等3个行动案例被地方政府精准扶贫工作采纳；根据“青年参与乡村振兴”主题，同学们深入4个试点美丽乡村和传统村落，举办古村历史剧排演、举办家风家训家书评选、设计创意导览服务，集中村民力量讲好乡村故事、提升乡村文化品质。

项目顾问、中国华夏文化遗产基金会创会会长耿莹女士认为：“从事文化保护工作所需要的耐心、爱心、端正态度和认真实干，我很高兴从兰大文化行者的身上看到了。大学生通过这个活动担起了时代赋予的使命。”

（三）以创新发展为追求，培育青年立志报国情怀

从校园活动和社会实践中培养的文化素质与守护责任，让红色文化教育和传承插上了“创新发展”的翅膀。以兰州大学“文化行者”专项实践育人平台为基础，历届志愿者骨干扎根西部，用创新创业实践展开“红色筑梦之旅”。策划和实施文化创新、西部社会发展等主题创新创业项目9项，《兰州大学文化行者团队对接大学生特色文化志愿服务与企业社会责任项目探索》《丝绸之路中小型石窟艺术保护与文创服务计划》《虚拟技术在世界遗产景区和可持续保护中的应用研究》等4个文化创业类项目入选国家大学生创新创业计划支持，《县市级博物馆儿童教育》等5个服务项目入围“百校同创”中国大学生创业节和中国公益慈善项目大赛大学生公益创客项目百强……十二年，兰州大学“文化行者”透过创新创业鼓励和支持青年投入更持续的实际行动，使抒发爱国热情与具体行动紧密联系起来。

校园内的文化创新训练也成长为立足社会的文化实践。从2012年开始，兰州大学历史文化学院指导和扶持“文化行者”不同阶段的项目负责人在毕业后自主创办“兰州文化行者文化交流中心”“看见西部工作室”“一只船青年公益基金”“青年敦煌之友计划”等文化创新型社会组织4个，孵化了一批兼具趣味性和发展性的文化创意产品与服务，包括“丝绸之路青少年教育盒子”“百所村小民族团结教育课堂”等将以文化自信基础的爱国主义教育延伸至更多青少年；与兰州大学、北京师范大学等高校合作策划和实施了“海峡两岸青年骨干西部服务学习研习营”等港澳台青年研学活动4项21次，海峡两岸近500名大中小学生参与其中，形成融合“熟悉共同历史、体验多彩文化、研习文化传承、参加社会服务”的爱国主义教育创新模式。创新创业模式荣获中国青年志愿服务项目大赛创业赛铜奖、入选爱佑慈善基金会“爱佑+”公益创客。

兰州大学“文化行者”指导教师、历史文化学院党委副书记杨隆认为，“文化行者”专项实践教育综合文化熏陶、社会实践、创新创业教育等多层次方式，探索如何发挥西部红色文化对当代青年的爱国主义教育职能，在促进青年接受爱国主义教育主动性、积极性方面具有针对性和实效性。

三、经验与启示

（一）融文化熏陶、社会实践、创新创业教育于一体，求真务实注重实效

以西部红色文化为主题专项实施爱国主义实践教育活动，推进项目化遴选、培育、运作和评估，注重示范引领，有效地吸引大学生积极参与和专注投入；寓创新创业教育于文化教育之中，基于调查研究和社区项目成果鼓励和扶持大学生公益创业、文化创意创业，有力地推进了爱国主义实践教育活动的纵深发展。在田野调查中分析需求、在需求分析中开展实践、在实践探索中促进交流、在实践交流中推进青年大学生创新创业，充分体现了坚持目标导向、问题导向、效果导向，更好地体现时代性、把握规律性、富于创造性，极大地增强了爱国主义教育的实际效果。

（二）由学生组织自主运行的项目模式，灵活且益于创新，调动学生自我组织、自我教育积极性

由兰州大学“文化行者”学生组织自主管理运作项目，坚持自主策划设计、运作执行、总结发展的思路，通过学生骨干培训、专家学者指导和交流学习等途径，操作方法灵活且更具针对性，又保障了学生项目新创意、新方法的来源渠道和生成机制，达成了在实践教育中培养学生的主观能动性和成长学习积极性的目标。增强了活动参与学生的社会参与感与社会责任感，引导青年大学生自我宣传、自我教育、自我提高，充分体现了爱国主义教育在青年中的群众性。

（三）充分挖掘和发挥资源优势，依托西部红色文化多渠道拓展建设实践条件，确保项目持续良性发展

依托西部红色文化资源和高校学科优势，牢牢抓住红色文化感知、实践到创新发展这一核心思路，邀请专业教师和辅导员分别担任学术和业务指导，保障项目运作和执行工作专业性，为夯实项目基础、达成项目实效提供保障。确定“走出去、引进来”的推广思路，鼓励和支持学生项目通过各类公益大赛、基金会和公益组织、校友企业等对接资源，积极建立与地方政府和社区的沟通并形成持续发展机制。同时，平衡爱国主义教育的专业性和趣味性，提升青年大学生参与的积极性与主动性。

（四）搭建平台促进广泛交流，活动赢得校内外较好的反响，延伸爱国主义教育作用

先后发起甘肃省高校公益项目联谊会、中国大学生文化遗产友好使者行动论坛等各级交流平台，参与联合国教科文组织世界遗产青少年教育中心青年委员会和中国乡村支教论坛工作。在校内与学生社团沟通、合作促进各专业、各年级大学生广泛参与，在校外与国内42所高校学生社团或志愿者每年度交流项目创意和执行工作要点，积极组织青年大学生团队前往少数民族社区开展民族团结课教育，深化民族团结进步教育，铸牢中华民族共同体意识，加强各民族交往交流交融。极大地扩大了爱国主义教育的影响范围，激发了社会各界人士的爱国热情。

（杨隆、王龙魁、李雷雷，历史文化学院）

32

凝聚青年 强化素质 培养情怀

——“大学生领导力与社会责任示范研修班”创新育人实践

《《《《

2019年8月，研修班学员赴马来西亚吉隆坡参加世界大学生领袖研讨会

》》》》

引 言

习近平总书记在谈及青年时指出，展望未来，实现中华民族伟大复兴的中国梦，广大青年生逢其时，也重任在肩，理应勇做担当民族复兴大任的时代新人。优秀的新时代大学生要有浓厚的家国情怀，而领导力与社会责任正是一个人家国情怀的集中体现。

2013年12月31日，兰州大学管理学院大学生领导力与社会责任发展中心挂牌成立。2014年11月，首期大学生领导力与社会责任示范研修班开班。近6年来，已完成4期研修班学员的教育与培养，160名学员顺利结业。研修班通过多学科背景的优秀学员招募，打造“学术共同体”，搭建互动交流平台，推动学员共同学习、相互学习。研修班以课程讲座、素质拓展、野外拓展、公益服务、企业参访、政府考察、对话交流、案例分析、模拟运营、精英论坛、课题研究、社会调研、海外研修、国际参会等形式开展，着重培养大学生表达辩论能力、自主学习能力、研究咨询能力、决策执行能力、实践创新能力与开阔的国际视野，着重培养大学生自我意识、公民意识、担当意识、责任意识与家国情怀，着重塑造大学生笃定坚毅、言行一致、诚实守信、合作进取的优秀品质，不断探索本科人才培养新模式，在当代大学生素质教育、家国情怀培养方面摸索出了一条实践创新之路。

一、背景情况

随着经济全球化的不断深化，世界越来越需要具备全球视野、有着出色领导力和强烈社会责任感的青年人才。人们日益认识到领导力发展对于促进个人提升和推动社会进步的巨大作用，领导力与社会责任感存在着非常密切的关系。大学生作为国家未来的建设者和接班人，领导力和社会责任感应当成为大学生诸多素质中的重要素质。

兰州大学作为国家高等教育格局中具有重要战略地位的一所大学，肩负着为国家特别是西部培养高级专门人才与发展科学、技术和文化的历史重任，理应在大学生领导力和社会责任的培养上起到良好的带头作用、示范效应。

2013年12月31日，兰州大学管理学院大学生领导力与社会责任发展中心挂牌成立，中心主任由“万人计划”第一批教学名师、国家级教学名师、管理学院名誉院长包国宪教授担任，以培养大学生领导力和社会责任为主线，力争为国家培养一批有出色领导力和强烈社会责任感的优秀大学生。依托大学生领导力与社会责任发展中心，选拔有出色领导力与强烈社会责任潜质的学生组建大学生领导力与社会责任示范研修班。研修班预期通过对学员的培养，带动全校青年学生在领导力和社会责任方面的自我教育，将领导力和社会责任感作为造就社会精英的重要环节渗透到大学生的教育成长中去。

二、主要做法

2013年12月31日，兰州大学管理学院大学生领导力与社会责任发展中心挂牌成立，经过历时一年的方案设计、思路调整，征求各方意见，咨询相关专家，最终确定了大学生领导力与社会责任示范研修班的教育培养方案。

聚焦两个关键。大学生领导力与社会责任示范研修班聚焦于探索创新大学生素质教育的模式和方法。在团队构建、项目组织及成果汇报撰写的过程中提升表达沟通、分析判断、决策控制等实践管理技能、方法和能力，着重提升大学生表达辩论能力、自主学习能力、研究咨询能力、决策执行能力、实践创新能力与开阔的国际视野，着重培养大学生自我意识、公民意识、担当意识、责任意识与家国情怀，着重塑造大学生笃定坚毅、言行一致、诚实守信、合作进取的优秀品质。

突出三个导向。大学生领导力与社会责任示范研修班坚持以提升思维决策能力、提高创新创业水平、解决国家和地区的社会实际问题为导向，按照项目需求设计和组织课程，采用多元化、互动性和整合性的项目形式，围绕领导力与社会责任的理念和能力提升以及实践进行专项培养，采用行动学习方式组织学习。通过拓展训练、政府和企业参观调研，在理解领导力和社会责任基础理念以及国内外实践的基础上，分析企业案例、模拟企业运营，以高端论坛形式展示自我，最后以4～5人为课题组自由组合，在管理学院专任教师团队的指导下，选择实践项目和科研论文题目，围绕现实问题开展调研、项目设计、组织，最终形成项目计划书、企业诊断报告、科研论文。

加强四个融合。大学生领导力与社会责任示范研修班采用前沿理论和实践专题讲座，领导力、社会责任能力和素质特训，领导力、社会责任典例分析和地区政府及企业调研，创新创业专题研讨和项目锻炼四种交叉融合的形式组织研修。研修内容按照前沿讲座、能力素质提升、行动学习和创新创业实践四个模块进行。选题主要集中于卓越领导力、政企关系、公共治理、企业社会责任、企业管理、“一带一路”建设和发展等方面，由班级指导老师商讨确定。内容更多采用素质拓展、野外拓展、公益服务、企业参访、政府考察、对话交流、案例分析、模拟运营、精英论坛、课题研究、社会调研、海外研修、国际参会等形式进行，逐步形成了兴隆山户外素质拓展训练、徒步攀登马牙雪山、腾格里沙漠徒步宿营、境外高校对话交流、海外名校短期研学、世界大学生领袖研讨会参会等品牌课程、精品项目。

2014年11月、2016年5月、2017年6月、2018年11月、2019年11月，第一期至第五期示范研修班先后开班。其中，第一期和第二期研修班分别招募学员30名，2017年6月，我校81级校友、甘肃远方爱心基金会理事长、兰州远方药业有限责任公司董事长金兴谊先生向兰州大学捐资500万元支持大学生领导力与社会责任示范研修班项目建设，在他的支持下，自第三期起，每期招募50名学员进行培养。

三、取得成效

自2014年大学生领导力与社会责任示范研修班首期开班至今，已有210名学员进入研修班学习，在已结业的160名学员中，部分学员到毕马威会计师事务所、华为集团、伊利集团、海信集团、方太集团等知名企业工作，部分学员到悉尼大学、北京大学、清华大学、中山大学、南京大学等国内外顶尖高校继续深造，部分学员到国家部委和省、市级政府机关工作。同时，还涌现出了一大批先进个人，如：外国语学院2015级田歌获得2017年度“中国大学生自强之星”荣誉称号；历史文化学院2015级曹力文、管理学院2016级彭虹九当选中华全国学生联合会执行主席、甘肃省青联副主席；管理学院2015级杨巨声荣获团中央2018年度“全国践行社会主义核心价值观先进个人标兵”荣誉称号、“第十四届中国大学生年度人物”提名奖；土木工程与力学学院2016级舒畅同学获第二届国际大学生工程力学竞赛亚洲赛区个人赛一等奖、第十二届全国周培源大学生力学竞赛个人赛国家级一等奖。

2016年以来，研修班连续4年选派39名学员代表学校前往越南河内、泰国曼谷、马来西亚吉隆坡参加世界大学生领袖研讨会，通过提供国际交流机会，强化学生全面技能，塑造学生领导能力，培养学生成为具有全球视野的未来领袖。学员们通过与来自世界各个国家和地区代表的交流展现了兰大学子的风采，向世界发出了中国声音、青年声音。学员们在会议期间的优异表现促成发展中心与世界大学生领袖研讨会的主办方亚洲人道主义事务组织达成友好合作意向，该组织逐步向发展中心开放会议资源、国际义工机会和国际组织实习岗位。2018年开始，共选派11名学员前往哈佛大学、剑桥大学、新加坡国立大学参加访学研修活动，为学员提供了大量海外学习机会，加深知识储备，拓展国际视野，加深了对领导力与社会责任的认识和理解，亲历成长与成才。

四、经验启示

（一）创新方式方法 培养学生家国情怀

新时代的青年大学生伴随着市场经济、对外开放和网络时代成长起来，思想更为多元、表达形式更为多样、对新事物的接受度更为开放，个性化程度超过了以往任何时期。在这样的背景下，面向青年大学生开展素质教育、培养家国情怀的方式也应与时俱进。研修班在6年的教育培养过程中，一直致力于打造品牌课程、凝练精品项目，力求通过内容丰富、形式多样、内涵深远的课程进行大学生素质教育。在学员培养过程中，传统的课程、讲座形式仅占教育培养方案的较小部分，更多是通过素质拓展、政企参访、海外研修等形式进行，并逐步形成了一系列品牌课程、精品项目，这种培养方式的创新，使得研修内容更易被青年大学生接受，素质教育效果得到了显著提升，学生家国情怀更加浓厚。

（二）搭建交流平台 打造“学术共同体”

研修班在学员招募过程中始终坚持高标准、严要求，通过资格审查、材料评估、无领导小组面试、压力面试等环节选拔在领导力与社会责任方面有良好基础和出色潜力的优秀学生，提高学员整体素质，真正形成一个优秀的氛围。在这样的群体中，学员们不仅能够共同学习，也能够互相学习，使研修班成为一个优秀青年的交流平台。专业的互通和学科的交叉对于学生综合素质的提升有着巨大的帮助，因此在开展大学生素质教育的过程中，打造“学术共同体”是十分有必要的。在这一思想指导下，研修班对成员的招募也在有意地向学科多元化倾斜，学员构成已基本覆盖了我校的全部学科门类，为学员创造了多元文化碰撞的必要条件，充分服务全校本科人才培养。专家精心设计、科学安排研修班课程模块，全程融入管理学育人理念，通过前沿讲座、能力素质提升、行动学习和管理实践四个模块对学员进行专门训练，授课团队讲师来自多个学院，“院院协同”共同培养提升青年学子的精英意识、领导力和社会责任感。

（三）用好他山之石 借助国际交流提升综合素质

大学生领导力与社会责任发展中心高度重视借助国际平台培养学生的综合素质。2016年，发展中心与亚洲人道主义事务组织达成合作，自当年起每年选派学员赴越南、泰国、马来西亚等国家参加世界大学生领袖研讨会。2018年，发展中心与全美国际教育协会达成合作，自当年起每年选派学员赴哈佛、剑桥等世界名校参加访学研修项目。同时，发展中心积极主动加强与国（境）外来我校交流高校的合作，在学校国际合作与交流处（港澳台事务办公室）的协调下，分别与新加坡管理大学、台湾地区元智大学来校交流师生进行了座谈对话。研修班在学员培养过程中借助国际平台，积极为学员搭建与来自世界各个国家和地区青年交流的平台，培养学生成为具有全球视野的未来领袖。学员们通过国际交流塑造领导能力，阔展国际视野，加深对领导力与社会责任的认识和理解。

（李艳霞、霍达、鲁静，管理学院）

33

以本为本搭建创新平台 科教融合培育时代新人

——“成功计划”科研育人探索与实践

《《《《

2020年11月25日，第十五届“成功计划”启动仪式暨雏鹰大讲堂开幕式

》》》》

引 言

兰州大学管理学院自2004年建院伊始，就面临着一个挑战和难题，那就是如何在西部地区创办一流管理类本科教育，实现立德树人根本任务。管理学院不断创新教育理念、教育过程和教育方法，找到了一把破解人才培养瓶颈的“金钥匙”——“成功计划”。

“成功计划”因管理学院院训“学习管理就是学习成功”而得名，自2006年启动，并于2011年形成体系，包括“雏鹰大讲堂”“大学生课外科研创新培育项目”“导师计划”三个组成部分。以培养学生的创新能力和综合素质为主线，“成功计划”与课堂学习有效协同，形成了“培养兴趣→激发动力→自主实践→深入研究→能力形成（思想引领）”的人才培养链条，构建了多层次、立体化、全覆盖的创新人才培养体系。经过十五年的探索实践和系统推进，“成功计划”回应和解决了传统本科教学和思想政治教育中的一些突出问题，推动形成了“全员参与、全方位支持、全过程育人”的教育模式和育人格局，科研育人成效明显。

一、背景情况

兰州大学管理学院成立于2004年，如何在西部地区创建一流管理类本科教育，是该院建院初期面临的紧迫任务。2006年开始，管理学院不断创新教育理念、教育过程和教育方法，启动了“成功计划”。该项计划包括“雏鹰大讲堂”“大学生课外科研创新培育项目”“导师计划”三个组成部分，重点解决传统本科教学和思想政治教育中的一些突出问题。2006年，“雏鹰大讲堂”启幕，先后邀请国内外的知名专家学者、企业家、政府官员来校举办高水平学术讲座和报告，让地处西部的本科生也能及时了解管理学科发展的最新前沿动态，实现学术启蒙。2007年启动了“大学生课外科研创新培育项目”，本科生根据发布的选题，结合自身兴趣组建团队申报选题，经过答辩评审获准立项后，在指导教师的带领下进行课题研究，本科生的科研兴趣转化成了研究行动。2011年，

"导师计划"启动，重点吸纳具有优秀科研潜质的本科生进入研究生导师科研团队，参与课题研究，强化与硕博生交流，全方位提升学生的科研素养与科研创新能力，科研育人成效明显。

二、主要做法

"成功计划"三个组成部分"雏鹰大讲堂"（原"学术活动月"）、"大学生课外科研创新培育项目"和"导师计划"，功能定位各不相同，但又是前后衔接、相互促进的有机统一体，共同实现了协同育人作用。

（一）项目实施情况

2006年"学术活动月"启幕，2016年更名为"雏鹰大讲堂"，活动时间由原来的1个月延长至整个学年。至今，先后邀请美国西华盛顿大学、法国里昂商学院等国外学校嘉宾74人，清华大学、北京大学等高校专家学者108人，阿里巴巴、联想集团等知名企业高管27人，累计举办学术报告220场，让地处西部的6万人次本科生及时充分地了解管理学科发展的最新前沿动态，形成了开放的学术视野，培养了本科生投身管理研究和实践的兴趣与自信，实现学术启蒙。

2007年，启动了"大学生课外科研创新培育项目"，开阔本科生学术眼界的同时更加注重引导他们将研究兴趣付诸行动。本科生根据研究所发布的选题，结合自身兴趣组建团队申报选题，经过答辩评审获准立项后，在指导教师的带领下进行课题研究。立项评审、中期检查、结题验收、成果交流和评奖评优，这一系列的规范化运行，让本科生的科研兴趣切实转化为研究行动。至今，本科生累计申请"大学生课外科研创新培育项目"1828项，立项支持1067项，参与本科生达8794人次。学生参与数、立项课题数、经费投入数等指标均呈逐年上升的趋势，约50%的学生在本科期间参与项目数达到2项。

2011年，"导师计划"启动，重点吸纳具有优秀科研潜质的本科生进入研究生导师科研团队，参与课题研究，强化与硕博生交流，全方位提升学生的科研素养与科研创新能力，提高升学竞争力。至今，已有300余名优秀本科生参与到研究生导师的科研团队中，其中243位毕业生留在兰州大学继续攻读研究生学位。

（二）项目保障举措

"成功计划"项目经过长期坚持和发展，形成了可持续发展机制，科研育人作用的发挥得益于良好的基础保障。

1.专业的团队管理

学院成立专门的领导小组和工作机构，学院研究所、教学系、本科教学办公室和学生工作组共同参与，形成了全员参与、可持续的管理模式。近十五年的经验积累和业务培训，让管理运行团队越来越专业和高效。

2.完善的制度规范

制定并不断完善"成功计划"三个模块的管理办法，建立奖惩和考核机制，使得各项活动的开展有章可循。同时，自2012年开始，"成功计划"已经列入本科人才培养方案，并设置了相应学分，成为本科生必修课，形成了教研一体、学研相济的科教协同育人机制。

3.良好的条件支撑

为确保"大学生课外科研创新培育项目"的顺利开展，学院在教学计划中增大了研究方法类和数学类课程的比重，建立了工商管理、行为科学和政府绩效管理实验室，开设了100余门实验课程，并在全国建立了近百个本科生实习基地。2019年开发了展示网站和网络管理平台，有效提升了项目信息化建设水平。开展本科生学术论坛和雏鹰沙龙，有效辅助提升学生研究能力和积极性。

4.用心的工作设计

"成功计划"项目不仅仅关注学生科研能力及综合素质的培养，更是通过对研究选题的把关、调研实践的指导、研究方法的培训、科研诚信的教育和研究过程的督导，强化师德师风教育，要求指导教师发挥言传身教的职责，带领同学们在调研实践中接受国情、社情、民情教育，坚定理想信念，提升道德品质。

三、取得成效

经过近十五年的系统推进，"成功计划"体制机制趋于完善，坚持科研活动与思想引领并重，注重本科教学工作和思想政治教育的有效协同，不断融合第一课堂教学与第二课堂实践育人合力，建构了课堂教学、学生工作、学生自我管理"三位一体"的工作模式，推动形成了"全员参与、全方位支持、全过程育人"的教育模式和育人格局，在西部高校乃至全国高等教育中都具有一定的示范意义。

（一）本科生思政教育更加鲜活

管理学院曾对本科生开展的科研创新项目做过词频分析。2008—2019年学生开展的995项研究项目中，共梳理出来140个关键词。"政策"一词出现了53次，其次是"政府"，频数为51次，"农村""扶贫""资源""治理""少数民族"等也都是同学们关注的领域。由此不难看出，通过"成功计划"这个平台，同学们不再“关起门来读书”，而是在科研实践中体会见证国家发展取得的伟大成就，主动关心关注社会热点和民生问题，坚持把研究论文写在中国大地上。“成功计划”正在让越来越多的本科生在仰望星空的同时脚踏西部大地，在研究实践中服务社会、塑造品格。

（二）本科生科研潜力显著提升

截至2019年底，依托项目研究，本科生先后在《公共管理学报》、《管理学报》、Eurasia Journal of Mathematics、Science and Technology Education等国内外杂志发表论文46篇；成功培育国家级大学生创新创业训练计划项目、“箬政基金”项目126项；先后荣获“创青春”“互联网+”“挑战杯”等创新创业竞赛奖项42项，其中国家级奖项15项、省级27项。本科生升学率明显提升，由2011届的11.51%增长到2018届的36.88%。2016—2020年，累计538名毕业生进入清华大学、北京大学、伦敦政治经济学院、英属哥伦比亚大学等国内外知名高校继续深造。本科生因良好的学术素养和研究能力普遍受到了读研高校及导师的肯定和赞许。

（三）本科生综合素质全面发展

能力突出、神采飞扬、大胆自信、思维活跃、敢于争先……这些逐渐成为管院学子的标签。用人单位普遍反映我院毕业生创新能力强、研究意识好，具有高度的领导力和社会责任感，发展后劲足。本科生在校期间团队精神和集体荣誉感强，在各类文艺、体育、专业赛场上出类拔萃、成绩斐然。连续十六年蝉联兰州大学体育运动会团体总分冠军和“校长杯”，连读多年荣获全国人力资源技能大赛总冠军。先后涌现出近百名全国大学生“自强之星”、全国优秀共青团员、全国践行社会主义核心价值观先进个人、甘肃省优秀学生干部、甘肃省“三好学生”等先进学生典型。

（四）项目建设本身研究成果突出

积极开展“成功计划”经验推广，得到了清华大学、北京大学、中国人民大学、美国印第安纳大学、内华达大学、西华盛顿大学、波特兰州立大学等国内外高校的肯定和好评，成为西部地区本科创新人才培养模式的典范，在西部地区乃至全国形成了示范引领效应，建设成果突出。以“成功计划”为基础，先后在《中国大学教学》《高等理科教育》《复旦教育论坛》等杂志发表教学研究论文7篇，出版本科生优秀论文集《创新之星星》8部。2013年荣获兰州大学教学成果一等奖和甘肃省高等教育教学成果一等奖，2018年荣获国家级教学成果二等奖，2019年入选教育部第一批高校思想政治工作精品项目。

四、经验启示

“成功计划”项目实施以来，已从项目定位、操作流程、项目管理、效果评估和成果推广应用等方面形成了系统的管理模式和运作体系，探索和凝练了在西部地区坚持立德树人根本任务建设一流管理学本科专业的教育模式，形成了有益经验和启示。

（一）体系创新 优化管理教学模式与创新能力培养体系

“成功计划”经过十余年的运行及完善之后，已经作为学院教学的首要环节，纳入教学计划的学分，并作为毕业的必要条件进行考核。“雏鹰大讲堂”“课外科研创新培育项目”“导师计划”等模块均以项目形式组织和实施，确保了“成功计划”模块间的整体连贯性，实现了模块间的有机衔接，构筑了立体化、多层次、立体化、全覆盖的管理教学模式与创新能力体系。

（二）形式创新 形成以学生为主体的渐进式主动教学方式

通过“成功计划”的实施，对传统教学特别是课程的情况有了新认识，根据学生需要，在课堂上开设相关理论方法课程，通过学生自主提出项目，以团队形式进行项目运营，在导师的指导下，参与科研培育项目的竞争，以研究论文、设计方案、总结交流报告等形式进行考核，实现了教学体系与“成功计划”的良好对接。同时，从管理问题挖掘开始到管理方案的设计和实施，按照政府和企业运作模式，“成功计划”学生团队能够在教师指导下自主完成项目，实现了以学生为主体的渐进式主动教学方式的演进。

（三）模式创新 建立市场需求导向的协同育人模式

聘请校外管理专家担任校外实践导师，组织参与“成功计划”的同学前往实践单位，在校外导师的指导下开展实习实践和调研访谈，使得本科生能够真正接触企业管理及公共管理实践的各个环节，从而学到从市场整合资源、集聚要素的方法。反过来更加有利于促进学生科研创新培育项目研究的顺利开展，真正实现了产、学、研的有机融合和协同育人，建立了市场需求导向的管理实践与科研训练协同育人模式。

（四）机制创新 构建学生管理教育可持续发展机制

秉承管理创新引领和人才培养并举的办学思想，形成了培养理念和素质能力模型设计为先导、社会责任与领导力培养体系和平台互动的管理教育可持续发展机制。在可持续的组织支持、可持续的资金保障、可持续的管理模式、可持续的保障体系的共同作用下，“成功计划”的可持续发展机制得以建立。

未来，管理学院将继续秉承兰州大学“做西部文章，创一流大学”的办学理念，紧贴新时代人才战略要求，围绕立德树人根本任务，坚持科学研究与思想引领并重，进一步优化和完善“成功计划”体制机制，提升项目管理水平，不断凸显培养创新性人才的核心理念，积极拓展项目的广度和深度，为国家培养更多具有爱国情怀、国际视野、创新精神和实践能力的高素质综合型管理人才。

（李艳霞、霍达、鲁静、雷宇、常韬、徐菁、赵敏，管理学院）

34

“成功计划”科研导师作用发挥

——科研育人视域下大学生学术诚信教育体系构建之探索

《《《《

学术活动月开幕式

》》》》

引 言

习近平总书记在哲学社会科学工作座谈会上指出："当前，哲学社会科学领域存在一些不良风气，学术浮夸、学术不端、学术腐败现象不同程度存在，有的急功近利、东拼西凑、粗制滥造，有的逃避现实、闭门造车、坐而论道，有的剽窃他人成果甚至篡改文献、捏造数据。"受不良风气影响，近年来，大学生学术失信行为常常见诸报端，诸如考试作弊、代写论文、数据造假等学术诚信问题时有发生。2018年，中共中央办公厅、国务院办公厅印发《关于进一步加强科研诚信建设的若干意见》，对进一步推进科研诚信制度化建设等方面做出部署。同年，教育部等部委联合发文，鼓励和引导本科生早进课题、早进实验室、早进团队，加强本科生科研训练，建立本科生参与科学研究的长效机制。

一、背景情况

全国高校思想政治工作会议强调，"高校思想政治工作关系高校培养什么样的人、如何培养人以及为谁培养人这个根本问题。要坚持把立德树人作为中心环节，把思想政治工作贯穿教育教学全过程，实现全程育人、全方位育人，努力开创我国高等教育事业发展新局面"。这为高校思想政治教育工作在新的历史起点和时代方位下不断创新发展提供了根本遵循。《高校思想政治工作质量提升工程实施纲要》进一步提出了课程育人、科研育人、实践育人、文化育人、网络育人、心理育人、管理育人、服务育人、资助育人、组织育人等"十大育人"体系，为加强和改进新时期高校思想政治教育工作明确了路径抓手。通过科研活动可以培育学生正确的世界观、人生观和价值观，提高学生政治、思想与道德素质。导师是学生科研道路的引路人，他的一言一行，为人处世的方式，对待科研的态度会潜移默化地影响学生的价值观、人生观和世界观。

关于学术诚信教育的研究，很多学者都有所涉猎。"即使在逆境中，仍坚持对诚实、信任、公平、尊重和责任五个基本价值观的承诺。正是源于这些价值观的行为准则，使得学术团体能够把理想转化为行动。”这是学术诚信中心（Centre for Academic Integrity）对学术诚信的定义[①]。定义中特别提出“即使在逆境中”的条件，可见科研工作并不通常在科研环境优越、科研条件充足、科研工作顺利的条件下进行。在各种各样的逆境中，个别的科研工作者会产生相应的应激反应，比如编造实验数据、抄袭他人科研成果等。学术诚信中心站在精神的层面高度概括了学术诚信的具体内涵，并且从价值观的角度约束了每一名科研工作者最基本的职业道德——学术诚信。有了学术诚信这样的工作准则，就有了将科学理想转化为科学行动的驱动力。

近年来学术失信和学术造假问题频繁曝光，使我们更加清楚地认识到当前学术诚信规范建设和教育监管中存在的不足，关于大学生诚信教育的研究也一直是高校教育工作者关注的一项重大课题。学术诚信是指提倡和追求以公开、诚实和负责任的方式进行任何形式的学术活动，目的是创建一个所有人都能够通过自身的努力获得成功的公平、健康的学术环境[②]。目前对于学术诚信教育的研究成果主要集中在以下几个方面：

1.在诚信教育理论研究方面

诚信教育理论主要包括诚信的内涵和意义、诚信教育的地位、大学生诚信教育的意义等。研究认为，诚信是立人之本，在当今多元文化背景下，大学生的价值观关乎国家的未来发展。加强大学生诚信教育，应把实践作为教育的出发点和落脚点，使诚信教育回归社会生活实践，这对提高全民文化素质，促进国家和谐发展都具有深远的现实意义[③]。在大学生诚信现状和诚信缺失原因分析研究方面。当代大学生诚信理念和意识较强，但缺乏自律性，大学生诚信现状主流是积极向上的，但部分学生诚信缺失的现象仍然存在，诚信危机十分令人担忧，表现在学业、生活、经济、人际交往、求职等方面[④]。诚信缺失的影响因素也是多方面的，包括社会负面因素的影响、学校诚信教育和制度不完善、家庭诚信教育的忽视、学生自身因素等[⑤]。

2.在大学生诚信教育对策研究方面

现有研究认为，需要通过优化诚信文化环境、建立健全诚信教育制度、加

① Academic Integrity Centre for Teaching and Learning.

② 赵奕：《中美大学学术诚信教育比较研究》，《图书馆工作与研究》2010年第5期。

③ 吴荣军：《德育生活化视角下的大学生诚信教育》，《江苏高教》2015年第3期。

④ 王茂诗：《大学生诚信问题研究》，《部素质教育》2017年第3辑第19期。

⑤ 金志刚：《大学生诚信缺失现状及原因分析》，《教育教学论坛》2018年第25期。

强社会、学校和家庭在大学生诚信教育中的作用，并加强学生自我教育等措施来解决大学生诚信问题[①]。

3.在学术诚信教育体系构建研究方面

现有研究基于对大学生诚信现状的调查分析，提出诚信缺失问题的根本原因是诚信教育体系的缺失，从要素论上升到了体系论。有文献指出，研究生学术诚信教育体系的构建应从社会、学校、家庭三个方面共同努力，促进研究生建立完美诚信人格，对全社会产生辐射作用[②]。

综上所述，现有关于大学生诚信教育体系的研究多以概念和理论研究，以及宏观层面对其建设路径的探讨为主，从科研育人的视域研究科研导师对学生诚信培养作用的研究成果较少。

二、主要做法

（一）探索推进"成功计划"

"成功计划"的概念源自兰州大学管理学院"学习管理就是学习成功"的院训，自2006年开始探索，并于2011年形成，包括"雏鹰大讲堂""大学生课外科研创新培育项目"和"导师计划"三部分，其定位是以培养学生的创新能力和综合素质为主线，与课堂学习有效协同，构建多层次、立体化、全覆盖的创新人才培养体系。经过十五年的系统推进，"成功计划"回应和解决了传统教学中的一些突出问题，并取得了良好效果。

"成功计划"的三个活动构成了功能各不相同又有序衔接的关联矩阵，是一个有机整体，在学生的不同成长阶段解决本科教育中的不同问题，形成了"培养兴趣→激发动力→自主实践→深入研究→能力形成"的人才培养链条。2006年启动"雏鹰大讲堂"（原"学术活动月"），使本科生有条件通过这个平台开拓视野，启蒙学术志趣；2007年启动"大学生课外科研创新培育项目"，为本科生将课堂学习的理论知识应用于现实的科学研究问题，从而对于深化学生对理论知识的理解和掌握提供了载体。

（二）创新实施"科研导师制度"

在"成功计划"基础之上，管理学院于2011年启动"科研导师计划"。导师的学术规范意识和行为对研究生的学术诚信具有极大的影响力。白强认为培

① 唐霄、唐子芹、赵慧等：《对高校学生诚信教育体系构建浅析》，《学术论坛》2014年第37辑第4期。

② 宁佳：《大学生学术诚信教育途径探索》，《山东省农业管理干部学院学报》2012年第29辑第2期。

养研究生学术诚信品格，重在切实履行导师育人职责①。姚琳琳在研究美国研究生导师的指导职责、伦理规范中提出，老师是学术诚信治理的关键行动者，融合了“学习促进者”“监督者”和“传道者”这三重角色②。故导师应当自觉地肩负起培养研究生良好思想道德品格和学术能力的责任，凭借对研究生的影响力和了解程度两大优势，可以针对研究生的特点和个性，采取不同的教育方式，从而取得良好成效。导师对研究生的学术水平及思想道德方面的指引必将引导他们在今后成长进步、成才立业的道路上保持正确方向。另外，让部分本科生进入研究生导师团队，从事系统科学的研究工作，培养其综合研究能力，并通过“雏鹰大讲堂”以激发同学们的科研兴趣，以“大学生课外科研创新培育项目”为平台，使他们在相关老师的指导下能够探索自己感兴趣的领域，以及通过“导师计划”使那些科研能力较强的同学能够继续探索。

“成功计划科研导师制度”为本科生提供了与大师对话、参与科学研究和加入研究生导师团队的制度和平台，主动接触科研活动，在导师的指导下完成科研任务。为此，“成功计划科研导师制度”设定了相关规定。项目指导教师即科研导师需要定期检查项目进展情况，在每个项目实施周期内要组织不少于3次的项目进度汇报，并进行写实性记载；项目指导教师根据项目实施情况不定期地与项目团队负责人和成员进行沟通。项目完成后，由负责人提出结项申请，经项目指导教师团队审核同意后方可进行结项答辩。项目指导教师负责审核结项材料并签字确认，确保项目的结项材料符合学院基本要求。提交的结项报告或其他形式的结项成果（如论文等），将严格按照学术不端检测系统进行查重。若重复率达到或超过30%以上，学院直接取消项目结项资格。如果查重发现项目成果系剽窃或抄袭，将对项目主持人和参与人员做出相应处罚，对指导教师团队进行谈话。这相当于学生迈入科研领域的重要一步，对于培养学生学术诚信有着至关重要的意义。

三、取得成效

（一）导师的引领示范作用进一步激发

对于本科生来说，“成功计划”是其接触学术训练的开端，“成功计划”导师是其最初的指导者、引导者和影响者，导师的一言一行会对其产生很大的示范效应，这些是导师对学生产生的非强制影响力。这种影响力也有助于导师在业务学习和科学研究中对研究生严格要求，有利于导师对研究生进行学术诚信

① 白强：《切实履行导师育人职责培养学生学术诚信品格》，《学位与研究生教育》2016年第9期。

② 姚琳琳：《美国研究生导师的指导职责、伦理规范及启示》，《学位与研究生教育》2019年第9期。

教育①。"成功计划"科研导师制度的施行，使研究生在学习、生活中碰到的问题倾向于寻求导师的帮助，从而使得导师能够准确抓住研究生思想问题的核心，有效地做好研究生学术诚信教育工作②。可以发现，在学生接触"成功计划"伊始，科研导师就强调科学、严谨的治学态度，把好学生的数据收集、实验程序、数据处理、论文撰写等重要环节，提倡求真务实的科学精神，自觉遵守学术规范，形成良好的学术道德，反对弄虚作假等违背学术道德的行为③。

（二）学生的学术规范意识进一步强化

在科研导师的正确指导下，帮助学生树立正确的学术规范意识。为以后不管是走上研究生的道路还是工作道路，都能打下良好的基础④。"成功计划"科研导师制度取得了显著成效，注重对学生的引导，引导学生树立规范意识，恪守诚信准则，熟悉科研流程。自制度施行以来，提高了学生对科学研究的积极性，促进了学生树立学术诚信以及对学术精神的批判思考。管理学院曾对本科生开展的项目做过词频分析。2006—2019年学生开展的995项研究项目中，共梳出来140个关键词。在公共管理类关键词中，"政策"一词出现了53次，其次"政府""农村""扶贫""资源""治理"等也都是学生关注的领域。不难看出，通过"成功计划"这个平台，本科生不再"关起门来读书"，而是在科研实践中主动关心关注社会热点、民生问题，把论文写在中国大地上。经过近十五年的系统推进，越来越多的本科生展现出了优秀的科研潜力。截至2019年底，依托项目研究，学院本科生先后在《公共管理学报》、《管理学报》、Eurasia Journal of Mathematics、Science and Technology Education等国内外杂志发表论文46篇；成功培育国家级大学生创新创业训练计划项目、"箐政基金"项目126项；荣获"互联网+""挑战杯"等创新创业竞赛奖项42项，其中国家级奖项15项、省级27项。2016—2019年，该学院累计有435名毕业生进入清华大学、北京大学、伦敦政治经济学院、英属哥伦比亚大学等国内外知名高校继续深造。

（三）学院的人才培养链条进一步优化

"成功计划"以本科人才学术创新意识培育、学术创新能力和综合素质培养为重点，它包括"雏鹰大讲堂""大学生课外科研创新培育项目""导师计划"

---

① 刘竹青：《研究生学术失范的根源、成因、解决对策分析》，《戏剧之家》2020年第4期。

② 任思文：《研究生学术道德失范问题研究》，《大众文艺》2020年第2期。

③ 王梦璇：《研究生学术不端行为治理探究》，《科技创业月刊》2020年第3辑第1期。

④ 杜琛：《论新时期研究生学术失范的成因及路径探索》，《文化创新比较研究》2019年第3辑第33期。

三个部分，形成“培养兴趣→激发动力→自主实践→深入研究→能力形成（思想引领）”的人才培养链条，实现与课堂学习的有效协同，构建多层次、立体化、全覆盖的科研育人体系，在学术诚信得到有效贯彻的前提下，培养提升了本科生的科学精神、创新意识。项目获得2018年国家级教学成果二等奖。

四、经验启示

诚信是中华民族的传统美德，不仅是个人处世立身之本，也是单位组织、社会国家信任感和安全感确立的重要前提。大学生作为我国青年一代，“诚”的主要践行手段就是做到学术诚信。因此，加强对大学生的学术诚信教育，无论从何种角度来说，都具有积极意义。与此同时，高校应积极采取措施，查处与惩治学术与行政腐败事件，着力打造高效纯洁廉政的治学、教学、育人的“学术气候”，为构建校园及整个社会的诚信环境形成强大合力。

本文所阐述的兰州大学管理学院“成功计划”，提前了学生接触科研的关口，同时对科研导师提出了更高的要求。科研导师不仅需要做好引路人，通过言传身教帮助学生树立学术诚信与道德规范意识，同时也需要扮好“第一把关人”角色，对学生科研全过程保持密切关注，对是否弄虚作假，以及对待科研的态度和看法等及时监督，遏制学术不端行为的发生。寄望“成功计划”案例，能够为有效推进高校加强本科生培养，更好推动“五育”并举，构建德智体美劳全面发展的人才培养体系；在注重大学生科研意识和能力培养的大背景下，探索从科研育人的视域下切入研究科研导师对大学生诚信培养作用，为教育主管部门和高校加强新时代本科教育教学与学术诚信建设提供决策建议和生动实践，着力推进一流本科教育建设。

（雷宇、李艳霞、常韬、尹杭，管理学院）

35

让青春花蕊在律动中绽放

——理工科学生美育教育的探索与实践

《《《《

2019年4月27日，“花瓣”合唱团参加2019年兰州大学“五四”合唱比赛并第四次蝉联该赛事冠军

》》》》

引 言

美育是党的教育方针的重要组成部分，高校美育工作是立德树人、培根铸魂的事业。党的十八大以来，以习近平同志为核心的党中央把学校美育工作摆在更加突出的位置，做出了一系列重大决策部署。高校美育必须不断增强以习近平新时代中国特色社会主义思想为指导，与党中央的要求同向同行，与推进素质教育的要求同向同行，与学生全面发展的迫切要求同向同行。

兰州大学身处我国西部，有百十年的建校史，一代代兰大人接续奋斗，谱写了一曲在欠发达地区办高水平大学的壮丽诗篇。囿于经济社会发展的不平衡，西部地区、欠发达省份与东部地区、发达省份相比，青年学生的美育教育基础也不平衡，是客观存在和不容忽视的。兰州大学在美育教育方面还有很大的提升空间，作为理工科学院，兰大化学化工学院学生艺术教育和审美素养的提升更为迫切。立足新时代，面临新使命，如何更好地面向理工科学生实施美育教育，以美育人、以美化人、以美培元，提高学生的审美素养，是一个需要我们不断思考、探索和实践的问题。

一、背景情况

美育是高等教育的重要组成部分，直接关系到“培养什么人、怎样培养人、为谁培养人”的根本问题，是构建德智体美劳全面发展的人才培养格局，形成高水平人才培养体系的重要基础。

把握学院学生群体的规律特点，面对相对薄弱的学生美育教育现状，我们要树立高度的美育自觉，扩展开放的美育视角，大胆探索符合我院学生的美育新路径，只有让美走“近”、走“进”学生的心灵，才能真正引领学生树立正确的审美观念、陶冶高尚的道德情操、弘扬中华美育精神。

正是基于这样的工作思考，化学化工学院“花瓣”学生合唱团（以下简称合唱团）应运而生。合唱团于2018年成立，是全校首个院系合唱团，成员均招募自我院普通本科生。近三年来，合唱团逐渐完善了组织模式、明晰了实施路径、强化了运行保障，参加了多场比赛、演出，让更多化院学子受到音乐的启迪、受到美育的感染，同时也有效带动了校园文化活动的开展，在全院催化形成了充满活力、清新高雅的美育新格局，成为化学院文化育人的一张闪亮名片。

二、主要做法

（一）完善组织模式

1.团队构成：化学院“花瓣”合唱团隶属于学院学生工作组，团员人数保持在80人左右。由团长1名、副团长1名、常任指挥1名、艺术指导2名、声部长4名、女声合唱团员约30～40人、男生合唱团员约30～40人构成。

2.团员招募：统一招募于每年九月中下旬开展一次，与学院当年本科新生报到后的社团纳新同步进行，期间也可根据实际情况纳入有强烈合唱学习意愿的同学。招募面向学院全体本科生，热爱音乐、喜爱歌唱即可报名，考虑到专业表演需求，有声乐器乐基础或相关艺术特长的同学优先。

3.日常练习：鉴于学生在学期初和学期末学业压力较重的情况，合唱团每学期训练在第4周到第18周进行，共计14周。每周训练两次，周内以基础内容训练为主，周末进行系统排练；约2—3周排练一首作品，也可根据训练情况加快速度。排练作品包括纯男声、纯女声、混合声三种形式。

4.成果展示：合唱团以专场新年音乐会形式进行成果展示，学年中积极参加学院、学校、省内外各类合唱演出、比赛及交流活动进行展示，同时与青年志愿者服务、暑期社会实践等活动相结合，赴敬老院慰问老人、在支教支农中面向中小学生等开展慰问演出。

（二）完备资源保障

1.聘任指导教师：包括日常指导教师和赛事指导教师。日常指导教师由具有音乐表演专业背景、具备完备的音乐知识和丰富的合唱指导经验的学院辅导员担任，由其对合唱团进行基础训练和曲目排练；赛事指导教师则根据需要，邀请校内外专业音乐人士担任，对合唱团进行中短期强化型、提高型指导。

2.落实经费保障：合唱团在日常训练、各类演出、外出交流等诸多运行环节中所需经费，由学院多方筹措，为合唱团顺畅运行、良好发展提供可靠保障。

一是在学院学生活动费年初计划中优先保证合唱团全年日常基础性工作预算，保证合唱团正常运行；

二是充分利用各类社会类捐赠，尤其是学院校友捐赠筹措资金专项用于资助合唱团发展。如正铭基金、兰花奖助学金、智库奖助学金等校友捐赠项目中都有对学生美育能力提升的专项支持。

3.协调运行场所：学院充分利用校区公共音乐资源，解决合唱团日常训练场地问题，与艺术学院、校团委等单位协商，错峰租借合唱厅、学生艺术活动中心等场地，保障合唱团训练需求。

4.协同力量支持：学院学工组积极争取领导、职能部门、师生、校友各方力量对合唱团的关怀及支持，使合唱团的成果有展示，效果有掌声，发展有空间。

（三）明确激励机制

1.合唱团成员参与训练、演出、比赛均计入兰州大学“第二课堂成绩单”，并免修美育学分。

2.合唱团成员完整进行了全年训练且表现良好者，在当年学生综合素质测评给予体现；如在重大比赛获奖或在高规格演出中表现优异，视情况在综合测评予以额外加分；合唱团成员可优先申请兰州大学校园文化单项奖学金，可优先申请化学院校友文体类专项奖助学金，同等条件下，申请各类优秀学生称号时，优先考虑。

3.任日常指导教师的学生辅导员在各类评奖评优中，同等条件下优先推荐。

4.以社会实践队、演出小分队等形式，择优组织推荐合唱团团员赴校外、省外专业合唱团队进行参观学习、现场实践。

（四）注重宣传辐射

合唱团将日常宣传与重点活动宣传相结合，平面宣传与网络宣传相结合，传统宣传与新兴宣传手段相结合，充分利用学院迎新刊物、学院院报、学院网站、院校两级微信公众号、省市级媒体对合唱团进行宣传报道和成果展示。积极尝试利用抖音、网络直播等青年人喜闻乐见的媒介进行更有趣、更生动、更具吸引力的宣传。

三、取得成效

化学化工学院“花瓣”合唱团于2018年成立至今，以音乐凝聚青年、以律动唱响青春、以艺术涤荡心灵，坚持立德树人、以美育人、以文化人，探索了一条在理工科学生群体中有效开展美育教育的新路径，取得了良好的效应。

（一）开启了理工科学生思政教育的新窗口

美育是学生思想政治工作的重要内容，合唱这种艺术形式有着丰富的审美价值，合唱团是实施审美教育的重要艺术实践活动，小小的“花瓣”清雅绽放，让更多学生享有了接受美育的机会，给更多学生在旋律中、在舞台上找到了青春的高光时刻，极大地调动了我院学生的音乐热情，提高了学生的审美能力，思政在青春韵律中变得灵动起来，鲜活起来。

（二）增加了学院崇美尚美的文化氛围

合唱在实践演唱过程中，启发学生的思维能力，提高学生的音乐情操，从而对学生的想象力、感受力、记忆力和身体各个器官的协调能力都有所提升，最终使学生的艺术素养、文化修养和集体意识都有所提升。通过这样潜移默化、春风化雨的艺术渗透，通过合唱团成员小团体向周围学生大群体的艺术感染，在全院学生群体中慢慢形成崇尚美、热爱美的文化氛围。

（三）提升了学院凝聚力、向心力和荣耀感

合唱是一项彰显集体意识的团队活动，是集体主义教育的良好形式。合唱团坚持长期训练，纪律严明、训练严格，各声部高度分工、协调配合，非常有助于培养学生的合作意识，培养学生舍小我、为大我的团队精神，从而改变目前“00后”学生群体的“自我”倾向。合唱团在新生军训合唱、兰州大学“五四”合唱比赛中连续夺冠，极大地提升了化院学子的荣耀感和归属感，学院凝聚力、向心力得以不断增强。

（四）打造了学院美育育人的出彩名片

“花瓣”合唱团先后参加了“青春为祖国合唱”高校拉歌MV录制、兰州大学110周年校庆晚会演出、兰州大学“我和我的祖国”歌咏比赛、学院新年音乐会等活动，并在兰州大学“五四”合唱比赛勇夺四连冠，新生军训合唱比赛中蝉联第一，成为学院美育育人的一张出彩名片。新冠肺炎疫情期间，合唱团隔空唱响《夜空中最亮的星》，用温度、情怀和歌声向奋战在抗疫一线的人致敬，得到了校内外多家媒体的转载报道，取得了良好的社会效应。

四、经验启示

青春花蕊在律动中绽放，思政教育在音乐中闪光，合唱团促进了理工科学生科学和艺术思维协调发展，激发了全院师生对艺术、对美的追求和热情，提升了学生情趣审美和人文综合素养，深化了学院五育并举思政工作格局。

（一）重视美育氛围营造

“花瓣”合唱团是学院党委落实立德树人根本任务，重视党对高校美育工作的要求，重视双一流大学理工科学生美育教育而进行的一次有益探索和大胆实践。运行近三年来，在队伍组建、科学训练、运行保障、激励机制、成果展示等各方面不断摸索，总结经验、思考改进，工作机制已渐趋成熟，在全院营造了热爱艺术、崇尚高雅的良好氛围。

（二）重视美育平台搭建

小平台发挥大功能，小切口反映大主题。通过搭建“花瓣”合唱团这个二级学院美育平台，整合优势资源，健全工作机制，完善各类保障，将热爱音乐、热爱艺术的同学凝聚在一起，感受美、体验美，进而带动更多学生重视、参与艺术活动，例如参与啦啦操、朗诵等其他美育活动，带动学院整体美育工作的昂扬发展。

（三）重视美育思政融合

美育是学生思想政治教育的重要内容，在合唱团运行过程中，要充分注重美育与思政的融合互补，结合学校、学院工作实际和学生特点规律，以高质量美育品牌吸引学生、感染学生。依托美育做思政，通过思政促美育，才能更好地发挥美育在思政教育中独特而巨大的作用，培养学生美的理想、美的品格、美的人格。

（贾静、张崇峰、王世博，化学化工学院）

36

激活“细胞组织” 构筑“信息网格”

——化学院研究生课题组防疫工作先锋队

《《《《

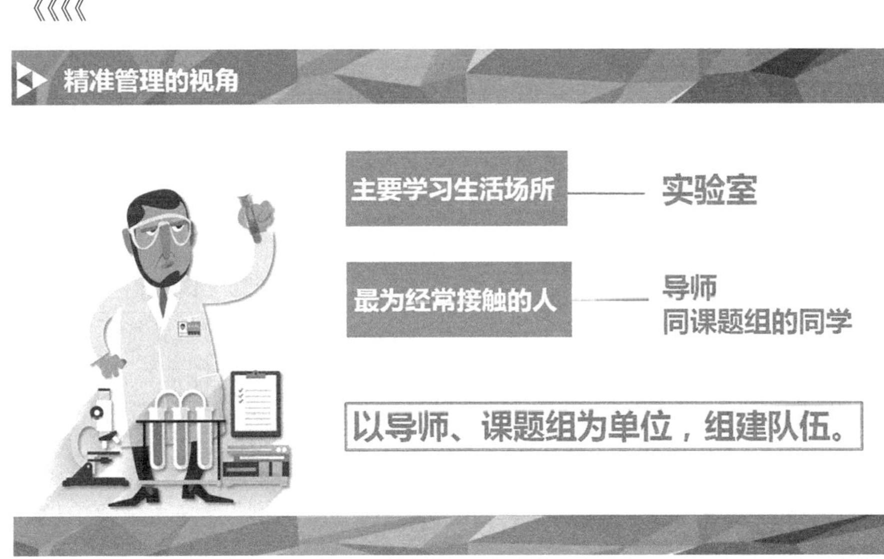

2020年，防疫工作研究生党员先锋队线上工作培训会内容节选

》》》》

引 言

新冠肺炎疫情发生以来，化学化工学院以疫情防控常态化工作为契机，全面贯彻落实习近平总书记“让党旗在防控疫情斗争第一线高高飘扬”的重要指示精神。从创新组织建设入手，针对实验学科研究生的实际情况，以导师和课题组为基本单位，通过激活“细胞组织”优势，构筑立体化“信息网格”，组建防疫工作研究生先锋队，继续毫不放松地统筹推进常态化疫情防控工作，奋力夺取抗疫斗争全面胜利。

一、背景情况

2020年2月，化学化工学院有在籍研究生1016名，仅有研究生辅导员1名。疫情发生之后，特别是学生复学返校以来，面对1：1000的体量和分布在175间实验室的研究生，为了更加精准、高效地做好常态化疫情防控工作，学院从组织创新入手，结合实验学科研究生特点，以导师、课题组为单位，组建研究生防疫工作先锋队。抓紧抓实学生返校后的常态化疫情防控工作，落实落细各项工作举措，全面贯彻落实习近平总书记关于疫情防控工作的重要指示精神，坚定信心、同舟共济、科学防治、精准施策，稳步推进疫情防控常态化工作。

二、主要做法

化学化工学院防疫工作研究生先锋队由学院党委领导，学院党委书记、党委副书记具体指导工作，研究生辅导员担任队长，以导师或课题组为单位推选队员。

2020年5月，学院发布了《化学化工学院关于组建防疫工作研究生党员先锋队的通知》，研究生导师根据课题组情况，结合学生自愿报名、组织推荐，推选1名研究生作为先锋队队员；导师学生较少的课题组，可与联系紧密的其他课题组联合组团，推选1人。要求推选的队员为我院在籍并在校的非毕业年级硕士或博士研究生，中共党员或中共预备党员优先；要具有较高的政治站位和纪律意识，具有强烈的责任意识和担当精神，能够按时认真地完成任务，落实工作要求；为人积极热心，沟通能力强，人际关系融洽。推选出的队员加入微信群“化学院研究生防疫工作先锋队”。

至此，组建起了一支研究生常态化疫情防控工作队伍，共八十余名队员（涉及125位老师及其课题组）。通过前期线上工作培训，让担任队员的同学们通过积极发挥先锋模范作用，当好“四员”，扎实做好常态化疫情防控相关工作。

（一）做好疫情防控的宣传员 积极做好政策宣传

树牢“生命重于泰山，疫情就是命令，防控就是责任”的思想，通过宣传中央、省部和学校的最新防疫政策、科学防疫知识等，使同学们强化自我防护和管理意识，将防控要求细化到每个人，转化为学生的自觉行为方式，让健康生活习惯常态化，最大限度切断病毒的传播途径，不断增强战胜疫情的决心和信心。

（二）做好健康监测的督导员 按时督促“健康打卡”

根据学校要求，督促所在课题组同学按时测温，通过兰州大学APP或个人信息服务门户网站按时填报个人体温情况，营造同学之间互相监督、互相提醒的健康氛围。及时掌握课题组内同学的每日体温情况，实行课题组健康“零报告”制度。

（三）做好安全隐患的排查员 每晚进行“安全点名”

充分利用腾讯、微信、钉钉等新媒体手段，通过线上点名与线下点名相结合，精准掌握所在课题组学生的每日安全情况。对于未经备案擅自在外住宿、夜不归宿的学生情况，及时报告，做到情况清、底数明、数据准。

（四）做好危机事件的吹哨员 特殊情况及时报告

所在课题组如有发热等身体健康状况异常的学生，按照学校发热学生处置规范开展相应工作，做到早发现、早汇报、早隔离、早治疗；如有心理健康、学业状态、日常行为等出现异常的学生，第一时间报告课题组负责人（导师）和辅导员，筑牢疫情防控和学生安全的基层屏障。

三、取得成效

（一）返校联络及时全面 复学复研平稳推进

按照学校和学院返校工作部署，防疫工作先锋队积极行动，第一时间向所在课题组传达相关政策要求，登记返校信息情况，点对点为课题组同学发送返校温馨提示。严格按照工作流程，紧张有序地开展相关工作，截至2020年5月3日，化学院研究生返校率达94.71%，居全校首位。

（二）信息摸排准确高效 突发事件应对得当

北京新发地、山东青岛、新疆喀什、天津滨海新区、云南瑞丽等地先后出现疫情时，化学化工学院防疫工作研究生先锋队第一时间快速反应，对课题组内近14日内赴相关地区实习、就业、返乡、旅游的学生进行摸排，并绘制学生在当地和返校后的活动轨迹进行上报。密切关注课题组内有相关人员密切接触史的学生，及时宣传相关政策，动态关注学生情况。

当课题组出现发热等身体情况异常的学生时，先锋队成员第一时间按照学院《学生发热应急处置流程》指导学生前往化学楼“临时观察室”休息测温，根据身体状况采取下一步处置措施，做好集中隔离学生和发热学生的跟踪记录，并及时向课题组成员汇报进展。配合学校、学院落实最新疫情防控要求和相关提醒工作，为学校疫情防控相关工作平稳有序、确保学生健康和校园平安做出了应有的贡献。

（三）党员模范作用凸显 组织凝聚力显著提升

疫情是一场国之“大考”，更是党员守初心、担使命的精神意志淬炼。通过组建防疫工作研究生先锋队，让研究生党员在疫情防控工作中真正做到平常时候看出来、关键时刻站出来、危急关头冲出来。在常态化疫情防控工作中，时刻彰显党员责任担当、增添党员正气亮色，让党员的先锋模范和示范引领作用得到进一步凸显。

先锋队中的部分研究生入党积极分子、发展对象等，通过参与疫情防控工作，更加坚定了加入中国共产党的信念，对党员所担负的责任和使命有了更深刻的理解，党组织凝聚力显著提升。

四、经验启示

（一）创新优化组织建设 高效精准开展工作

根据中央和学校关于落实常态化疫情防控工作的相关要求，做好学生到校后的常态化疫情防控工作是各级党委的重要任务。

不同于本科生以班级、年级为单位开展工作，化学院研究生班级设置以专业区分，但因为跨年级、跨培养层次、人数较多、日常学习生活没有交集等原因，班级组织在常态化疫情防控工作中很难有效发挥作用。

从实验学科研究生实际出发，同学们主要的学习生活场所在实验室，最常接触的人就是导师和同一课题组的同学们。与此同时，导师作为研究生第一责任人，除了要对学生进行科研指导外，也要关注学生的思想动态、心理健康等诸多方面，对于人数较多的课题组，导师往往因精力有限而很难全面兼顾。防疫工作研究生先锋队的组建，可以通过队员们发挥先锋模范作用和“朋辈优势”在研究生教育管理方面多有助益。

因此，以课题组为基本单位组建的先锋队，不仅是对研究生组织建设的创新探索，也是在常态化疫情防控工作要求下精准管理、高效工作的一次有益尝试。

（二）提升个人综合能力 辐射带动多方发展

组建防疫工作研究生先锋队，除了常态化疫情防控工作的需要，更多是着眼学生和学院发展。

一方面，作为先锋队的队员，对学生自身而言就是一次历练。对于化学院研究生而言，因为科研任务重、压力大，在研究生生涯中，大多数同学都没有精力和机会加入学生组织或是担任学生干部。但与人交往的能力、时间管理的能力、工作规划的能力、处理问题的能力却是学生步入社会后必不可少的。队员们以党员的标准严格要求自我，以高度责任感认真开展工作，通过参与疫情防控多环节工作，个人综合能力得到了较大提升。

另一方面，作为普通学生，不仅在课题组内更加真切地感受到被关心、被关注，同时也被优秀的同学影响和带动，组织吸引力和凝聚力进一步提升。

基于以上几点，即使在未来的“后疫情时期”，化学院防疫工作研究生先锋队还将薪火接力，继续发挥以导师及课题组为单位相对熟悉、相对稳定、具有传承性的“细胞”组织优势，进一步构筑、完善立体化“信息网格”，在不断提升研究生教育管理效能的同时，为学院今后的校友工作和全面发展贡献力量。

（李婷，化学化工学院）

37

志愿服务心向党 唱响青春主旋律

——以志愿服务为载体的思政育人实践

《《《《

“七一”主题党日活动

》》》》

引 言

《高校思想政治工作质量提升工程实施纲要》中指出，要积极优化组织育人，“发挥各级党组织的育人保障功能，进一步理顺高校党委的领导体制机制，明确高校党委职责和决策机制，健全和完善高校党委领导下的校长负责制，推动学校各级党组织自觉担负起管党治党、办学治校、育人育才的主体责任”。在疫情防控特殊时期，支部及全体党员能严格贯彻各项防控要求，严格落实学校各项工作部署，着力于提升基层党支部战斗堡垒作用，发挥实践育人、组织育人功能，以提升组织力为重点，着力发挥政治引领、团结凝聚师生、促进学校中心工作等方面的主体作用，党员先锋模范作用突出，发挥了指方向、育人才、凝人心、聚人力的政治优势。

一、背景情况

兰州大学化学化工学院本科生第二党支部以习近平新时代中国特色社会主义思想为指导，贯彻落实党的十九大精神和十九届二中、十九届三中、十九届四中、十九届五中全会精神，巩固深化“不忘初心、牢记使命”主题教育成果，严格做到“七个有力”，落实《高校思想政治工作质量提升工程实施纲要》精神，支部结合上级党委工作要求、化学学科专业特色、学生群体成长诉求及2020年疫情防控工作实际，以提升组织力为重点，强化支部政治引领功能，着力探索实践育人、组织育人在基层学生党支部的效能发挥，以志愿服务为载体开展思想政治教育工作，丰富志愿服务形式，扩展志愿服务内涵，将学生志愿服务与思想政治教育有机融合，开展了以“志愿服务心向党，唱响青春主旋律”为主题的教育活动，形成了“线上引领线下做，志愿先锋守初心”的工作思路，开展以志愿服务为主要形式的支部组织生活，支部党员积极参与到疫情防控一线；积极开展“每日微诵读”线上活动，通过学习、阅读、抄写、朗诵《习近平讲故事》，用声音凝聚学院青年的抗疫力量，诠释化学学子的信念担当；支部党员通过学院“花瓣合唱团”参与云歌曲录制，用温度、情怀和歌声记录下对奋战在抗疫一线工作人员的敬意，以独特的“云合唱”汇聚人心、传递温暖、汇聚精神，起到了很好的社会效应，得到了校内外媒体的广泛关注。

二、主要做法

（一）完善组织机制 规范组织活动

志愿服务是进行青年学生思想政治教育的重要载体，是党员发挥先锋模范作用的重要方式。支部成立党支部志愿服务队，邀请学院党委委员、党委副书记指导工作，由组织委员担任服务队队长，由支部书记和宣传委员担任服务队副队长，负责我支部志愿服务活动的组织、实施和业务指导，加强对志愿服务工作的全过程组织领导。除支部正式党员、预备党员外，吸纳入党积极分子、优秀共青团员作为服务队成员，影响和带动广大青年学生开展志愿服务。同时建立健全规章制度，对党员参与志愿服务活动提出了明确要求，将党员志愿服务写入《化学化工学院青年志愿服务管理办法》，要求党员每年完成不少于40小时的志愿服务活动，入党积极分子在培养过程中每年完成不少于20小时的志愿服务活动，推动党员志愿服务规范化、常态化。结合党员志愿服务实际情况，在每年民主评议时对表现优异的志愿者进行表彰，对表现欠佳者给予督促教育，在支部营造志愿服务心向党的良好氛围。

（二）丰富服务形式 优化服务载体

根据支部志愿者的学习、特长，本支部采取集体志愿服务活动和分散志愿活动相结合的原则。集体活动由支部统一组织，在活动中佩戴党员志愿服务标识，亮出党员身份，充分展示党员志愿服务队的形象；分散活动由党员根据自身兴趣，自由选择校内外志愿服务活动。

在过去一年中，支部成员组织、参加了共计100余场各类规模的集体志愿服务，包括迎新志愿服务活动、军训志愿服务活动、善行100志愿服务活动、天山堂教学楼清扫志愿服务活动、贺兰堂实验室打扫志愿服务活动、昆仑堂图书馆书籍整理志愿服务活动、兰州大学110周年校庆志愿服务活动、“爱在兰大”校友集体婚礼志愿服务活动、大四学生宿舍搬迁志愿服务活动、交通安全日志愿服务活动、思贝克聋儿康复中心探访志愿服务活动、榆中壹乐园陪伴留守儿童共成长活动、青少年高校科学营志愿服务活动等。

党员志愿者的身影出现在了校园、养老院、市区、街道等各个角落。正是通过这样一场场志愿服务，党员志愿者们在滴落的汗水中，在服务对象的笑容中得到了生动的思想洗礼。

（三）争当党旗下的先锋 做好疫情防控

在今年新冠肺炎疫情防控期间，支部组织党员开展“坚定信念、咬紧牙关，打好疫情防控阻击战”主题党日活动，鼓励党员参与到家乡、社区疫情防控一线工作中，以实际行动助力疫情防控工作，鼓励党员将其工作日常和心得感悟制作成视频、音频、书画作品，对党员先进事迹进行深度宣传。支部党员、积极分子积极响应，纷纷到所在社区、村委会报到，参与当地体温抽检、出入登记等工作。

同时，支部通过学院微信公众号“锇钔锝化学”开展“每日微诵读”线上活动，通过学习、阅读、抄写、朗诵《习近平讲故事》，用声音凝聚学院青年的抗疫力量，诠释化学院学子的信念担当。

化学化工学院“花瓣合唱团”是兰州大学目前唯一的院系学生合唱团体，疫情最严重的早春二月，我支部党员作为合唱团主力，积极参加《夜空中最亮的星》云合唱歌曲录制，用温度、情怀和歌声记录下对奋战在抗疫一线工作人员的敬意，以独特的“云合唱”汇聚人心、传递温暖、汇聚精神，得到了兰州大学官方公众号和学习强国平台的转发推送，取得了良好的社会效益。

返校后，支部开展“做好健康监测，加强人文关怀，在常态化疫情防控和学生返校工作中提升组织力”主题党日活动。积极学习习近平总书记关于新冠肺炎疫情防控的系列讲话精神，同时组织学生党员投身学校常态化疫情防控工作，深入学生宿舍，宣传疫情防控知识，为年级学生抽检体温。积极报名天山堂、食堂安全引导员志愿服务工作，为校园疫情防控贡献自己的一分力量。

三、取得成效

（一）聚焦思政点——增强党员的引领力

每一位党员都是思政教育中的一个“点”，支部把志愿服务作为党员的“磨刀石”，既提升党员的个人思想素质，又通过树立榜样，在志愿服务活动、常态化疫情防控等方面发挥明显的“头雁效应”，感染和指引其他青年，把一颗颗具有奉献、服务、责任、担当的党员先锋模范的种子，种在每个青年心中，形成群雁齐追的奋斗场景，真正在学生群体中发挥示范引领效果，也搭建起了学院与同学、党员与群众之间沟通“无障碍”、服务“零距离”的“连心桥”。

（二）连结思政线——增强支部的影响力

线是点运动的轨迹，一个个党员的先进事迹组成了思政教育中的“线”。支部充分把握当代青年和网络的天然亲密的特点，注重在工作中利用新媒体的巨大优势拓展支部的影响力。对本支部榜样人物、支部日常学习、支部先进活动等，通过学校、学院网站、公众号等进行宣传。在疫情期间，支部通过微信公众号“锇钔锝化学”推送每日微诵读34期；通过进行“云上课堂”，为全院师生进行了“互联网+思政”模式探索；支部党员参与的《夜空中最亮的星》云合唱歌曲录制，得到了兰州大学官方公众号和学习强国平台的转发推送，取得了良好的社会效益，对支部进行了大力宣传，有效地增强了支部的影响力。

（三）扩大思政面——增强组织的号召力

线动成面，支部在扩大思政教育“面”上着力于打造一支政治强、业务精、敢担当、作风正的高素质学生榜样队伍，通过宣传、教育、服务等方式，让支部不断增强自身“吸引力”，像“磁石”一样把党员和群众紧紧凝聚在一起，从而提升组织的号召力。截至目前，支部所有党员均已在志愿汇APP注册成为志愿者，累计志愿服务时长超1700小时，真正做到了“哪里有需求哪里就有党员”，用服务让支部焕发亲和力、感召力，影响带动了大批青年学生投身志愿服务活动，既创新了支部党员教育活动形式，又形成了思政教育品牌。

四、经验启示

（一）坚持思政教育 谱写志愿“新篇章”

支部把思想政治教育融入志愿服务活动当中，在推动志愿服务规范化常态化发展的基础上，坚持思政教育，突出政治功能，在疫情防控期间开展体温抽检、教学楼和食堂的秩序引导等志愿服务活动，充分发挥共产党人关键时刻冲得上去、危难关头豁得出来的优良传统，勇当先锋，敢打头阵，走在疫情防控志愿服务第一线，引领带动广大青年学生积极参与到志愿服务的队伍中来，实现了志愿服务广覆盖、齐参与。同时，支部紧紧围绕学校中心工作，积极投身学校110周年校庆志愿服务和校友集体婚礼志愿服务等活动中去，切实助力学校事业发展。

在开展思想政治教育时，应善于顺势而为，因势利导。根据实事，开展相关活动，更有利于调动青年学生的积极性，形成学做先进、争当先进的浓厚氛围，释放思想政治教育的活力。

（二）聚焦时代主题 打造美育“新形式”

支部创新活动形式，日常组织演唱以思政教育为背景的红色歌曲，开展红歌主题的新年音乐会；发挥党员在新生入学教育和毕业生离校教育中的关键作用，在迎新晚会、毕业晚会等节目中唱响红色主旋律。支部也主动结合时代主题，在疫情期间组织党员参与《夜空中最亮的星》云合唱歌曲录制，使支部党员在战“疫”中闪耀青春光芒。通过坚持组织党员唱响青春主旋律，不仅丰富了支部的文化生活，提高了支部活动参与度，也培养了党员的团队合作精神，使学生党员在支部活动中更具认同感、归属感和获得感。

在开展思想政治教育时，应注重“支部+”共建活动，做好与团支部的结对共建，加强思想政治教育的融合共建，在主题团日中以自身经历现身说法，加强理想信念教育，充分发挥典型的激励、引导和示范作用，探索党团共建的思路。

（三）搭建学习平台 贯彻思政“新思想”

支部不断丰富学习载体，依托学院微信公众号开设思政教育专栏，持续开展每日诵读、云上课堂等线上学习活动；邀请学院副教授、“课程思政”讲课比赛理科组一等奖获得者曾会应老师为支部讲党课；组建“花瓣合唱团”，歌颂党史、新中国史、改革开放史和社会主义发展史，创新活动形式，丰富文化生活。通过将理论学习与专业学习有机融合，将思政教育与业务工作有机融合，将党员引领与广泛融入有机融合，不仅发挥了学生党员带头学习理论知识的引领作用，也用同学们喜闻乐见的活动形式带动广大青年积极向党组织靠拢，探索形成了体验式教育和沉浸式教育的新模式。

在开展思想政治教育时，应充分利用新媒体平台，采取丰富多样的宣传手段推进思政工作与时俱进。以视频、照片、文字等形式进行展示，通过互联网平台在学院以及学校的其他平台加以宣传，扩大思政工作影响效应。

（姜波，化学化工学院）

38

“生命线”团体辅导活动

——心理健康教育融入思政育人体系的创新实践

工作阶段——画生命线

引 言

我国高校思想政治教育走过了30年的风雨岁月，经历了不平凡的历史进程，在其过程中积累了宝贵的经验，成绩斐然。一是在高校思想政治教育的方向和目标上，对教育的原则、方法、模式摒弃了过去"一刀切"的简单化处理方式。二是在教育模式上，以引导渗透、说理教育为核心的模式取代了过去口号式、运动式的模式。三是在教育方法上采取了多元化教学，例如，社会调查、专题讨论、参观拜访以及一些形象化教学手段，以引导学生、感染学生、影响学生，进而把集体主义、爱国主义等思政教育内容渗透到教学活动中，促使学生树立牢固的思想领域阵地意识。

但同时，在经济全球化、政治多极化和文化多元化的背景下，大学生的价值观念受到巨大冲击。拜金主义、享乐主义、个人主义、崇洋媚外观念等在当代大学生当中时有表现，大学生的思想价值观念严重偏离了生命发展的健康轨道。

在全国高校思想政治工作会议上，习近平总书记高度重视大学生心理健康教育工作，强调指出要培育理性平和的健康心态，加强人文关怀和心理疏导。在党的十九大报告中，习总书记明确提出要"加强社会心理服务体系建设，培育自尊自信、理性平和、积极向上的社会心态"。在本校，心理健康教育已经融入了思政教育体系，并探索得到了一些有益启迪。

一、背景情况

传统的思想政治教育，强调对大学生的思想品德进行教育，缺乏对学生成长过程中情绪、情感以及人格发展等心理建设的关注；不能真正从个体的现实需求和实际情况出发，过多地强调"社会地位"，缺少对个体的"主体性"考量。大学生在接受思想政治教育的过程中，必然会产生无法和现实生活联系起来的空洞、消极体验，随之引发越来越严重的心理问题。新时代青年学子的思想政治教育改革亟待探索和创新教育模式，这已成为社会共识。

大学生在思想政治教育中的主动性与参与度，很大程度是由教育内容的新颖性、教育主体和客体的平等度、教育过程的互动性决定的。因此，当前大学生思想政治教育的首要任务是摆脱心理约束和苍白空洞的模板式说教，尽可能以可供选择的多维度指导或引导教学方式开展教学。大学生更容易接受动感性与感官冲击力均很强的教育内容。因此，需要顺应学生的心理活动规律，活跃思政教育课堂。

以“生命线”为主题的团体辅导活动，厘清昔日诸事对个人现况的影响，同时升华个人希望与坚定理想信念，重赋人生意义。

二、主要做法

在团队建设中融入中国传统文化、智慧及人文精神，推动从“以人本为中心”向“以团体为中心”的渐进转变。

（一）确立主题：生命之重

1.热身活动

订立团规——了解学生参加团体活动的期望——热身。

自我介绍：姓名、专业、来自哪里，说出自身具备的三个积极品质，并指出这些品质为实现内心目标所起的作用。一名同学担任记录员。

引出话题：无论置身任何行业，每个人都有属于自己的积极品质。比如，每个小品、相声演员都有自己独特的招牌（“笑”包袱），让大家一看见或听见他（她）做或说的事情就发自内心的笑；作家会有几部自己的代表作品，给读者带去正能量；科学家会有自己的研究成就，促进科技进步，给大家带来美好现代化生活。

认识自己：我们每个人一定有自己的积极品质，而这个品质就是立于这个社会的金字招牌。你自认为自己的积极品质是什么？比如善良，就是某个人品质的金字招牌；比如当我们提到雷锋，我们一定会想到奉献，奉献就是他的金字招牌。中国的金字招牌是什么？是社会主义核心价值观，即富强、民主、文明、和谐，自由、平等、公正、法治，爱国、敬业、诚信、友善。

肯定自己：一个人具备的积极品质，就是自己的金字招牌。

2.做“鸡蛋变凤凰”活动

活动内容：初始大家呈蹲姿，假想自己和同学都是鸡蛋，然后用石头剪刀布的方式PK，胜方升为小鸡，败方继续做鸡蛋。接着同类之间继续PK，胜方升一级，败方退一级。此活动是一个周而复始循环往复的过程：鸡蛋→小鸡→凤凰→鸡蛋→小鸡→凤凰。活动随音乐结束而停止，停止时保持当前状态。在活动过程中，有的同学在变成凤凰后便不再继续PK了，因为他们担心继续PK有可能成为败方，最终变回鸡蛋，那样就要从头再来。当音乐停止时，最终有3只鸡蛋、8只小鸡和22只凤凰。

活动启发：在活动过程中，有的同学始终一帆风顺，很快就成为凤凰了，但有的同学坚持很久才发生变化。这就像我们的人生过程中难免有沉浮，切忌过于焦虑和急躁，因为人生只有两个点，起点和终点。

辩题讨论：尔后随机分两个小组进行《平稳与挑战》辩论，目的在于引导学生站在不同角度思考问题。

（二）工作阶段：画生命线

画一条有始有终的生命线。可以规定它的终点，按照为自己规划的生命长度，找到现在的点。比如现在20岁就在20岁处画上圆圈，在圆圈标志左侧代表过去岁月的部分，将对自己有重大影响的事件分别在对应的生命线处用小圆圈标出来。开心快乐之事画于线的上方，伤心难过之事画于下方。右侧是将来一生的规划，要求规划内容详尽，把想做的事情悉数标出并注明时间，快乐和期待标在线的上方。若此人或此事是自己的挚爱或者心中所想，就写在最上方显著的地方。诚然，在人的生命长河中，挫折和困难会如影随形，许多意外亦会不期而遇，这些在生命线下方勾勒出来。至此，自己的生命线勾画完整。

在画线的同时播放歌曲《人在旅途》。生命线画完之后，再回眸生命历程，会形成一个特别成功的经验，把这个体验在纸背面画一幅画（没有学过美术课程的同学只要能在草绘中表达自己的意思即可）。辅导老师提示同学把注意力放在当下，因“逝者如斯夫”，过往之事无法改变，所能改变的是我们看往事的视角，并请大家一同思考什么样的人生是自己想要的，怎样挖掘出自己更多的潜力，使得在经营人生时少一些遗憾。

（三）结束阶段：欣赏生命

伴随着优美的音乐，大家手拉着手围成一个圈，再用一句话总结团体活动带给自己的收获/感悟。最后每一个人都伸出自己的右手，用大拇指给其左右两边的同伴点赞，诠释每一个生命都有它闪光的部分，都有值得我们欣赏的优点。

三、取得成效

（一）增强自信力

任何人，无论他是积极的还是消极的，无论他有怎样的生活背景，都会遇到困难。外部环境不一定能够决定一个人的人生道路，关键在于面对困难时的姿态。对待困难的方式不同，造就了人与人不同的人生经历。生命是变化的，外部条件会因内部条件发生变化，这是一条基本哲理。决定人生的不是你现在在哪里，而是我们现在的状态。因此，是否具有一颗坚定的心，是否具有坚强的意志和热情向上的精神，才是决定人生获得感的必备因素。

（二）充分认识自己

心理学上有一个著名的经典试验，叫作“习得性无助”。科学家把狗关在笼子里面，多次的试验中，只要蜂音器一响，狗就会被电击。后来，先把笼门打开再通电，此时狗不仅不逃，反而先倒在地上开始呻吟和颤抖，本来可以逃脱，此刻它却绝望地等待痛苦的来临。

为什么这样呢？因为狗的心理是：无论我多么努力都逃不出去了。它最后也就真的失去了永远的自由！人呢，如果经过几次挫折之后，就放弃了抗争与追求力量，就会变成那只“被电击”狗。

这个课堂不是要给大家讲一个具体概念，让大家记住某个定义，而是旨在提醒大家逐渐认识自己、了解自己的重要性。人类在认识外部世界的道路上，已经取得了相当大的成就，但是在认识自己的道路上，我们还在艰难跋涉。本团体辅导活动通过回忆曾在记忆中出现的一幅幅画面，让大家认识自己处理问题的模式，开启自我认识的第一步。

（三）学会管理自己

管理自己即管理自己的情绪与行为，进而形成自律、积极向上的意识。即使取得成绩也不张扬，不刻意寻求他人的关注，面对失败、挫折不气馁，面对自己的不足不自卑、不退缩。

（四）了解何为幸福

以前以为幸福就是能有一个好的工作，能挣到很多钱，或者能有被人艳羡的社会地位。而自己也可能一直在忙碌的过程中匆匆赶路，从来没有问过内心，我应该怎样更愉快地生活学习？怎样保持一分内心的宁静、欢喜度过大学四年时光，向理想靠近？

（五）学会辩证地看问题

通过团体辅导活动，体会当时的心理感受及选择。通过辩题，明白人在不同阶段的追求。需要从两方面辩证考虑。譬如，就个人发展来说，在一定阶段平稳是需要的，但如果一直守着平稳，就不会发展，同时又不能为了发展，挑战风险很大的事。

（六）培养积极品质

在我们的意识里，自己对自己的谦虚评价远比他人对自己的客观评价低很多。通过擦亮金字招牌，强化了自己的积极品质，并会在以后的生活和学习中发扬光大。

（七）尝试接纳别人

在充满人情温暖和真诚的团体环境里可以保持开放的心态去分享，放心大胆倾吐，不担心被同学嘲笑或指责，乐意倾听，建立起自我包容与接纳之心。学会以宽恕、慈悲心对待他人，宽恕别人做错的事，接纳他人的不足，遇到问题的时候有同理心，能站在他人的角度去考虑问题。

四、经验启示

在心理健康教育过程中融入思政教育，效果显著。本活动打破传统思政教育教学模式，以团体心理辅导为基础，遵循人的心理发展规律，不断探究以心理教育为主、思想道德教育为辅的路径，通过结构式团体辅导方式，设计以主题目标为导向，使大学生在团体活动中充分体验呈现、表达、转换学习三个心理过程。在融入思政教育的心理团体辅导过程中，成员相互尊重，彼此信任，在洋溢着温暖人情的氛围中，众人皆可自由、自觉地流露或表达自己的情感。

（一）表现自己

他人是自己的一面镜子，谁都希望看到镜子里美丽的自己。完成角色为了在现实世界里表现真实的自我，必须通过自己的角色来表现才是现实的。

（二）肯定自己

学生有时给自己定位比较低，建议通过他评强化自己的优势，起到积极的暗示作用，增强自信。

（三）重塑自己

应用贴近生活的心理学原理方法，使同学们感悟到在应对问题时，不是如何清除掉某些事物，而是通过增加一些新的知觉和关联方式，自身感受新体验，重新修正期望、选择。

（四）升华自己

团体辅导活动实践表明，打破传统“灌输式”教育，寓教于乐，进行“渗透式”教育，以生活中的具体事例对大学生进行“隐性化”思想政治教育，不断探索以主题目标和发现积极品质为导向及以人为本发挥主观能动性的心理教育方式，解决学生普遍存在的实际问题，是在大学心理健康教育课堂中进行思政教育的新途径。（陈聆东、贾普琦，资源环境学院）

39

依托“地学行知会”社团
构建校内校外协同育人机制

《《《《

雪上科考——2016年“地学行知会”天山站社会实践

》》》》

引 言

兰州大学资源环境学院以"地学行知会"学生社团为载体，在名誉会长秦大河院士、高级顾问张廷军教授、专业指导老师王乃昂教授的带领下，依照"读万卷书，行万里路"的理念，依托中国科学院西北生态环境资源研究院冰冻圈科学国家重点实验室优良的师资以及强大的科研支撑条件，连续多年邀请中国科学院专家开展地学知识讲座、举办"行知杯"地理知识竞赛、组织在校本科生赴中国科学院西北生态环境资源研究院及中国科学院天山冰川观测试验站、祁连山冰冻圈与生态环境综合观测研究站、奈曼沙漠化研究站、那曲高寒气候环境观测研究站、玉龙雪山冰川与环境观测研究站、阿拉善荒漠生态水文试验站等开展暑假地理综合见习项目，构建协同育人机制，多渠道、多途径开展学习活动，力求实现教师指导与学生主导相结合、理论学习与课堂实践体验相结合、课内与课外相结合，为学生的专业学习、社会实践提供平台。

一、背景情况

习近平总书记在全国教育大会上指出，要全面落实立德树人根本任务，推进育人方式、办学模式、管理体制、保障机制改革，建立促进学生身心健康、全面发展的长效机制。[①]中共中央、国务院《关于加强和改进新形势下高校思想政治工作的意见》提出，坚持全员全过程全方位育人。[②]高校要把立德树人作为根本任务，搭建校内外合力育人共同体，形成更高水平的人才培养体系。

"地学行知会"是由兰州大学资源环境学院2010级地理科学专业本科生发起的地理爱好者科技学术类学生社团，成立于2013年6月，挂靠资源环境学院

① 《习近平谈治国理政》第三卷，外文出版社2020年版。

② 中共中央国务院：《关于加强和改进新形势下高校思想政治工作的意见》，新华社，2017年2月27日。

团委，由兰州大学团委统一管理，学院教授担任社团专业指导教师，学院团委专职团干部担任社团业务指导教师。“地学行知会”本着“读万卷书，行万里路；立足兰大，放眼西北；走进地学，感知学术”的宗旨，为地理爱好者提供学习交流的平台，普及地学知识、地球科学发展概况，让更多人了解沙漠、冰川、古气候等兰州大学特色学科。

二、主要做法

资源环境学院以学生社团“地学行知会”为载体，搭建校内外育人共同体，为学生提供社会实践平台，增加拓展专业视野的机会，培养学生在艰苦环境下开展科学研究的意志品质，有利于学生专业学习、有利于学生综合能力的培养及专业兴趣的提高。

（一）赴中国科学院研究站开展暑期社会实践活动

依托中国科学院西北生态环境资源研究院冰冻圈科学国家重点实验室优良的师资以及强大的科研支撑条件，连续多年组织我校本科生赴中国科学院西北生态环境资源研究院其下属站点开展暑假地理综合见习项目。“地学行知会”赴中国科学院试验站点暑期社会实践活动已成为兰州大学暑期社会实践的品牌活动，“地学行知会”每年通过笔试、体测、面试等环节，选拔优秀学生参与暑期社会实践，其中，笔试由各站点负责人出题，原则上包括填空、简答和论述等试题类型，题目满分为100分，占比30%；体测男生1000米，女生800米，按《国家学生体质健康标准》打分，满分为100分，占比30%；面试由各站负责人对学生进行综合面试，满分为100分，占比40%。选拔优秀学生参与到各站点科研工作中，包括采样、实验、处理数据等。

地学行知会自2016年开始，每年组织选派5～9名学生赴天山冰川观测试验站开展社会实践活动，曾参与在实验站举办的“中国南极冰盖冰川学断面科学考察20周年总结与展望学术研讨会”、采访秦大河院士、旁听学术讲座、在冰川上开展科学研究、观看流星雨等活动。

每年选派3～6名学生赴祁连山冰冻圈与生态环境综合观测研究站开展社会实践活动，登冰川、采冰样、认岩石、辨矿物。

自2017年开始，每年选派6～7名学生赴那曲高寒气候环境观测研究站开展社会实践活动，参观测宇宙辐射的仪器、雨量筒、测风速风向的铁塔、测地面长波辐射和地面反射率的仪器、多普勒气象雷达、测风速风向。

2017年选派8名学生赴阿拉善荒漠生态水文试验站开展社会实践活动，荒漠生态水文方向地采样、旁听阿拉善盟林业局召开的公益护林员培训班、采访站长司建华老师。

2016年和2018年，分别选派7名和10名学生赴奈曼沙漠化研究站开展社会实践活动，认识植物、观摩试验、学习修复生态的方法。

自2018年开始，每年选派6～7名学生赴玉龙雪山冰川与环境观测研究站开展暑期社会实践活动，观察冰川侵蚀地貌、堆积地貌、沉积地貌、雪山人造景观，参与研究站的科研项目和野外考察工作。

2020年，疫情常态化现状下，“地学行知会”开展线上暑期社会实践活动，与中国科学院各站点负责老师进行线上联络。

学生们亲身参与科学家的科研工作，亲身接触科学研究实验仪器，亲身体会地学工作者的工作环境，亲身感受祖国大好河山的壮丽，培养了学生吃苦耐劳、勇于攀登、勇于创新的科学精神。各实践团队屡次获得兰州大学“暑期社会实践优秀团队”荣誉称号。

（二）参观中国科学院西北生态环境研究院

每年秋季学期，“地学行知会”组织新成员赴中国科学院西北生态环境研究院进行为期一天的参访活动，届时通过科研人员讲解、答疑、主题讲座等多样化形式与内容，使每位参访者有所收获。自本活动举办以来，不但为众多对科研、地理、资源环境等有浓厚兴趣的兰大学子提供了一个良好的学习平台，而且也使参与活动的同学们对科研有了更加深入和充分的了解，同时，也进一步开阔了同学们的眼界，增长了同学们的见识。

（三）学院多次邀请中国科学院专家学者为学院本科生授课

2016年至今，学院邀请中国科学院秦大河院士，中国科学院西北生态环境资源研究院冰冻圈科学国家重点实验室主任康世昌研究员、常务副主任任贾文研究员，冰冻圈科学重点实验室丁永建研究员、罗勇教授，北京师范大学地表过程与资源生态国家重点实验室主任效存德教授以及南京信息工程大学地理科学学院赵林教授每年秋季学期为本科生讲授《冰冻圈科学概论》课程。《冰冻圈科学概论》连续4年在兰州大学开设，取得了良好效果，提升了教学质量，并与相关专家学者建立了更为密切的学术交流和合作关系。

表1 2019—2020学年秋季学期《冰冻圈科学概论》授课情况

授课时间	教师	授课主要内容
2019.9.2	秦大河	冰冻圈及冰冻圈科学的概念、冰冻圈与气候系统的关系、冰冻圈科学在社会经济发展中的作用、冰冻圈科学与地缘政治等。
2019.9.16	任贾文	冰冻圈热力学和形态学等分类依据、地理分布及地带性分布规律等。
2019.9.23	任贾文	冰冻圈物理过程，冰川、冻土、积雪等冰冻圈要素的物理化学性质和电磁特征。
2019.9.30	康世昌	冰冻圈化学的学科框架、大气圈组成及化学成分的背景知识等。
2019.10.14	康世昌	冰冻圈化学成分的来源与过程、冰冻圈化学的气候和环境效应、冰川化学、冻土化学、河湖冰化学和海冰化学等。
2019.10.21	效存德	冰冻圈内的气候环境记录及其最新科研进展等。
2019.10.28	赵林	冰冻圈的形成与发育过程和发育条件等。
2019.11.4	赵林	不同尺度的冰冻圈演化过程等。
2019.11.11	丁永建	冰冻圈与其他圈层相互作用等。
2019.11.18	丁永建	大气-冰冻圈互馈机制，生物-冰冻圈相互作用，陆表过程和寒区灾害，以及冰冻圈对人类的影响程度及适应途径。
2019.11.25	罗勇	冰冻圈分量模式和冰冻圈变化的预估等。

（四）“行知杯”地理知识竞赛

“行知杯”地理知识竞赛由兰州大学“地学行知会”和中国科学院西北生态环境研究院联合举办。2018年5月26日，第一届“行知杯”决赛在兰州大学举行，共有来自兰州大学、西北师范大学、兰州交通大学、甘肃政法学院和兰州城市学院的五支代表队参赛，兰州大学“春风度金城”代表队获得第一名。2019年5月19日，第二届“行知杯”决赛在西北师范大学举行，兰州大学代表队获优秀团体奖。

三、取得成效

（一）社会实践促学生成长

每年暑假，社团联合中科院寒旱所组织地理综合实习，多年来前往天山站、祁连站、那曲站、奈曼站、玉龙雪山站、阿拉善站、黑河站等中科院站点进行科研考察活动，体验冰川、沙漠、草原等不同气候类型，向站点的老师以及师兄师姐进行面对面的学习交流。实习期间，队员们与科研人员一起工作生活，培养科研兴趣、提高科研能力，学习科研精神、磨砺艰苦意志，激励队员们向这些优秀的科研工作者看齐，成为一名优秀的专业人士。队员们通过进行野外实地考察、实验等方式获取实测科研数据，在站点老师的帮助下完成科研论文，作为自身的科研成果。同时，该实习活动依托于学校组织的暑期社会实践活动，多次取得“暑期社会实践优秀团队”“优秀负责人”“优秀队员”“优秀论文”“优秀指导老师”等荣誉称号。

（二）社团发展具专业特色

“地学行知会”自2012年成立以来，多年社团评级A级，并多次取得“兰州大学优秀学生社团”荣誉。“地学行知会”有院士、教授等作为专业教师，对社团专业发展提供指导，有辅导员作为行政指导老师，对社团的规范化发展提供指导。社团组织的各项活动宣传范围广、宣传力度大，受到全校地学爱好者的广泛参与。每年有80名左右的学生报名参与赴中国科学院试验站点暑期社会实践活动，100名左右的学生参与“行知杯”地理知识竞赛。

（三）媒体关注展兰大气质

多家媒体曾报道“地学行知会”赴中国科学院野外试验站点的暑期社会实践，社会实践激发了大家对地学的热爱，也激励着更多人成为地学工作者，为保护环境做出自己的贡献，同时与其他高校交流的过程中，向其他学校展现了兰州大学学子应有的气质。希望能够有更多的同学能加入科研，切身实地地去科研。

四、经验启示

（一）教师指导与学生主导相结合

学生社团是由有共同兴趣爱好的学生组成的，由学校团委领导、学院团委指导的校园学生群众组织。“地学行知会”由资源环境学院团委指导，配备专业指导教师和行政指导教师，在学生主导下，指导教师指导学生开展各项实践活动和赛事组织。

（二）理论学习与实践体验相结合

“地学行知会”开展的所有活动具有浓厚的地学特征，秉持“知行合一”的原则，鼓励同学从实践中获得真知。在社团以往开展的专题活动如中国科学院野外站点社会实践、参观中国科学院西北研究所、萃英山野营、寻山问水兴隆山等活动中，均体现了“知”与“行”的结合，在大自然中感受和学习地学知识，拓宽了同学们的眼界，培养了学生的实践动手能力、创新意识和创新能力，引导学生形成严谨的科学态度和团结协作的团队精神，受到全校与社会一致好评。

（三）课内与课外相结合

以学生社团“地学行知会”为载体，搭建校内外育人共同体，为学生提供社会实践平台，培养学生在艰苦环境下开展科学研究的意志品质，有利于学生专业学习、有利于学生综合能力的培养及专业兴趣的提高。同时，学院邀请校外专家学者为本科生授课，提升教学质量的同时与相关专家学者建立了密切的学术交流和合作关系，取得了良好效果。

（李楠、崔永晶、周文洁、张锡煌、于辰璐，资源环境学院）

40

落细责任 多管齐下 创新方式 激励引导

——大学生就业工作的创新实践与探索

《《《《

学院连续7年举办气象专场招聘会

》》》》

引　言

高校毕业生就业，关系千万家庭幸福，关系财富创造、高质量发展。习近平总书记指出，要注重高校毕业生就业工作，统筹做好毕业、招聘、考录等相关工作，让他们顺利毕业、尽早就业。我校大气科学学院认真落实党中央、国务院关于稳就业工作决策部署，着力强化就业服务、就业宣传和就业指导，努力促进毕业生更高质量和更充分就业，凸显一流学科人才培养效果。

一、背景情况

党的十九大报告强调指出，就业是最大的民生，要坚持就业优先战略和积极就业政策，实现更高质量和更充分就业。2018—2020年，高校毕业生人数从820万增长到874万，已经成为新增就业人数的主体。高校毕业生就业是人才培养的重要环节，事关大学生成长与成才，事关人才资源合理配置、经济社会可持续发展和社会稳定大局，涉及千家万户的利益，是检验高等教育改革发展成果的重要指标，也是办好人民满意的高等教育最直接的体现。

近年来，为深入贯彻习近平新时代中国特色社会主义思想和党的十九大精神，全面贯彻落实全国教育大会精神，助力“一流学科”建设，兰州大学大气科学学院把学生“稳就业”“就好业”作为人才培养的重要内容，努力实现毕业生更高质量和更充分就业，特别是2020年初新冠肺炎疫情发生以来，受经济下行压力和新冠肺炎疫情叠加影响，学生求职困难增多，就业形势复杂严峻。学院认真贯彻教育部等部委有关《应对新冠肺炎疫情做好2020届毕业生就业创业工作》《2020届毕业生就业“百日冲刺”行动》《发挥高校辅导员作用 助力毕业生就业创业工作》等重要文件精神，深入落实党中央、国务院“六稳”“六保”决策部署，科学调整工作策略，建立全员参与工作机制，充分调动班主任、专业教师、研究生导师、校友等资源，主动作为、直面挑战、精准施策，用心用情用力推进毕业生就业工作。

二、主要做法

（一）落实“一把手工程” 落细帮扶责任

一是严格落实就业工作“一把手工程”。学院党政负责人靠前指挥，组织召开专题工作会议，研究部署毕业生就业工作，压实主体责任。学院党委严格落实学校统一部署，按照“积极引导动员全体、紧盯特殊困难群体、督促带动慢热个体、解决实际就业困难”的原则，充分调动辅导员、班主任、研究生导师、“三走进”教师、校友等各方面力量，推动形成“学院党政共管、学工组统筹协调、毕业生辅导员抓细抓实、研究生导师（班主任）包干到人”的“四级联动”就业工作机制。

二是落细就业重点帮扶工作。学院安排党委委员、研究生导师、辅导员、班主任、“三走进”教师与就业重点帮扶学生结对，做好就业帮扶和考研复试指导，提供就业信息和服务。按照供需匹配的原则，结合学生生源地、就业领域意愿等建立学生就业意向台账，围绕气象类用人单位招聘计划和学生自身优势开展精准对接，直接把用人单位招聘信息推送给相关学生，并向用人单位重点推荐，为学生提供量身定制的岗位招聘服务，同时从“专业角度”为毕业生提供“一人一策”的求职指导服务。面对家庭困难、学业困难和少数民族学生等重点关注群体，学院班子成员、辅导员、班主任及研究生导师形成工作合力，开展“一对一”帮扶和“点对点”指导，全程跟踪就业进展，确保不漏一人。

（二）注重多措并举 提升就业技能

一是积极打造专业化学生就业团队。组建学生就业事务中心和团队，开展就业信息搜集与发布、专场招聘会组织与沟通、就业竞争力提升与策划、就业状态监控与分析、就业工作宣传与报道，通过学生参与，聆听学生想法、服务学生意愿、提升学生就业能力、提高学生就业质量。

二是开展丰富的就业服务活动。举办职场讲堂、就业微课堂、简历制作大赛、就业“1+1”等活动，打造就业服务品牌活动“对话——职场讲堂”，邀请气象系统、环保部门、民航系统主要领导、业务骨干，邀请能源公司、企业招聘主管和校内外就业指导专家开展求职讲座，重点向学生传递当前气象等系统行业发展趋势、人才需求和进入气象系统就业后的发展前景以及求职指导。

三是高度重视“双创”能力提升。学院高度重视学生创新创业能力和实践动手能力的培养和提高，加大对学生创新创业行动计划的支持力度。通过项目化运行，强化过程考核等方式，开展大学生创新创业行动计划。至2020年，本科生校级和国家级创新创业项目分别较2016年增长42.9%和33.3%，相应的参与人数增长41.7%。积极鼓励学生参加全国大气科学类专业大学生天气分析预报技能大赛、天气预报技能竞赛等专业赛事，与中国气象局共同举办3届“兰景杯”全国高校气象科技创新创业大赛和2届“气象杯”全国高校气象专业知识大赛，切实提高学生“双创”能力和实践能力。积极组织学生参与2020年“顺峰杯”全国大学生挑战赛、第八届“赢在南京”青年大学生创业大赛等相关竞赛，辐射参与学生150余名，并在第六届中国国际“互联网+”大学生创新创业大赛甘肃省分赛和第十二届“挑战杯”甘肃省大学生创业计划竞赛中分获金奖及特等奖。2020年，学院共计结题“国家大学生创新创业训练计划项目”8项，结题“兰州大学大学生科技创新基金项目”30项，共吸引128名学生参与。

（三）创新工作方式 加强服务指导

一是完善就业信息平台建设。不断完善“大气就业在线”QQ群，“兰大就业风云”微信公众号，特别是“就业风云”微信公众号，已成为全国气象专业就业信息集中地和集就业、气象知识培训、交流等于一体的大数据平台，被全国高校大气科学专业学生所关注。

二是加强就业指导。学院相继开发学院就业指导手册1.0版本和2.0版本，为毕业生详尽介绍气象就业方向及具体的工作内容、薪金待遇等。包括气象局、机场、空管局、航空公司、环保企业、电力部门、各大高校气象专业设置等。

三是拓展就业渠道。学院持续深化与中国气象局及各省（区、市）气象局的交流与合作，积极与中科院相关院所、气象业内企业等单位加强联系，连续七年举办“紧握‘一流’ 共创未来”兰州大学气象专场招聘会，邀请气象部门和气象系统召开专场招聘会和宣讲会，深入发掘优质就业资源，推介优秀毕业生。同时充分利用校友资源，建立兰大大气校友QQ群和微信群，加强校友之间、校友与学院师生之间的联系与交流，为毕业生提供就业信息，不断拓宽就业渠道。

四是打通就业服务“最后一公里”。毕业生辅导员通过QQ群、微信群在毕业生班级搭建就业指导线上课堂，针对不同群体分类指导，开展“简历制作—面试准备—就业心理准备—签约派遣”等就业全过程、全流程指导，在线答疑解惑、指导就业，特别是新冠肺炎疫情期间，第一时间结合学校、学院实际情况，主动谋划，精准施策，充分利用线上管理系统搜集信息快、反馈信息准的特点，结合学生实际情况，将毕业生“分门别类”，有效保障毕业生就业服务不断线。

（四）加强鼓励引导 转变就业观念

学院积极鼓励学生以国家战略需求和地方经济社会发展为导向，努力引导毕业生到西部地区、到基层单位、到艰苦行业建功立业。近年来，先后涌现出在西昌卫星发射中心担任工程师的许平平胡学平夫妇等一批典型，受到新华社等中央媒体关注和报道。2020年新冠肺炎疫情暴发后，学院多措并举，帮助毕业生客观认清就业形势和疫情影响，引导学生合理调整就业预期，确保充分就业，应届本科毕业生土登曲塔响应号召赴西藏日喀则气象局工作。

三、取得成效

（一）毕业生质量形成“口碑”效应

“就业也要有口碑效应，要想有高质量的就业，就要关注用人单位对毕业生的口碑。”兰州大学大气科学学院培养的一批批具有“家国意识、人文情怀、科学精神、专业素养、国际视野”的拔尖创新人才，凭借着自身扎实的基础和精湛的业务，在气象、航空航天、科研、教育、国防等领域做出了贡献，普遍受到用人单位的认可与好评，在业内特别是西部地区用人单位日渐形成了气象人才“兰大造”的良好口碑，已成为我国气象领域一张靓丽的名片。

（二）学院“双创”教育初具品牌效应

2016年以来，学院不断深化局校合作，“兰景杯”“气象杯”先后吸引国内18个省区市、20余所高校、1000余名气象学子参加；提升了青年学子投身气象科技实践和创新，自觉承担推动气象行业发展、保护地球的责任；先后组织了100余支“气象防灾减灾志愿者中国行”团队赴全国30余省区市的数百家气象部门进行实践学习，学生良好的专业素养、踏实的工作态度给各单位留下了深刻的印象和良好的口碑；品牌效应初步形成，为学生就业奠定了良好的基础。

（三）毕业生就业工作成效显著

2017—2019年，本科生升学率和就业率逐年上升，学生整体就业率分别为94.58%、96.4%和95.08%，保持学校前列；毕业生中近1/3选择在西部特别是偏远艰苦地区就业，并迅速成长为所在单位的骨干。

四、经验启示

（一）必须提高政治站位 切实发挥全员力量

必须进一步提高政治站位，从国家建设发展的全局和战略的高度出发，从立德树人的根本使命出发，将毕业生就业工作作为“一把手工程”紧抓不放，真正扛起责任；同时，把握当前形势，认清机遇挑战，充分发挥学校、家庭、社会全员参与就业的合力，落细落实，才能扎扎实实做好毕业生就业工作，在服务学生中践行初心和使命。

（二）必须发挥“互联网+”优势 切实提升工作效果

必须积极推进网上就业工作的开展，实行网上面试、网上签约，让数据和信息“多跑路”，让学生和用人单位“少跑路”。不断优化网上就业服务，完善就业工作线上业务办理相关功能，根据毕业生求职意愿和用人单位需求，通过操作便捷、推广便利的微信公众号、微信服务号等平台实现人岗信息智能匹配、精准推送。必须在线下的基础上，充分利用各类开放、共享就业精品课程和就业讲座视频等线上教育资源，开展网上模拟面试、线上就业指导讲座等网络面试技巧培训活动，才能切实提升毕业生求职能力，推动毕业生充分就业。

（三）必须转变就业观念 切实拓宽就业渠道

必须引导毕业生转变就业观念，到西部地区、到基层单位、到艰苦行业建功立业，积极参加公务员、选调生、事业单位、各类企业、部队文职招录（聘）。同时，必须不断深化校地合作和校企合作，建立合作对接平台，拓宽就业渠道，在专业领域中加强人才供需的对接，才能促进用人单位“岗有人进”，毕业生“就业有岗”。

（王伟国、黄瑜、史万峰、李裴蓓，大气科学学院）

41

奏响培育践行社会主义核心价值观协奏曲

——“地学学子”谱写新时代青春之歌

《《《《

志愿者辅导石头沟小学学生学业

》》》》

引 言

习近平总书记在十九大报告中指出，“青年兴则国家兴，青年强则国家强。青年一代有理想、有本领、有担当，国家就有前途，民族就有希望”。①近年来，在学校党委的正确领导下，地质科学与矿产资源学院深入学习贯彻习近平新时代中国特色社会主义思想、深入贯彻落实习近平总书记关于教育的重要论述和对高校思想政治工作的有关重要讲话、指示批示精神。学院牢记“为党育人、为国育才”的初心使命，贯彻“五育并举”“三全育人”工作理念，结合学生实际和特点，突出加强学生社会主义核心价值观教育，以培养担当民族复兴大任的“地学人”为着眼点，强化教育引导、实践养成、制度保障，发挥社会主义核心价值观对学生的引领作用，把社会主义核心价值观融入学生全方面发展。

一、主要做法

激发广大学生更好地践行社会主义核心价值观，发挥社会主义核心价值观对学生精神文明创建的引领作用，是高校思想政治工作的重要职责，也是高校思想政治工作的重点和难点。当代大学生，思想活跃、观点新奇、接收能力强，将这些优势与学院的教育教学管理等工作相结合，解放思想、创新内容，通过举办多种形式的社会主义核心价值观培育活动，学院思想政治教育工作形成了良好局面。学院开展的主要工作有“核心价值观，引领我成长”系列活动、“地球科学文化周暨世界地球日”宣传活动、“我为大学绘蓝图”新生入学教育、“温情洒满石头沟”支教活动等。

（一）核心价值观 比拼中学习——思政教育活起来

自2015年以来，学院面向全校师生已连续成功举办6届“核心价值观，引领我成长”主题演讲比赛、主题知识竞赛。

① 习近平：《决胜全面建成小康社会 夺取新时代中国特色社会主义伟大胜利》，习近平代表第十八届中央委员会于2017年10月18日在中国共产党第十九次全国代表大会上做的报告。

演讲比赛以培育和践行社会主义核心价值观为演讲内容，参赛同学借助新媒体、幻灯片、音乐背景、视频制作等多种方式，通过主题演讲、朗诵等形式表达对社会主义核心价值观的认识和理解，讴歌中国共产党带领国家所取得的发展成就、讴歌美好生活、讴歌新时代，畅想美好未来。知识竞赛以社会主义核心价值观、党史学习教育、“四史学习”及“爱校荣校”等为主要内容，鼓励学生感悟我党百年征途的波澜壮阔和中华人民共和国的巨大发展成就，同时深入理解社会主义核心价值观的基本内容和深刻内涵。

活动紧跟时势、积极求变。如2017年将演讲比赛主题设立为“学习党的十九大精神，践行社会主义核心价值观”；2019年围绕中华人民共和国成立70周年，在知识竞赛中侧重对中华人民共和国国史的学习；2021年，学院计划将党史学习教育和庆祝中国共产党成立100周年同系列活动充分融合起来，引导广大青年学生认识党的光辉历史，热爱党和祖国。

截至目前，该活动已经吸引全校各个学院的共计千余名本科生、研究生参加。该系列活动的成功举办，使得学生们加深了对党情、国情、民情、社情、校情的认识，将社会主义核心价值观内化于心，外化于行，以轻松活跃的形式，营造你追我赶的学习氛围，使参与的全校学生进一步学懂、弄通、做实党的大政方针，积极践行社会主义核心价值观，在春风化雨、润物细无声中增强学生的认知和接受能力，展示了现代大学生良好的精神风貌。

（二）绿色生态观 讲述中养成——保护地球动起来

学院利用地学专业优势，积极贯彻落实习近平生态文明思想和“绿水青山就是金山银山”的发展理念，围绕“世界地球日”（4月22日），集中校内外优质资源，已成功开展了9届“地球科学文化周暨世界地球日”宣传活动，参与学生3000余人。

活动集专业性、科普性、趣味性于一体，内容涵盖学术讲座、主题签名、岩化石展、“爱我地学，用于攀登”爬山比赛、和政古生物博物馆实习参观、刘家峡水库地质实习、绿色生态绘画比赛、地球知识科普展等，同时与中国地质大学（武汉）、长安大学等兄弟院校联合举办线上互动活动。近年来，学院同时依托“两微一端”线上平台，创新性开展“云宣讲”“云展览”，让更多的人足不出户就能参与到环保知识的学习中去。

在学院党委的坚强领导和具体指导以及全院师生的共同努力下，该活动已经成为极具吸引力和影响力的科普宣传类精品校园文化活动。在校内宣传教育的同时，学院师生走出校园，走进中小学校园、广场街头，积极宣传习近平生态文明思想，倡议人们树立“保护地球，人与自然和谐”共生的理念，“绿水青山就是金山银山”，把坚持节约资源和保护环境的观念带给了更多的人。

（三）志愿支教行 奉献中成长——社会责任担起来

石头沟小学位于榆中县境内，学院于2014年设立该小学为我院定点志愿服务基地。近年来，在学院统筹布局下，学院与石头沟小学联合开展了长达7年的支教活动，每周固定时间学院安排10余名支教志愿者前往学校，7年来学院已累计有1400余人次参与了此次支教志愿者活动。此外学院在争得学校同意的情况下，在小学生课余时间组织开展文体活动，结合学院学科特色为小学生们讲授相关地球知识，积极向小朋友宣传生态环境保护和爱护地球的重要性。

支教活动帮助孩子们开阔视野、提升格局，培养孩子们对学习的兴趣和对未来生活的向往。同时，参加活动的志愿者充分认识到自身价值和社会责任，在参加支教工作过程中更见坚定理想信念、矢志努力奋斗、砥砺家国情怀。活动同时受到石头沟小学校方的欢迎和支持，学院已多次收到以学校和校长个人名义发来的感谢信函。

（四）多彩大学梦 绘就中奋斗——美丽青春舞起来

学院历来高度重视新生入学教育，通过对新生的社会主义核心价值观教育和思想政治教育，努力帮助和引导新生尽快适应大学新生活。比如2020级本科生新生，学院以关于实施《兰州大学本科生“蓝图计划”——2020级新生入学100天教育方案》为指导，认真开展新生思想政治教育、理想信念教育，切实加强心理健康教育、安全稳定教育，努力贯彻法律制度意识，培养全面发展的人。通过年级大会，邀请学院领导和专任教师等向新生介绍学院基本情况。班主任、辅导员召开班会，向新生讲解如何上好大学，为其答疑解惑，帮助新生进行生涯规划。以发展党员工作为抓手，组织学习党史、《党章》、党的思想等。组织学生赴红色教育基地研学、参观校史博物馆和至公堂、参加图书馆入馆教育等，厚植家国情怀，传承红色基因，同时了解学校的光辉历史和发展脉络。发挥“典型育人”作用，在学院内宣传奖学金获得者、科研创新者、实践工作者等典型学生事迹。利用重要节庆日、重大事件节点，开展爱国主义教育、民族团结进步教育和时代精神教育。

通过在新生中开展形式多样的教育活动，积极传播主流价值，加强基础教育引导工作，对符合社会主义核心价值观要求的人和事要大力弘扬，为学生树立正确的价值观营造良好的环境。同时，引导广大学生加强自我管理和自我教育，让广大同学懂得必须从爱国、敬业、诚信、友善上下功夫，从而树立正确的价值观、人生观。

三、取得成效

思想政治工作是我党的优良传统和政治优势。针对增强习近平新时代中国特色社会主义思想宣传工作，贯彻落实党的十九大精神，着力激发在校大学生学习新思想的积极性与主动性，我院组织开展一系列践行社会主义核心价值观宣传教育活动。举办活动本身不是目的，重要的是通过这些活动，顺利开展思想政治工作，并取得良好效果。

（一）践行社会主义核心价值体系，切实提升大学生思想政治素质，做到政治强

我院以社会主义核心价值观教育为主线，同时突出地学专业特色，以开展“培育和践行社会主义核心价值观”系列活动为契机，加强中国特色社会主义道路，铸就学生爱国情怀，凝结学生家国情怀。自觉把社会主义核心价值观内化为教育观，把社会主义核心价值观的要求转化为促进学生全面发展的正确思路和重要举措，切实提升我院在校大学生思想政治素质。

（二）践行社会主义核心价值体系，用行动践行担当，做到思想正

通过青年志愿者协会义务支教系列活动实践教育，以我院大学生志愿者为主体，把奉献精神贯穿于活动始终。明确支教工作职责，发挥支教学生作用，放大支教工作效益。引导学生以高度的政治责任感和职责使命感，创造性地做好各项支教工作，认真领会、坚决贯彻落实习近平新时代中国特色社会主义思想。

（三）践行社会主义核心价值体系，加强新生思想政治教育，做到品德好

按照学校统一要求，从新生入学起，以“蓝图计划”为指导，开展了新生入学教育系列活动，把学生社会主义核心价值观教育作为一项长期任务，持之以恒、常抓不懈，不断巩固和拓展思想政治教育成果。

据不完全统计，近三年来，我院学生中，2人次在全国海洋知识竞赛中获三等奖；8人次获评“甘肃省三好学生”；2人次获评“感恩近现代科学家”奖助学金，1人次获评“宝钢奖学金”；2人次入选兰州大学“百名萃英青年榜样”；共8名学生入选兰州大学“青年马克思主义者培养工程”大学生骨干培训班并结业，3人次获评“优秀学员”；百余人次获评“优秀学生团干部”“优秀共青团员”称号；学校各项文体活动中都活跃着地矿学子的身影。近三年来，学院实现了学生意识形态和思想政治重大问题零发现、零报告，没有涉安全稳定事件。

四、经验启示

（一）社会主义核心价值观教育 党的领导是根本保证

思想政治教育贯穿学生全部大学生活。在各类活动中加强思想引领，深入学习贯彻党中央精神，加强党的领导，切实增强“四个意识”、坚定“四个自信”、坚决做到“两个维护”。学院大学生思政教育工作通过社会主义核心价值观这一载体，突出大学生的人生观价值观的引领培育，以切实提高大学生思想政治觉悟，把学生培养成为“又红又专”、德才兼备的社会主义接班人。

（二）社会主义核心价值观教育 结合实践是必由之路

立足实践，才更真正提高实效，学院组织的一系列活动都有较强的针对性。社会主义核心价值观演讲比赛、“地球科学文化周暨世界地球日”宣传活动、环祁连山野外地质实习、大学生支教活动等，都能够很好地满足同学们的实践相关需求、激发同学们的参与热情，最大限度地实现了寓教于乐，把社会主义核心价值观教育和学科专业特色有机结合。

（三）社会主义核心价值观教育 改革创新是重要动力

思想政治教育工作，需要顺应教育理念的变革及师生群体特征的变化，以质量提升为核心，坚持问题导向与目标导向相结合。针对学院当前社会主义核心价值观教育，仍有改革创新的空间。主要从举办的活动内容、方式等多方面，结合地学专业特色，努力打造能够走进学生心坎的社会主义核心价值观教育模式。

（于安丽、潘福生、胡泽蕙、段宜钢，地质科学与矿产资源学院）

42

搭建学生实践育人平台 提升学生创新创业能力

——基于信息科技活动月的探索与实践

《《《《

兰州大学第34届信息科技活动月闭幕式

》》》》

引 言

2017年2月，中共中央、国务院印发《关于加强和改进新形势下高校思想政治工作的意见》（以下简称《意见》）。《意见》指出，要推进高校思想政治工作改革创新，要强化社会实践育人，提高实践教学比重，组织师生参加社会实践活动，完善科教融合、校企联合等协同育人模式，加强实践教学基地建设，建立健全国家机关、企事业单位、社会团体接收大学生实习实训制度，开设创新创业教育专门课程，增强军事训练实效，建立健全学雷锋志愿服务制度。信息科技活动月组委会紧密结合《意见》要求，不断探索育人的新理念、新方法、新思路。

兰州大学信息科技活动月的举办，极大丰富了同学们的课外学术科技活动的内容，推动了学生科学素质和科学精神的养成，调动了同学们参与学术科技活动、重视创新精神和实践能力自我培养的积极性和主动性，有效增进老师、学生之间学术交流的频率，为我校高水平研究型大学人才培养工作贡献力量，具有实践教学教育的创新性推广作用，为现在新工科人才培育平台搭建和人才培养模式提供了借鉴方向。

一、背景情况

习近平总书记多次强调，青年要成长为国家栋梁之材，要读万卷书、行万里路，注重学习人生经验和社会知识，注重在实践中加强磨炼、增长本领。重视和加强学生第二课堂建设，重视实践育人，坚持教育同生产劳动和社会实践相结合，广泛开展各类社会实践，有利于让学生在亲身参与中认识国情、了解社会，受教育、长才干。高校发挥社会实践的育人功能，就是要不断拓展学生社会实践的平台和路径，为学生参与社会实践创造更多的机会，提供更好的条件。兰州大学信息科技活动月始于1987年，旨在繁荣校园文化，激发大学生创新意识，锻炼大学生实践能力，宣传普及信息科学知识。目前已创办34届，由信息科学与工程学院发起，得到了学校宣传部、教务处、网信办、学生处、校团委、校学生会的大力支持，经学院各专业系主任和学工组设计实施，学院专业教师广泛参与其中。在信息科学与工程学院团委、学生会、兰州大学机器人创新工作室以及兰州大学程序设计竞赛集训队的积极配合下，形成了以“信息之星”评选、“互联网＋大学生创新创业论坛”报告、学科竞赛为主体的活动形式。

经过30多年的实践，信息科技活动月已经拥有成熟的运行管理经验，项目品牌影响力得到不断提升。从创办之初的单一活动逐渐发展成为参与人数、影响力和覆盖面逐年上升的综合性校园文化活动。目前，该项目运行情况稳步有序，状态良好，受到学校、学院及广大学生的认可和大力支持，取得了丰硕的成果，社会影响力在不断扩大，形成了第一课堂与第二课堂相融合，理论学习与实践动手能力相结合，科研创新训练与实习实践相统一，思想引领与科研实践相补充的育人模式。

二、主要做法

（一）推广科普活动开展 提升学生参与科研创新积极性

学院依托信息科技活动月举办专业类科普活动，营造良好的学术科技氛围，让学生通过亲身参与、体验科学的魅力，了解、掌握信息科技前沿的知识和资讯，激发学生关注科研创新的兴趣，调动学生参与科研创新的积极性，起到了润滑剂的作用。以班级为单位每周举行的“信息论坛”，定时定点，班主任组织，辅导员督促检查，以此提高学生的综合素质，从低年级向高年级，选题由综合性、广泛性向专业化、深度化发展，从而实现知识和资源的共享，锻炼了学生的语言表达能力及综合思维能力，激发了创新激情，提高了学生综合素质和就业竞争力。近三年来，以班级为单位开展的信息论坛活动累计253期。

（二）施行科研项目立项 提高学生从事科研创新影响力

学院积极探索大学生科技创新工作的规律，已经构建起学院创新创业平台、班级创新创业小组和学生创新创业团队为主体的有梯队、分层次、立体化的大学生科研项目格局。以“挑战杯”、“君政学者”、创新创业计划、各类专业性大赛为载体，覆盖全体全日制本科生。目前，学院从项目培育、项目发展、项目成果三个时间段进行全程跟踪指导。项目培育期，学院建立了项目库和导师库，学生可以结合自己感兴趣的领域联系指导老师，也可以从项目库里发掘自己感兴趣的项目进行研究；项目发展期，学院努力开展中期检查工作，邀请专业教师为学生项目的进一步发展提供指导意见，促进项目的高质量结项；项目成果期，学院通过经验交流会进行总结，注重优秀项目的示范带动作用，编撰科研创新优秀论文集，便于学生学习、借鉴，形成传帮带。

（三）强调学术成果转化 增强学生开展科研创新实效性

近五年来，兰州大学信息科技活动月共吸引来自我校20多个学院的上万人次参与，500余人获奖，已有3人次本科学生在《物理评论快报》等高水平期刊上发表科研文章3篇，2009级学生杨帆获得第八届“小平科技创新奖”。同时每年有60支左右的团队申报科研项目，立项数在30支左右。利用专业学术成果的转化，鼓励和动员学生积极投身科学研究，提升学生开展科研创新活动的质量和水平。大力推动专业类的社会实践活动，建立多个大学生社会实践基地，每年3～5支社会实践团队，带着专业知识分赴全国各地实践锻炼和提升。

三、取得成效

（一）形成多组织、多维度、多环节的实践育人合力

信息科技活动月活动分为筹备与宣传、实施与参与、总结与表彰三个部分。在筹备和宣传工作中，由专业教师和学工人员一起构思设计活动内容与形式，通过学校网站和校内微信平台进行宣传和报名；实施与参与阶段，由学院团委、学生会、学生社团分工负责各项活动的实施，从职能单位到学生组织的支持与配合，从专业教师群体到广大学生群体的设计与参与，从专业竞赛到倡议行动的内容设置，形成了多组织、多维度、多环节的实践育人合力，为我校校园文化活动的开展提供了新的路径和方案。

（二）第一课堂与第二课堂相融合 打造完美育人机制

信息科技活动月将学科竞赛与信息产业发展前沿相融合，通过开展专业竞赛、普及科研创新成果的方式，营造浓厚的校内创新氛围，引导同学们将专业所学与自身兴趣和职业发展方向结合，促使同学们将第一课堂所学与第二课堂实践相结合，积极搭建创新创业平台、社会实践平台、专业赛事平台、内部交流平台，极大提升了学生科研水平和实践能力。让同学们将课本理论运用到实践活动中，提升个人的综合素质与能力。

（三）为备战更高水平的赛事选拔人才 强化育人效果

信息科技活动月通过持续各类专业赛事，形成了学术竞赛嘉年华，在校内营造浓郁的专业赛事竞技氛围，同时为我校备战更高水平的赛事选拔人才、锤炼队伍，强化育人效果。学院“麦克斯韦电磁工作室”获得全国首批“小平科技创新团队”荣誉称号，建立了第一个校企合作学生科研团队“华为俱乐部”，开源社区获得了第三届“中科杯”全国软件设计大赛二等奖，学生“千里路”

创业团队已实现创业理念转实体。学生在全国大学生电子设计大赛、“挑战杯”全国大学生课外学术科技作品竞赛、全国大学生电子商务“创新、创意及创业”挑战赛、中国“互联网+”大学生创新创业大赛中都取得了优异的成绩。

四、经验启示

（一）抓好专业知识普及 提升专业认知重要性

海不择细流，故能成其大；山不拒细壤，方能就其高。为了帮助学生尽快实现角色转换，及早进入大学学习状态，学院在认真抓好各专业教学的基础上，积极开展学术讲座、学术沙龙、经验交流会、专业推介会等，增强低年级学生对所学专业的认知与了解，提升学生专业学习兴趣，实现学生专业了解普及的100%、学科前沿认知普及的100%、训练技巧提高普及的100%和有科研创新体验学生普及的100%，抓好基础人才培养工作，充分发挥具有工科特色的综合性大学研究型学院优势，做好平台地基建设。

（二）鼓励科研创新多样 彰显学科建设包容性

高尔基说过：“应当热爱科学，因为人类没有什么力量是比科学更强大、更所向无敌的了。”大学是“百花齐放，百家争鸣”的理想之地，具有极强的包容性，允许不同个性群体的存在与发展，这也是大学的魅力所在。在科研创新能力培养方面，学院注重因材施教、因人制宜，鼓励和动员学生积极投身科学研究，每年实现科研创新参与群体占学生总人数的60%，通过创新创业平台、社会实践平台、专业赛事平台、内部交流平台致力于提升学生科研能力和水平，在强基固本的基础上做到优中选优，在很大程度上实现了学院高质量的人才输出。

（三）强化科研创新质量 提振学生培养竞争性

科学技术是第一生产力，科技成果只有转化为现实生产力才能体现出价值。学院学生通过大学四年的科研水平和能力实践，基本实现了学生总数的10%有较好科研创新成果，绝大部分保研、考研学生有高质量科研作品，实现参与创新人才选拔学生有高质量科研成果，实现非录研学生的一部分有较好科研成果等，很好地实现了金字塔从塔基到塔顶的三级跳，这在每年的学生毕业论文设计时体现得尤为明显。

（朱杰、曲倩倩、马志新、王琳、司婷婷、高若宇、杨皓，信息科学与工程学院）

43

弘扬“两弹一星”精神
积极探索核科学专业协同育人全路径

《《《《

兰州大学核科学与技术学院第十届学术暨核科普活动月开幕式

》》》》

引　言

2018年5月2日，习近平总书记在北京大学师生座谈会上强调：“教育兴则国家兴，教育强则国家强。高等教育是一个国家发展水平和发展潜力的重要标志。今天，党和国家事业发展对高等教育的需要，对科学知识和优秀人才的需要，比以往任何时候都更为迫切。”党的十八大以来，以习近平同志为核心的党中央高度重视教育问题，习近平总书记在不同场合多次强调发展教育的重要意义，为教育强国的建设指明了方向。高校立身之本在于立德树人，只有培养出一流人才的高校，才能够成为世界一流大学。兰州大学核科学与技术学院始终坚持以德树人，深入贯彻落实习近平总书记关于教育的重要论述和对高校思想政治工作的有关重要讲话、批示指示精神，以及全国教育大会、全国高校思想政治工作会议、学校思想政治理论课教师座谈会等有关会议精神，积极探索新时代育人方法，坚持不懈运用习近平新时代中国特色社会主义思想铸魂育人。

一、背景情况

1982年10月，中法两国签署了第一个和平利用核能合作议定书，中法核能合作大门自此开启。大亚湾核电站，成为中法核能合作的中国大陆首座百万千瓦级大型核电站。2020年是中法建交56周年，这56年来，中法两国的合作日益密切，两国人民的情谊日臻深厚——法国是第一个同中国开展民用核能合作的西方国家，第一个同中国开展青年交流的西方大国。中法两国在各个领域深化合作，其中核能合作是中、法两国经济、技术合作领域的重要内容。中广核一直是中法核能合作的主力军，30多年来与法国企业在核电领域的合作从未间断，从大亚湾到台山，再到英国欣克利角核电项目，三个阶段见证了中法核能合作的不断深化。在这期间，中法企业从“师徒关系”走向对等的战略合作伙伴关系。国家主席习近平2019年11月6日在人民大会堂同法国总统马克龙会谈，达成了继续推进大项目合作的共识。中方致力于同法方深化核能全产业链合作，鼓励和支持中国企业同法方在中法两国、第三方市场探讨开展新合作，加强核能基础和高新技术联合研发。

兰州大学核科学与技术学院是我国高校最早设置核专业的两个院系之一，也是目前国内高校核专业设置最齐全的院系之一。学院建立六十多年来，从未中断过核专业人才培养，在最困难的时期和最艰苦的地区为国家输送了一大批核专业人才。为响应国家关于引进国外优质教育资源、发展中国高等教育的号召，兰州大学积极开展与巴黎萨克雷大学的深入合作，以期建立起一个中国民用核能领域的高层次教育机构，培养具有深厚的科研背景、优秀的创新能力以及国际化视野的复合型人才，使其能够适应团队合作、熟练使用多种语言并且熟悉中国/法国民用核能领域的相关专业知识和政策法规。

二、主要做法

法语中有一句谚语："Aide-toi，le ciel t'aidera!"即自助者天助！这句谚语与我校校训"自强不息，独树一帜"有异曲同工之妙。

与传统的高等教育环境相比，以多媒体技术和信息网络技术为代表的信息技术已经为高校思想政治教育工作创造了一个全新的育人环境。在信息化环境下，高校育人文化是由它的参与者，即教育主客体，所共同创造的。因此，高校思想政治教育工作需适应大学生群体在信息化背景下独特的表达方式和接受习惯，实现教育者与受教育者的有效沟通，从而帮助大学生实现不断的自主成长。高校思想政治教育工作者可以通过引导和支持大学生们在校园生活学习中弘扬利他主义价值理念，提升集体主义价值观念，培养他们平等、公正、自强等信念，努力将"自助者天助"等教育理念和价值观教育渗透在校园文化的建设之中。核科学与技术学院把握形势，顺势而为，通过打造"一学院一品牌"校园文化培育工程，提升校园文化活动品味，增强文化感染力和辐射力，为努力打造浓郁深厚的校园文化活动氛围贡献核学人的力量。

（一）坚持精神引领 深化交流合作

学院深入推进专业教育与理想信念教育结合，将社会主义核心价值观融入教育教学全过程，为落实习近平总书记关于高校培养社会主义建设者和接班人根本任务的指示提供制度保障。通过举办"一带一路"西部核能发展科教融合高端论坛等有影响力的国际、国内会议，邀请国内外专家学者和知名人士，来校讲学交流，让更多的师生能够面对面与大师交流和学习，探讨"一带一路"西部核能核技术产业发展、科学研究、人才培养等议题，进一步深化"一带一路"沿线涉核机构在核科学技术相关领域的合作交流。

（二）坚持品牌带动 创新工作方法

为传承和弘扬“两弹一星”精神和“铸剑强国、核以道和”的核学特色文化，深化科教融合，推进协同育人，增进学术交流，传播普及核知识，丰富校园文化活动，核科学与技术学院已连续举办十五届学术暨核科普活动，现已发展成为学校传统特色优势品牌学生活动，充分体现了办学特色和学院文化，成为学院发展密不可分的一部分。

通过开放兰州大学中子应用技术教育部工程研究中心（中子楼），让不同专业的老师和学生可以更加深入地了解核科学的研究方向和工作内容，同时也可以激发初入本专业学生的好奇心，让他们带着对未来的好奇，不断地汲取与探索知识的奥秘。

在校园里的视野广场，以游乐场的方式，吸引全校各个专业的师生参与进来，向他们科普核学知识，开阔他们的核学视野，让更多的人了解核、认识核、走进核。

通过举办辩论赛，让本专业的学生能够积极主动地参与进来，将所学知识应用于口头表达与辩论，打破传统话题的辩论，将辩论的主题聚焦于核科学领域，以一种别开生面的方式让同学们了解核、认识核、爱上核。

开展“铸剑强国”电影展播，开展思想文化教育，加强爱国意识，牢固社会主义知识青年的爱国精神，丰富同学们的日常校园生活。根据我国知名核物理学家们的事迹，本科生自编自导自演话剧《徐躬耦》，并搬上舞台，让全校师生感悟我国老一辈核物理学家们是如何在艰难的环境中，静心科研，艰苦奋斗，为我国核产业发展做出巨大贡献的伟大精神。

我院通过举办一年一度的学术暨核科普活动，让学生们充分认识到走进核科学、介绍核技术、宣讲核知识是每一个核学人的职责和使命。同学们不仅可以从这项活动中博采众长、开阔视野，还站在了新的历史起点上，不忘“铸剑强国”初心，牢记“核以道和”使命；把握新机遇，在科技强国伟大新征程中建功立业。

（三）坚持实践育人 推动社会服务

通过社会实践引领学生走出象牙塔、走进社会，树立“四个正确认识”，让学生明晰历史方位、感知时代脉搏，主动将自己的前途命运与国家民族的前途命运结合起来，为实现伟大复兴的中国梦贡献自己的力量。为传承和弘扬“两弹一星”精神，推广践行和平、绿色、可持续的发展理念，传播普及核知识，学院在兰州市的一些公共场馆（如兰州市城市规划展览馆、甘肃省科技馆）开展群众性核科学知识大型科普宣传活动，宣讲核知识，消除核恐慌。

为提升实践育人的系统性、综合性、整体性，核科学与技术学院组织学生赴兰州市的各个中学，为正在通过努力奋斗而进入大学的初中生和高中生们进行核科学知识讲座和宣传。通过基础知识抢答、核电知识小课堂、生活中的辐射、绿色核能宣传、中国核电的春天等环节，为中学的师生们送上一场核电科普知识盛宴，激发了青少年对自然科学的探索和求知兴趣。营造了讲科学、爱科学、学科学、用科学的良好氛围。

三、取得成效

学院聚焦大学师资队伍和国际交流平台建设，致力于形成海外经历丰富、国际化程度大幅提升的师资队伍，同时聚焦科研国际化，加强科研国家协同创新。近年来学院秉承“主动融入国家战略，主动接受地方党委和政府领导，主动服务地方经济社会发展”的办学理念，积极融入“一带一路”，积极融入甘肃核产业链，与相关企业在人才联合培养、科学研究、协同创新、干部挂职锻炼等方面建立了密切而深入的交流合作。在学科方向、人才培养、科学研究、技术研发等诸多方面主动融入国家战略，主动对接企业需求，取得了一系列成效。

（一）开展中法合作办学 加强国际交流合作

与时代同前行，与国家同发展。随着民用核能领域的快速发展，中国越来越迫切地需要大批与核能产业相关的优质人才。为响应国家关于引进国外优质教育资源、发展中国高等教育的号召，兰州大学核科学与技术学院积极开展与巴黎萨克雷大学的深入合作，就中法合作办法核能硕士项目达成一致。进一步扩大赴境外交流学习学生和来校境外学生人数，进一步扩大全英文授课专业和课程规模，中外合作办学项目取得新的发展成果，为学校“双一流”建设坚定基础。

（二）健全学科方向 厚植发展优势

核科学与技术学院与中科院近代物理研究所共建核物理系、核工程系、核化学系。双方在核科学、核技术及核人才的培养方面联合起来，建立长效合作机制，整合资源，为科学研究、人才培养增加力量支持。学院先后培养了核科学人才4000余人，其中两院院士3人（中国科学院院士詹文龙、张锦，中国工程院院士夏佳文）。校友中入选国家人才工程人员比例名列重点大学前茅，许多校友成长为涉核企事业单位的管理和技术骨干。

（三）深化产学研用 展现时代担当

学院紧紧抓住甘肃省发展核产业的机遇，利用好已有资源，在重要的平台、杰出的校友以及全体教师的共同努力下，继续在服务国家战略、服务地方经济社会发展、培养人才以及“双一流”建设中发挥重要作用。启动了兰州大学国家核产业研究院“培育和孵化核技术及产业”项目，立项了核环境安全教育部工程研究中心。

与中核集团深化战略合作，努力搭建核科技与核产业对接平台，共谋发展、共享资源、优势互补、互利双赢，共同为实现国家核工业发展宏伟蓝图贡献力量；与中国核电股份有限公司、中核环保有限公司分别签订核电人才订单联合培养协议、合作框架协议；与西北核技术研究院签订战略合作协议。

四、经验启示

正所谓“自立者人恒立之，自助者天助之”，核科学与技术学院站在新的历史起点上，秉承“核以道和”的理念，时刻不忘“铸剑强国”初心，在办学过程中坚守“自强不息，独树一帜”，扎根西部，奋发图强，形成了鲜明的办学特色，培养了大批的栋梁之材，创造了丰硕的科研成果。

（一）润物无声 科学教育

在当今网络时代环境下，除了以思想政治理论课为主渠道的思想政治教育外，教育者应运用科学的教育方法，将教育内容融入受教育者日常学习生活最易接触的事物和活动中，潜移默化地对受教育者实施教育，让学生们在品牌特色活动中感受到思想政治教育所带来的学习乐趣和动力，自主成长。

（二）搭建平台 强化引领

在多元文化和网络社会影响下的大学生们，需要教育者努力为其搭建可以实现自我探索的平台，同时强化理想信念和社会主义核心价值体系的引领。正所谓自助者，天助之。当学生们在专业领域的特色活动中不断探索，坚守正确的政治方向，履行约定的行为规范，激发出积极的精神动力时，他们就可以合理地选择适合自己发展的形式，通过健康向上的渠道自主地实现自己的价值。

（刘凯璇，核科学与技术学院）

44

踏寻院士足迹

——塑造青年学子科学报国信仰教育实践

《《《《

开展党支部实践活动

》》》》

引 言

党支部是高等学校从事党的全部工作和战斗力的基础，也是高校党组织开展工作的基本单元，更是党引领高校工作的战斗堡垒。进入新时代，高等教育面临的国内外环境更加复杂，党支部建设也出现了许多新情况和新问题。为适应社会发展形势和高校深化改革的需要，了解师生员工动态，及时掌握全校员工诉求，必须不断加强党支部建设，真正实现党支部履行教育、管理、监督党员、组织、宣传、凝聚、服务师生的职责，增强党建工作的针对性和有效性，提高党建工作质量。党支部建设既要恪守《中国共产党普通高等学校基层组织工作条例》，严肃和规范组织生活，又要采用生动形式，有机融合党建与党员的本职工作，以高质量的本职工作体现党员的先进性，以高质量党建增强“四个意识”、坚定“四个自信”、做到“两个维护”。高等学校党支部成员以师生为主，特别是教工党支部，其根本任务是立德树人，培养德智体美劳全面发展的社会主义建设者和接班人，因此，党支部建设的核心和目标是通过教学和科研等活动，引领青年学子树立正确的“三观”，塑造青年学子以科学报国的信仰，给每位学子内心深埋一粒家国情怀的种子。

一、背景情况

进入新时代，我们党一定要有新气象新作为。兰州大学根据中央和教育部的整体部署，先后在全校范围内开展了党建质量年和党建质量提升年，在学校党委和学院党委的领导下，兰州大学草地农业科技学院草地保护研究所教工党支部全体成员努力工作，将基层党建、教学、科研、学科建设和社会服务高度融合，创新了党建活动的组织形式，既保持了党的基层组织生活的严肃性和规范性，又提升了生动性和丰富性，让信仰引领本职工作，让高水平教学和科研工作突显党员的先进性，从而提高了党支部的战斗堡垒作用，提升了党员的理论水平。草地保护研究所教工党支部注重学习先进党员事迹，更注重向身边先进党员学习。为此，自2019年开始，草地保护研究所教工党支部开展向身边任继周、南志标两位院士老党员学习的系列活动，凝练院士老党员的先进事迹，重走院士老党员工作过的地方，追寻他们的奋斗故事，让身边院士老党员的事迹，感染青年党员将自身奋斗融入祖国发展的需求中，塑造青年党员科学报国的情怀。向院士老党员学习的系列活动，具有鲜明特色和良好效果，丰富了基层党组织的组织生活方式，推动了党支部的高质量建设，提高了支部成员参与学院乃至学校深化改革和发展的意愿，推动了草学“双一流”学科的建设。

二、主要做法

（一）学习院士风采

第一，支部要求所有党员学习中华人民共和国“最美奋斗者”任继周院士先进事迹，兰州大学党委宣传部治学大家谈栏目任继周院士的《我的两个座右铭》，《中国绿色时报》报道的中国工程院院士南志标的《认识草原爱护草原 全面发挥草原的功能》，兰州大学党委宣传部治学大家谈栏目南志标院士的《一段难忘的经历》等材料。学习方式灵活多样，既有集体研讨，又有深夜自学，还有几人的茗茶畅谈。

第二，支部每个成员形成自我认知的院士奋斗事迹或感悟之后，再次邀请两位院士老党员向支部讲述他们自己的故事，既有青年时代的砥砺前行，又有成长为大师过程中的趣闻轶事，更蕴含他们坚守西部，献身草业的情怀。这种言传身教，是院士老党员向青年教师“传帮带”的好方式。

第三，支部根据大家学习感悟和所得，利用学术讲座、组会、拜访、座谈的心得和感悟，在学院党委的指导下，凝练出了两篇党员风采，分别为《大师任继周院士》和《草原的儿子南志标院士》，全面回顾了两位院士的先进事迹，深挖两位院士崇尚草业、情系国家的高尚情操。

第四，支部通过学院党委和教育部“双带头人”教师党支部书记工作室共建的微信公众号“碧野红帆”，分别推送两位院士的故事以及他们的治学经验，以激励青年教师和学生献身草业、科学报国的情怀。

（二）踏寻院士足迹

甘肃天祝高寒草原实验站和山丹军马场拥有广袤的草原，是目前我国草业科学研究的重要基地之一，这里印记着我国众多草业人奋斗的足迹，传颂着多代草业人奋斗的故事。天祝高寒草原实验站是任继周院士建立的我国第一个草原学领域的野外实验站，也是任继周院士生活和工作过的地方，更是任继周院士学术成果的源地，还是我国几代草业人成长的地方。位于河西走廊中部的甘肃山丹军马场始创于西汉，是国家第一批认可的“中华老字号”企业，也是我国乃至亚洲最大的军马繁育基地，更是南志标院士青年时挥洒热血的地方。

为引导青年教师和青年学子树立献身草业、科学报国的情怀，丰富基层党组织生活，组织支部青年党员专程赴天祝高寒草原实验站和山丹军马场学习，重走两位院士老党员青年时期工作的足迹，实地感受高原环境的严酷，重温先辈们在艰苦环境下如何怀揣信仰、献身科学事业的情怀。同时，通过拜访当地老同志，走访两个县的业务部门，从老同志和业务部门同志的讲述中，聆听两位院士青年时代的奋斗故事和生活轶事，从细微中感受院士老党员的伟大情怀，从细节中寻找自己今后的奋斗目标，从故事中体会科学精神的传承，从体会中逐渐树立正确的三观，从学习中深埋科学报国的种子。

三、取得成效

支部以举办座谈交流、配发学习资料和实地走访等一系列活动，通过老党员向青年党员讲授自己的科研初心和奋斗使命，带领青年党员重温老一辈草业人的奋斗历程，感受不同时代草业人的科研初心，体会不同时代草业人的奋斗使命，加强了教师党员与学生党员的沟通和了解，充分发挥支部“院士党员”+“教师党员”+“学生党员”的构成特色，增进青年学子深刻理解草学研究与国家需求的关系，引导青年学子明确新时代草业人的科研初心和奋斗使命，在塑造青年学子科学报国信仰方面取得了明显成效。

第一，青年党员明确了不同时代草业人的科研初心和使命，坚定信心，追求科技创新，做出上顶天、下立地的科研成果。

第二，青年党员越来越熟悉草学研究与国家需求的关系。随着国家经济和社会的发展，国家对草学的定位有所调整，从以往仅仅满足畜牧业生产需求，到目前已经拓展为山水林田湖草沙七位一体化发展格局，这就要求青年党员具有与时俱进的科学理念，以解决国家“卡脖子”的问题为己任，从盲从国际研究成果向自主创新转变，时刻保持砥砺前进的动力，将自己融入国家需求的潮流当中，奉献自己的青春年华。

第三，凝练了院士老党员奋斗事迹的内涵和外延。一个草业人，只有心怀国家，才能真正实现科学报国，只有甘于坐“冷板凳”，才能攀登草学高峰。青年党员应该具有家国情怀，坚定自己的专业追求，沉下心做科研，不忘初心，避免浮躁的不良社会风气的影响。

第四，让青年党员明确了新时代草业人应拥有的科学信仰，激发了他们艰苦奋斗，因地制宜，少一点抱怨，多一点努力的实干精神，以实现我国科学研究水平从目前的国际并跑，向领跑国际转变的目标。

四、经验启示

通过此系列活动，可以发现党建工作和业务工作能够很好地结合，主要是需要非常巧妙的设计，从而实现有机结合，主要启示有三点：

首先，应学习身边优秀党员的先进事迹，使学习具有身临其境的感觉，让更多青年党员了解一个学科的发展历史，最好的方式就是重走大师足迹，才能让青年党员明白为什么学、怎样学、为谁学的问题。

其次，学习时需要采用正确的时空维度，既要明白青年党员从事专业的国际趋势和历史，又要明确该学科的中国特色，这样才能真正实现中国特色的科学传承。

最后，教师和学生之间的互动是深化学习效果的可靠途径，不同年龄和不同知识层次的人，对同一个问题的了解和感悟存在明显差异，只有通过不同研究方向，老师和学生的互动，才能找到青年学子的多元化成才之路。

（郭正刚，草地农业科技学院）

45

与生同行 与生同思

——“党建带团建”工作机制协同育人的实践

《《《《

与各年级本科生团支部共建

》》》》

引　言

自全国高校思想政治工作会议召开以来，高校聚焦全员、全过程、全方位育人，坚持将思想政治教育贯穿于教育教学的全过程。作为新时代高校思想政治教育工作的重要方法和必要手段，“三全育人”与高校基层党建工作存在必然的逻辑性与关联性，为高校基层党组织机制创新提供了方向与支持，同时进一步牢固高校党建工作的思想基础与青年学生根基。共青团工作作为高校思想政治教育工作的重要抓手，更是党密切联系青年的纽带，把党的要求贯彻落实到共青团的建设中，推动共青团的建设纳入党的建设总体规划，紧紧围绕当好党的助手和后备军是关于“党建带团建”的明确政治定位。

“师生党团共建”活动坚持以习近平新时代中国特色社会主义思想为指导，立足于高校基层党建与高校思想政治教育大格局背景，对标高校中存在的基层党建与大学生思想政治教育工作协同育人过程中运作体制常态化、制度化不全，协同育人服务内容体系特质性、互补性不足，协同育人管理目标导向一致性、趋同性不强等现实问题，建立“以党建带团建，团建促党建”的良性工作机制，积极探索高校基层党建与高校思想政治教育协同育人模式。“党建带团建”工作的创新机制遵循思想政治教育规律、学生成长成才规律与高校党建工作要求，把致力于培养社会主义合格建设者和可靠接班人作为目标，从而实现党支部建设、党员教育管理、党的群众路线与团支部建设、学生党员发展、学生思想政治教育与学习生活有机契合。

一、背景情况

根据新时代党对高校党建与思想政治教育工作的新要求，对标“三全育人”背景下基层党建与大学生思想政治教育工作协同育人运作体制常态化、制度化不全，协同育人服务内容体系特质性、互补性不足，协同育人管理目标导向一致性、趋同性不强等现实问题，以问题为导向逐步探索创新高校基层党组织“党建带团建”的工作内容与模式，以党员“三走进”团支部为抓手，将党的群众教育常态化工作与学生思想政治教育工作有机对接，探索实现“党建带团建，团建促党建”的双向促进作用。

另外，草地农业科技学院草地农学研究所教工党支部成员中包含教学教育经验丰富的教授，也包含活跃在教学和科研一线的青年骨干，还包含院长、书记、教学秘书等常年负责学生工作的行政人员，这为支部开展党团共建活动、搭建党团共建平台奠定了良好的基础。

二、主要做法

草地农学研究所教工党支部与本科生团支部以党团共建、联合活动的形式，开展多种主题交流活动，包括思想政治课、专题讨论、文体活动、座谈交流等；另外，支部成员以“一对一”的形式解决学生课程学习、四六级考试、考研、职业规划中遇到的具体问题，并为学生提供包括生涯发展、成长成才在内的引导和咨询等服务，结合草业科学课程学习、科学研究、生产实践和产业发展实际情况，为学生们提供实质性的指导和建议。

（一）思政引领育人方向 党建促进团建成长

针对本科生学习现状及迫切需要解决的问题，党支部成员多次与学院本科生开展座谈，进行深入交流，有效解决了本科生所面临的问题，启发了本科生的思维。

2019年6月14日，草地农学教工党支部与2017级草业科学基地班团支部共同举办的师生党团共建活动在榆中校区天山堂A314如期举行。草地农学教工党支部胡小文、谢文刚、王自奎、杨倩、杨宪龙，本科生第一党支部书记夏正清以及2017级草业科学基地班所有同学参加了此次活动。本次座谈会由2017级草业科学基地班班主任王自奎主持。座谈会伊始，针对同学们提出的现阶段遇到的专业课学习、科研训练、工作和考研规划、人际交往等各方面的问题，各位老师进行了详细的解答。其中，胡小文根据同学们关注的学术深造、专业学习等问题向同学们提出指导性建议，并希望同学们夯实专业基础，提升专业素养；王自奎与谢文刚结合班级建设与大学生活等方面鼓励各位同学在做好学生本职工作的基础上，结合自身特点规划大学生活和未来发展等。整个座谈会气氛融洽，师生互动热烈，在联动师生感情的同时，为学生答疑解惑，拨开成长之路上的迷雾。此次党团共建活动作为草地农学教工党支部和本科生第一党支部创新活动内容之一，旨在通过“党建带团建，团建促党建”的形式贯彻落实兰州大学“三走进”实施方案，以座谈的方式走进学生学习，走进学生生活，走进学生心灵。

（二）急学生成长之所需 解学生成才之所惑

2019年11月28日，草地农业科技学院草地农学教工党支部联合本科生第一党支部、第二党支部于榆中校区天山堂B602召开了2019级党团共建活动。学院党委副书记谭玲玲，教工支部成员杨惠敏、刘志鹏、张吉宇、胡小文、柴琦、谢文刚、刘文献、乐祥鹏、王自奎以及其他各位教师代表参加本次活动，活动由学院团委书记高雪主持。座谈会上，老师们依次向同学们做了自我介绍以及自己和团队的研究方向。各位老师以个人读书求学的经历为例，为同学们在专业学习和大学生活等方面遇到的问题进行解答，指点迷津。除此之外，各位老师还就日后就业、专业疑惑以及读研深造等方面给了大家详尽的解答和建议。面对各位同学提到的关于成长、发展、学业、科研、入党方面的问题，各位老师结合自己的科研经历、生涯发展以及专业知识为同学们答疑解惑。本次座谈会中，同学们认真地听取了各位老师的建议，深刻认识到了包含思想政治、学业发展、生涯规划、综合能力、科研水平在内的大学基础性教育对于个人成长成才的重要性，为学生今后的发展指明了道路。

（三）教育引导齐头并进 分类指导助力发展

2020年7月3日，在榆中校区B503教室召开了草地农业科技学院教工党支部对接2019级本科生座谈会，加强党团共建、促进师生交流、拉近师生距离，结合学生自身发展需要提供相关建议。此次座谈会依托草地农学教工党支部创新活动项目“师生党团共建，提高本科生思想先进性和学习积极性”开展。参加座谈会的有草地农业科技学院党委副书记谭玲玲，草业农学研究所教工党支部杨惠敏、胡小文、柴琦、王自奎，草地保护研究所教工党支部郭正刚，草地生态研究所教工党支部贾倩民，反刍动物研究所党支部乐祥鹏，草类植物逆境生理与遗传改良研究所教工党支部尹红菊、张岩，院团委书记高雪，以及2019级全体本科生。在座谈会上，学生结合自身学习生活感受，就全员导师制、本科生培养方案、课程设计反馈、实习实践安排、就业指导与咨询等方面的问题踊跃地和各位老师交流。针对同学们提出的问题和诉求，与会教师对每一位同学提出的问题进行耐心的解释与引导，从专业角度进行了解答和经验分享。师生们特别就学习方式的转变、学习内容的深化、学习时间的分配、生涯发展规划等普遍性问题进行深入的沟通与交流。座谈会中同学们与老师们积极互动，交谈过程中笑声迭起，其乐融融。通过本次座谈会，同学们不仅了解了全员导师制的具体实施流程，还学习到了一些本专业的专业知识以及平时学习生活中的学习方法，帮助同学们在选择自己本科生涯中的研究方向提供了方法建议。

（四）夯实班级制度建设 狠抓学风日常养成

支部教学副院长沈禹颖老师、教学秘书陆妮老师、2017级草业基地班班主任王自奎老师、2019级草业科学基地班班主任谢文刚老师及其他任课教师等针对个别同学学习和生活中的问题，组织大家学习学校和学院的各项规章制度，狠抓学风建设、帮助学生培养良好的学习习惯；切实执行课堂和各项活动考勤签到制度，开展学习小组建设、学习经验交流会、考试诚信宣讲会等；通过QQ和微信等方式保持和每位同学的日常沟通，尤其是在学期开始前和学期考试结束后，和每位同学进行交流，鼓励同学们在新学期查缺补漏、再接再厉；开展班级内部评优活动，对积极参与活动的同学给予奖励，形成“你追我赶”的良好学习风气等。

三、取得成效

对于参加党团共建的学生而言，切实解决学生们学习和生活中遇到的困难，帮助学生形成良好的学习生活习惯，引导学生树立积极向上的思想状态。通过多次引导交流，学生们思想先进性大幅度提高，更加理解责任担当，自觉建立起对集体的关注和对同学的关爱，增进了他们对党和国家主要政策的认识和理解。学习方面，通过多次交流，学生更加了解和理解草学学科专业及研究方向，解决了同学们提出的专业知识、科学研究等方面的一些实际问题。

对于教师党员而言，通过与学生的多次面对面接触，进一步增进了教师们对学生学习情况和思想状况的认识了解，改进了教师们与学生沟通交流的方式方法，同时提高了他们的教育教学能力。通过党团共建活动，加深了学院专业教师与学生的沟通与交流，促进了学院学生思想政治教育工作的加强和改进以及学生培养的质量提升。

工作制度方面，建立了教工党支部及教工联合党支部联系学生团支部、开展学生工作的机制，为部分学生工作的开展提供了思路和参考。

四、经验启示

（一）党建思政协同育人

解决高校中普遍存在的基层党建与大学生思想政治教育工作协同育人运作体制常态化、制度化不全，协同育人服务内容体系特质性、互补性不足，协同育人管理目标导向一致性、趋同性不强的问题。

（二）提升党团共建政治功能

针对高校党支部、团支部建设过程中存在的重理论轻实践、实践教育创新性不足、群众路线教育导向不明显、政治功能弱化等同于普通学生组织、群众覆盖面不足等凸显问题，创新教师党支部、本科生团支部建设的途径和方法，提升党团共建的政治功能。

（三）推动党团共建规范运行

“师生党团共建”制度能够更好地推动团支部推优入党长效性、专业性指导、教育与培养，指导团支部对照党的要求建立制度化、可操作的培养体系和评价体系，有效解决部分团支部入党推优环节出现的政治性、公正性缺失问题，从培养关口与过程中提升学生党员发展质量。

（四）夯实党的群众基础

通过“三走进”，团支部能够有效落实“以学生为中心”的高校发展理念，以青年喜闻乐见的方式走进青年、服务青年、教育青年，助力青年成长成才，能够不断夯实党的青年群众基础的同时，切实发挥党组织和党员组织群众、宣传群众、凝聚群众、服务群众的作用，同时有效解决学生党员再教育的难题。

（杨惠敏、王自奎、张宏发，草地农业科技学院）

46

“青春志愿路 口腔健康行”

——以志愿服务活动为依托的学生党员培养教育创新实践

《《《《

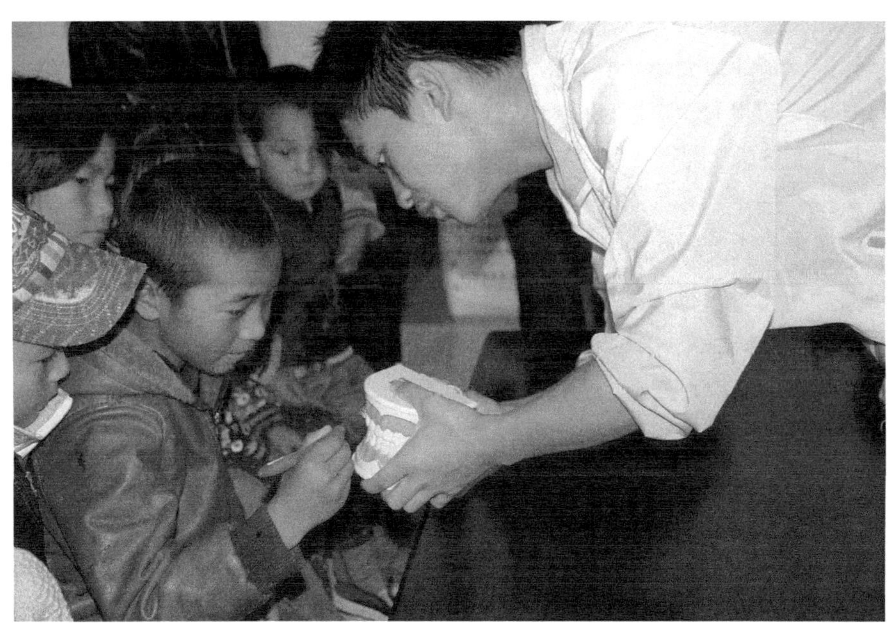

暑期社会实践团到平凉市崆峒区峡门回族乡白家山村开展“晨光课堂”口腔健康宣讲、口腔检查及扶贫慰问

》》》》

引　言

学生志愿服务工作作为学校和社会之间的纽带，对大学生思想政治教育开展有着至关重要的作用，在如今“00”后成为高校中主力军的情况下，针对新时代青年学生的特点，结合学科特色，突出学生在志愿服务活动中的主体地位，精心打造以志愿服务活动为依托的学生党员培养教育活动载体，对于思政育人工作具有重要作用。

一、背景情况

把志愿服务融入大学生党建工作，在践行志愿服务活动中学习、实践党的理论知识，是加强大学生党性锻炼、增强国家认同、提升理论联系实际能力的必然要求。兰州大学口腔医学院结合党建工作实际和学科特点，弘扬“一名共产党员一面旗帜”精神，发挥口腔医学院学生党员的先进性和先锋模范带头作用，组织开展了“小工蜂——党员示范岗，口腔健康行”系列志愿服务活动。该活动通过以入党积极分子、发展对象和党员为主体的志愿者服务队，发挥口腔专业自身优势，将志愿服务融入平时的活动中，以知促行，推动党员“两个作用”发挥，助推党员及理想信念时时处处体现为行动的力量。

二、主要做法

（一）树立品牌价值 打造品牌形象

“小工蜂”系列志愿服务活动旨在进一步促进广大同学树立“公益、爱心、团队”的主流价值观，培养优秀品质。学院党员志愿服务队自主设计并制作“小工蜂”徽章，所有志愿者在活动中统一佩戴党章和“小工蜂”徽章，亮出身份，发挥榜样的力量。

（二）规范队伍建设 制度保障先行

通过自愿报名组建了一支由92名党员、90名入党积极分子和94名群众组成的志愿者服务队。为规范志愿者服务队伍建设，在活动开展前统一对志愿者进行口腔保健知识宣教与指导、涂氟和窝沟封闭的集体培训，确保志愿服务的效果。

制定《大学生入党志愿服务制度实施办法》，把志愿服务制度纳入整个党员培养和教育的整体计划，制定短期和长期规划，对入党积极分子、发展对象、预备党员和正式党员参与志愿服务的指导思想、目标要求、形式内容、方法途径、时间要求、成绩考评等进一步做出明确规定，入党积极分子、发展对象和预备党员志愿活动时间每年不少于20个小时，正式党员每年不少于10个小时。将社会志愿服务的完成情况作为学生入党各个环节的一项重要考察内容，纳入支部组织生活会和民主评议党员的必须考核指标。

（三）搭建服务平台 专业特长支撑

依托口腔专业优势，将专业特点和志愿实践有效结合起来，更好地服务和反馈社会。以口腔医学院志愿服务平台为基础，学院联系了兰州大学本部幼儿园、兰州大学二分部幼儿园、兰州大学附属小学、兰州五泉山幼儿园、兰州艺童幼儿园和兰州省委幼儿园等多家单位，并获得了这些单位的大力支持。每次活动前提前与该单位沟通并确认时间、志愿者人数以及方案，确保活动顺利进行。"小工蜂——党员示范岗，口腔健康行"系列志愿服务活动中的口腔保健知识宣教与指导和涂氟主要面向幼儿园开展，口腔保健知识宣教与指导和窝沟封闭主要面向小学开展，口腔知识科普答题活动主要面向大学开展，口腔义诊活动主要面向老年人开展。

（四）发挥网络优势 扩大活动影响

成立专门的宣传团队，委派专人对活动的进行情况进行记录和摄影，联系校内外媒体对活动进行报道，进一步加大活动宣传力度，扩大活动的覆盖面。充分利用媒体技术展现青年志愿服务风采，增强活动的影响力和号召力。

充分利用自媒体等平台，开展线上志愿服务。在兰大口腔团委公众号上开辟"小工蜂"专栏，每月通过公众号平台推送口腔宣教知识，扩宽受益人群。组织线上和线下的口腔卫生知识趣味答题活动，寓教于乐，普及专业知识。另外，邀请医院专家建立咨询志愿组，用于解答群众在日常生活中对于口腔知识的问题与困惑。

三、取得成效

"小工蜂——党员示范岗，口腔健康行"系列志愿服务活动累积开展9年时间，开展大型志愿服务活动累计100余次。以举办"9·20爱牙日""5·15""世界正畸健康日"等活动为契机，开展口腔知识宣讲小讲堂、口腔保健知识竞赛等趣味活动6次。推出"口腔义诊进社区、口腔义诊进校园、口腔义诊进农村"

三走进系列活动，组织志愿者前往兰州市耿家庄、焦家湾等社区进行宣传8次；前往兰州五泉山幼儿园、兰州省委幼儿园等学校进行免费涂氟及窝沟封闭7次；前往天水市武山县、定西市临洮县部分农村开展问卷调研及入户义诊6次。与大学生暑期社会实践相结合，2017年，组织“爱牙之路”暑期社会实践团赴武威市、敦煌市等地开展为期30天的口腔调研科普活动；2018年，组织“护齿使者”暑期社会实践团赴陇南市、甘南藏族自治州等地，开展为期30天的义诊活动；2019年，组织“红色扶贫健齿”暑期社会实践团赴白银市会宁县、陕西省延安市等地，开展重温长征路，扶贫助农活动。口腔宣教受益人次共计7200余人，涂氟共计6000余人次，窝沟封闭共计4000余人次，发放口腔保健知识宣传材料10000余份，发放老年人假牙护理套装500余套，发放牙膏牙刷套装800余套。通过微信等互联网平台，结合时事热点与口腔专业，推出科普短文10余篇。

学院将学生志愿服务常规化、固定化、品牌化、常态化，主动承担“雷锋日”行动、孤寡老人慰问、新年联欢会义务劳动、口腔保健宣传及义诊等志愿服务活动，志愿服务在学院产生巨大辐射效应，对形成良好的学院氛围起到了重要作用。结合口腔医学专业特色，将理论及临床所学知识真正应用于社会中，立足于志愿服务，宣传“口腔健康，全身健康”，为群众普及正确的口腔保健知识。采用“知识宣教+方法示教+现场义诊+问卷调研”的方式，让群众能更好地记忆与应用所学到的口腔保健知识，结合互联网技术，在宣传手册上印制二维码，链接到爱牙宣传小课堂，便于参与者理解运用。

“小工蜂”志愿服务活动代表兰州大学口腔医学院参加2020年第三届甘肃省青年志愿服务项目大赛，荣获省级银奖，同时也入选兰州大学校园精品校园文化活动项目。曾得到“丝路明珠网”“甘肃文化影视频道”“中国青年网”等多家知名媒体的报道。“小工蜂”志愿服务团队成员们多人参选并获评“甘肃省最美红十字志愿者”称号，团队同时荣获第五届“甘肃省青年志愿者优秀组织奖”。

“小工蜂”志愿服务活动多次获得甘肃电视台少儿频道、甘肃电视台文化影视频道等专业媒体的报道，在周边社区中得到了广泛好评。

四、经验启示

（一）聚焦党员队伍 抓住队伍的闪光点

“小工蜂”党员志愿者服务队的不断推进，实现了高校学生党员培养体系由单一型向多元型转变、由被动向主动转变、由理论型向实践型转变，造就了一支素质优良、党性意识强、在实践中能够充分发挥先锋模范作用的学生党员队伍。

（二）深化闭环教育 形成成长的能量站

"小工蜂"志愿服务项目进一步完善了志愿服务以及第二课堂实践新模式，提高了学生党员的专业实践操作能力，强化了学生党员的服务意识和社会责任感。在实践训练和服务社会中坚定理想信念，提升专业技能，积极投身社会志愿服务事业。

（三）注重价值引领 把牢方向的定盘星

"小工蜂"党员志愿者服务队的组建促进了学生党员积极为群众服务，在志愿服务活动中亮身份、树形象、做表率，使支部建立党员志愿服务工作的长效机制，使党员志愿服务活动常态化、制度化。同时，鼓励学生党员、入党积极分子作为表率，以实际行动形成服务氛围，更好地发挥朋辈榜样力量，带动学院非党员学生积极参与志愿服务活动，更好地实现人生价值，用行动践行"点亮一盏灯，照亮一群人"。

（王梦瑶、丁少春、邢千里，口腔医学院）

围绕主责主业 抓好六项举措

——公共卫生学院加强教师思政工作实践

《《《《

刘迪茹老师运用“雨课堂”丰富课堂互动，加强师生交流

》》》》

引 言

党的十八大以来，习近平总书记高度重视中国高等教育的发展和高校思想政治教育工作，并发表了一系列重要论述。2016年12月7日，习近平总书记在全国高校思想政治会议上指出："我国高等教育肩负着培养德智体美全面发展的社会主义事业建设者和接班人的重大任务，必须坚持正确政治方向。"2018年9月10日，习近平总书记在全国教育大会上强调："思想政治工作是学校各项工作的生命线，各级党委、各级教育主管部门、学校党组织都必须紧紧抓在手上。"两次会议深刻分析了教育工作面临的新形势新任务，进一步指明了我国高校所处的历史方位和承担的职责使命，指明了时代发展对高校思想政治工作的新要求，为高校提升思想政治工作质量、落实好立德树人根本任务、培养担当民族复兴大任的时代新人提供了根本遵循和行动指南。

习近平总书记在全国教育大会上发表重要讲话，强调："加强党对教育工作的全面领导，是办好教育的根本保证。"对于高校而言，教师思想政治工作作为高校思想政治工作的重要组成部分，是影响高校教师思想政治素质的最大变量。要坚持党对教育事业的全面领导，做好教师的思想政治工作是关键。只有坚持传道者自己先明道、信道，教育者自己先受教育，教师才能成长为先进思想文化的传播者、党执政的坚定支持者，才能更好地担起学生健康成长指导者和引路人的责任，才能办好具有中国特色、世界水平的现代教育。

一、背景情况

百年大计，教育为本。教师是立教之本、兴教之源[①]，教师思想政治状况和师德水平决定着人才培养的质量，关系着国家和民族的未来。高校教师"作为

① 2013年9月9日，习近平向全国广大教师致慰问信，http://finance.chinanews.com/gn/2013/09-09/5263822.shtml。

社会上的优秀群体，思维活跃、视野广阔”[①]。正是因为高校教师所受教育程度高，知识体系基本成熟，思维方式基本固化，教师思想政治工作才成为思政工作者们“难啃的硬骨头”。究其原因：一是高校教师中还存在着重业务、轻思政的现象。部分教师对政治理论学习热情不高、参与不够、主动性不强；二是中层党组织在师德师风建设中，没有建立完整的量化考核体系；三是目前高校在教师培训工作方面的针对性、时效性不强。此外，移动数字媒体技术的飞速发展，赋予了每个人制造和传播舆论的权利，这给每个人的主流意识形态与核心价值观念带来了极大的冲击。

近年来，为贯彻落实全国高校思想政治会议及全国教育大会会议精神，在学校党委的坚强领导下，学院党委按照“四个引路人”“四个相统一”的要求，以“‘四有’好老师”为标准，紧紧围绕立德树人根本任务，重理论学习强基础、正师德师风立规矩、抓组织建设补短板、强意识形态把方向、提业务能力激活力、推文化建设增亮点，扎实做好教师思想政治工作。

二、主要做法

立德树人，是中国特色社会主义高校办学治校的本质要求与价值诉求，是新时代高等教育现代化发展的生命和灵魂[②]。培养造就一支有理想信念、有道德情操、有扎实知识、有仁爱之心的高素质专业化教师队伍，是加快推进教育现代化、建设教育强国、办好人民满意教育的坚实基础。

（一）重学习 强理论 铸思政工作之灵魂

制订《公共卫生学院教职工政治理论学习计划》，深入学习贯彻习近平总书记关于教育的重要论述，做好《深化新时代教育评价改革总体方案》文件精神解读；学习习近平总书记在疫情防控各个阶段重要讲话，弘扬伟大的抗疫精神；学习贯彻兰州大学第十次党代会精神，以党代会精神指引学院今后一段时间的发展方向；结合党史学习教育，专题学习习近平总书记致厦门大学建校100周年的贺信，学习领会习近平总书记考察清华大学重要讲话精神；组织开展公卫校友张浩军（甘肃“逆行”武汉第一人）、杨建军（甘肃省第二批援鄂疾控队队长）等抗疫事迹报告会，以榜样的力量激励公卫师生奋进担当。

①盛春、卢萧、刘秋畛：《高校教师思想政治现状调研及对策研究——以上海理工大学为例》，《教师教育论坛》2018年3月15日。

②朱孔京：《做实高校“五大”基本职能，落实立德树人根本任务》，来自于人民论坛网：http://www.rmlt.com.cn/2020/0428/578417.shtml

（二）重师德 强作风 立思政工作之规矩

成立师德师风建设工作小组，严把教师政治入口关，严格执行“三谈三审”制度。在教师职称评定、人才引进和评奖评优中严格落实师德师风一票否决制。学院党政主要负责人与新入职教师开展谈心谈话，帮助解决工作和生活中的难题，把“讲道理”融入“办实事”中。开展师德师风警示教育，及时推送学术不端、不当言论等师德失范典型教育案例。以身边人物为榜样，大力彰显白亚娜、牛静萍、李芝兰、刘兴荣四位师德标兵风范，宣扬青年教师典型代表王敏珍副教授事迹，在教师中引起了强烈反响。加强师德师风考察考核，为在职教师建立了师德档案。

（三）重引领 强纪律 把思政工作之方向

学院党委牢牢把握意识形态工作方向。完善意识形态工作细则和流程，细化阵地管理任务分解，完善课堂教学、国际交流及境外科研合作、接受境外基金资助等方面的规章制度；加强对科学研究和涉外基金项目管理；按照属地管理和谁主办谁负责的原则，加强对学术讲座、论坛、报告会等学术活动的规范管理。通过微信、短信和电话等多种方式提醒教师，做到课堂讲授有纪律，公开言论守规矩。

（四）重党建 强支部 补思政工作之短板

学院现有专任教师63人。其中党员42人，占比66.66%，实现了7个教工党支部书记“双带头人”全覆盖。强化专业引领，通过“全民营养周”“艾滋病防治”“世界控烟日”等活动，深化“一支部一品牌”建设。学硕支部“奉献有爱，志愿先锋行”品牌活动荣获学校优秀案例。毒理所支部先后编写了《突发公共卫生事件知识问答》《新冠肺炎核酸检测宣传册》等抗疫指导手册，支部申报的“生物实验室常见有毒物质防护策略”创新活动方案获得学校2021年度立项。结合党建与业务深度融合、党建与课程思政深度融合开展了党建课题研究。

（五）重提升 强业务 激思政工作之活力

提升学院教师队伍整体水平，实施青年教师培育计划，举办“守正出新”教师成长苑系列讲座，落实院领导听课制度，完善了《公共卫生学院青年教师教学水平提升计划实施细则》，为新选留及非医学专业背景青年教师一对一制订专业培养计划，新进教师成长迅速，新引进青年研究员葛龙、李欢、Salama在各自研究领域不断取得创新成果。

（六）重文化 强队伍 增思政工作之亮点

学院党委致力于“卓越公卫”学院文化品牌建设，积极营造“公卫是我家、发展靠大家”的良好氛围，制作学院宣传展板，拍摄完成学院宣传片；每年组织开展教职工爬山、健步走和参观校史馆活动，开展太极拳八段锦的普及培训；成立了学院女子教师舞蹈队、教师合唱队，举办师生迎新晚会，制作了历届校友照片墙，让校友回家更有归属感；建立了学院领导联系研究所制度，党委委员联系党支部制度，院领导联系党外人事、民主党派制度。统战工作、校友工作进一步丰富了学院文化元素。

三、取得成效

几年来，公共卫生学院党委以习近平新时代中国特色社会主义思想为指导，遵循思想政治工作基本规律，积极探索加强和改进新时代高校教师思想政治工作的路径和方法，引导师生牢记立德树人光荣使命，争做新时代“有理想信念、有道德情操、有扎实学识、有仁爱之心”的“四有”好老师。

（一）思政工作取得新突破

学院教师坚持立德树人使命，深入学生一线，关心学生成长成才，用真心换真心，做学生思想上的领路人。学院荣获2018—2019学年“三走进”工作先进集体；2019年，卫生毒理学研究所教师党支部顺利入选教育部“全国党建工作样板支部”；2020年，学院教师发挥专业优势，在疫情防控、科研攻关等领域展现了公卫人的责任和担当，学院获得兰州大学抗击新冠肺炎疫情先进集体，6名师生获得抗疫先进个人称号。

（二）人才队伍有了新变化

近六年来，学院引进各类人才25人，其中教授1人，青年研究员4人，全职外籍教师1人。目前，学院专任教师中高级职称人员占比达到66.6%，博士学位占比达到81.0%，学院师资队伍学员结构和学术梯队日益完善，战斗力、创新力明显提高。在做大做强教师队伍规模的同时，学院注重师资结构的调整优化，目前，专业学位导师58人，学术型导师40人，长期以来师资力量薄弱的学科有了明显加强。学院已初步建成一支与高水平学科相适应、与解决本地区重大卫生与健康问题能力相适应、与服务“健康中国”战略和“一带一路”倡议相适应，规模适当、结构优良、素质一流、富于创新的师资队伍。

（三）教育教学取得新成绩

青年教师走进课堂、观摩旁听，得到系统锻炼提升。2018年以来，学院青年教师在各种讲课比赛中获得国家级奖项2项，省级奖项1项，校级4项。2018年学院青年教师王敏珍获得第四届全国高校青年教师教学竞赛总决赛二等奖，甘肃省高校教师讲课比赛工医组一等奖；2019年，学院青年教师刘迪茹获得第五届全国高校青年教师教学竞赛总决赛二等奖。预防医学、公共事业管理（卫生事业管理方向）专业入选国家级一流本科专业建设点，公共卫生学院实现国家级一流本科专业全覆盖。儿少支部四名教师党员主讲的《性与生殖健康》获批国家级一流本科线下课程。

（四）研究生教育有了新进展

学院研究生规模逐步扩大，培养质量不断提升。2020年招收研究生126人，其中学硕42人、专硕84人。目前，在校研究生总人数289人。完成了研究生培养方案的修订，举办了两届“兰州大学公共卫生学院优秀大学生暑期夏令营”，2019年成功立项建设公共卫生硕士全英文专业。依托疾控中心、传染病医院、大型企业建成了一批省内外实践基地和省级协同育人基地。9名研究生分别获得省级“优秀三好学生”“优秀共青团员”“优秀实践个人”称号，7篇论文被评为甘肃省优秀硕士学位论文，11名硕士毕业生赴德国、美国等攻读博士学位，12名留学生来校攻读硕士学位。

（五）学生工作有了新收获

教师是推动学院教育改革创新的基本力量，是学生健康成长的引路人，通过卓有成效的教学互动，学生工作有了新收获。2020年，本科生和研究生毕业率、学位授予率均达到100%，本科升学率66.67%，毕业去向落实率100%，2020年整体就业率为96.92%，位居全校前列。本科生“为爱防艾，于艾予爱”健康教育宣传服务项目荣获甘肃省首届志愿服务项目大赛银奖。2020年，1个团队获得第五届全国大学生生命科学创新创业大赛获三等奖，1个实践团队荣得中国宋庆龄基金会“让你好好过”大学生公益实践活动优秀项目，2人荣获甘肃省“三好学生”，1人荣获甘肃省“优秀毕业生”，1人荣获甘肃省暑期“三下乡”社会实践优秀工作者。

四、经验启示

对高校教师思想政治工作的探索和实践，不仅进一步丰富了学院思政工作体系，提升了思政工作水平，更为学院党建工作积累了经验，凝练了思路。我们深刻地认识到：

重视理想信念教育，坚定坚持坚守，是做好高校教师思想政治工作的根本保证。马克思主义是中国特色社会主义高校最鲜亮的底色。教师思想政治工作，本质上还是党的政治建设事业的一部分，必须高举马克思主义和习近平新时代中国特色社会主义思想伟大旗帜，必须服从和服务于党的基本政治路线和教育方针，引导教师坚定理想信念，坚持社会主义核心价值观，坚守初心使命，扎实推进教师思想政治工作。

牢固树立宗旨意识，做实做细做小，是做好高校教师思想政治工作的关键所在。要始终把师生利益和发展作为一切工作的出发点和落脚点，坚持把解决思想问题与解决实际问题相结合，既要讲清“道理”，也要办好“实事”。把教师思政工作融入教育教学、科学研究和日常生活中，一枝一叶总关情，教师的事没有小事，面对教师在工作、学习和生活遇到的困难要及时呼应，做到春风化雨，润物无声，增强凝聚力。工作重心要下沉到基层，不能浮在面上，要发现、正视、聚焦、研究和破解高校教师的思想问题，教师思想政治工作才会事半功倍。

建立健全制度体系，合情合理合法，是做好高校教师思想政治工作的重要抓手。构建一套科学规范、系统完备、简便管用的高校教师思想政治工作制度体系，是推进高校教师思想政治工作规范化、有序化、常态化、长效化的根本保证[①]。与此同时，对教师进行耐心细致的说服教育和人文关怀，也是提高教师思想政治工作有效性、针对性和吸引力的有效手段。

（胡万军、包文文、吕艳丽、刘文铎，公共卫生学院）

①司文超：《建设科学的高校思政工作体系》，来自于中国教育报网：http://www.qstheory.cn/science/2018-11/29/c_1123782830.htm

潜心教学守初心

——公共卫生学院流行病与卫生统计学教学团队的育人实践

《《《《

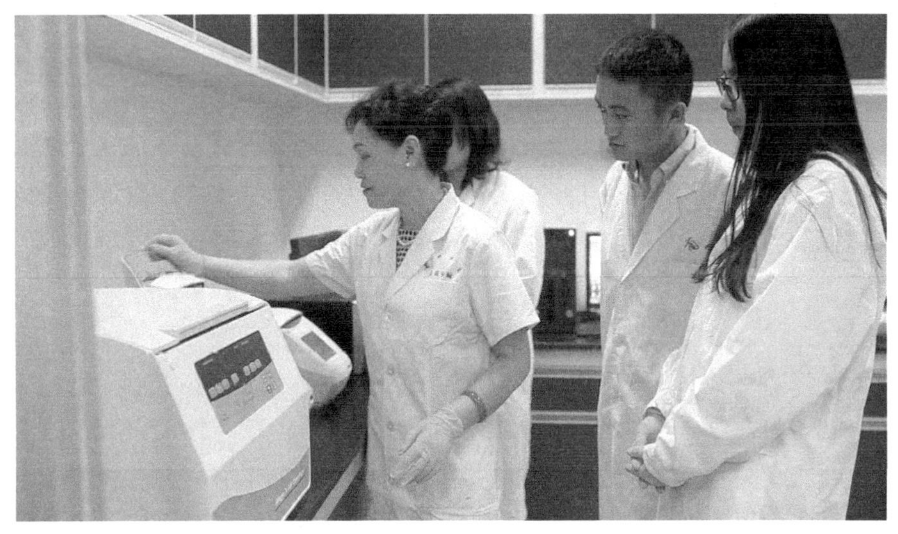

白亚娜教授指导青年教师科研工作

》》》》

引 言

习近平总书记高度重视立德树人在教育中的重要地位和作用，多次强调要坚持把立德树人作为根本任务，培养德智体美劳全面发展的社会主义建设者和接班人。高校的根本使命是人才培养，如何把青年人培养成优秀人才，一方面要做好知识教育，另一方面更要做好思想品德教育，培育社会主义核心价值观，引导学生自尊自信自立自强，做合格的社会主义接班人。

2018年，习近平总书记在与北京大学师生座谈时指出，要把立德树人的成效作为检验学校一切工作的根本标准，真正做到以文化人、以德育人。一定程度上讲，立德树人也是检验院系教师工作的根本，教师身处教书育人工作一线，如何帮助学生扣好人生第一粒扣子，考验的不光是教师自身的育人能力，更是对所在团队共同育人格局的全面检验。教育引导是培育和践行社会主义核心价值观的基本途径，不仅仅是思政教师，专业课教师更应该围绕课程思政建设，加强师德修养，切实发挥作用，将社会主义核心价值观贯穿教育教学全过程，从价值观的角度回答培养什么人、怎样培养人、为谁培养人这个根本问题。

一、背景情况

兰州大学公共卫生学院流行病与卫生统计学教学始于1946年乔树民先生在国立兰州大学医学院开设卫生学课程，1954年成立流行病学教研室，1982年成立卫生统计学教研室，2001年合并为流行病与卫生统计学教研室。近年来，流行病与卫生统计学研究所贯彻落实全国高校思想政治工作会议、全国教育大会会议精神，坚持把立德树人作为中心环节，把思想政治工作贯穿教育教学全过程，研究所党员教师带头学习和弘扬社会主义核心价值观，用行动的力量感召学生，带动学生，为青年学子树立了正确的榜样，为祖国的公共卫生事业培育了一批又一批有用人才。

历经70余年的发展，几代流统人接续传承、继往开来、创新发展，“流行病学”获评“甘肃省精品课程”。流行病与卫生统计学研究所是兰州大学医学院首批优秀研究所，教学团队成为集全兰州大学隆基教学名师、教学骨干、教学新秀的优秀教学团队，团队建立了拥有自主知识产权的有色金属暴露中国金昌队列，长期致力于我国西部人群卫生干预与评价、慢性病流行病学、疾病负担与卫生费用、传染病预测预警及健康医疗大数据开发与应用等研究，在新冠肺炎疫情期间发挥学科专业优势，与疾控人员一起判断疫情变化趋势，评价疫情风险，为我省精准制定防控策略提供技术支撑。

2020年6月2日，习近平总书记在专家座谈会上指出，要建设一批高水平公共卫生学院，着力培养能解决病原学鉴定、疫情形势研判和传播规律研究、现场流行病学调查、实验室检测等实际问题的人才。流统所坚持目标导向、问题导向，勇于创新，大胆探索，在教育教学方面取得了阶段性成果。

二、主要做法

（一）立德树人育英才 课程思政做主线

1.以“为人师表 言传身教”理念从教

团队成员通过言传身教，以榜样的力量教给学生做人的道理，帮助学生树立坚定的信念和远大的理想。在学生的眼中，教师具有无可置疑的威信，是可以效仿的榜样，一言一行都可能对学生产生深远影响。如学生在课程调查意见中写道：“老师的教学态度让我们佩服，我们看在眼里，明白老师的苦心，并以老师的行为端正自己的学习态度。”团队老师不放松任何一堂课，坚持备好每一节课，“教师无小节，处处做楷模”。

2.以“视学生为朋友 处处关爱学生”的方式从教

团队老师始终认为：没有爱就没有教育。热爱一个学生等于塑造一个学生，而厌弃一个学生则无异于毁坏一个学生。如果说教师的人格是一种无穷的榜样力量，那么教师的爱心则是成功教师的原动力。学生正处于人生观和世界观形成的重要时刻，在育人的路上，团队老师用正能量去启发学生、陪伴学生、倾听学生，尤其在每年推免、报考研究生时，团队老师们针对其困惑引导思考、循序渐进，共同分析问题、解决问题。教师君子如玉，学生欣欣向荣。

3.以“课程思政为线 专业拓展为面”的教学观从教

深入挖掘课程中具有思政教育的元素，探索与专业课程融合的实施途径，在课程中灌输“健康中国2030”国家战略思想，基于流行病学前辈疾病防治的伟大贡献与典型案例进行“案例教学”，培养公共卫生工匠精神，激发学生的学习兴趣，培养大爱之心和公益之心。课前指导学生通过在线慕课进行预习与自修，课堂进行强化与梳理，基于最新案例进行讨论互动，集中消化吸收，云课堂的使用确保学生的参与，让学生在专业学习中夯实基础，开拓创新，构建“大健康”视野。

（二）党建教研齐共建 接续传承守初心

1.支部建设与教学科研相结合

教学团队16名老师中有11人是中共党员，将党支部组织生活与教学科研Seminar相结合，创新组织生活形式，强化育人担当。深入思考“为谁培养人、怎么培养人、培养什么人”。在教学科研实践中培养“又红又专”、高水平、用得上的研究型人才。

2.老中青教师教学传帮带扎实落地

教学团队启动“老中青手把手、优秀教师面对面”教学成长制度。“老中青手把手”：30年及以上教龄老教师担任教学顾问，20年及以上教龄中年教师担任主讲教师，10年以下教龄青年教师担任合讲教师。老中青集体备课，主讲和合讲教师教案互评、不同教龄师资分类指导，团队教学经验定期分享。“优秀教师面对面”：教学团队中甘肃省教学名师、兰州大学“隆基教学名师”白亚娜老师（教龄37年）的课程每学期所有教师“面对面听课1次”；甘肃省一流课程“流行病学”负责人、兰州大学隆基教学骨干胡晓斌老师（教龄20年）的课程每学期所有教师“面对面听课1次”；兰州大学隆基教学新秀王敏珍老师（教龄7年）的课程每学期所有教师“面对面听课1次”。

3.青年教师提升细致入微

教学团队中白亚娜老师先后作为青年教师裴泓波、胡晓斌、王敏珍、郑山的指导教师，李娟生老师作为申希平、刘小宁、任晓卫、高文龙、朱素玲、石彦军的指导老师，全面负责青年教师的教学和科学研究的指导工作。加强对青年教师备课及讲课技巧的指导，听课后与青年教师及时沟通，提出不足和改进措施。吸纳青年教师进入科研项目中，给任务、压担子，提升科研素养和团队精神。这种细致入微的指导与提升亦接续传承，胡晓斌老师指导新入职的王龙、杜雨峰，裴泓波老师指导井立鹏，继续秉承团队的优良作风，在每一个细节中提升青年教师立德树人的教学科研观。

（三）教研相长抓改革 创新思路提质量

1.教学研究促进教学质量提升

顺应时代发展要求，教学团队及时优化教学内容，构建模块化教学内容。

以方法学为主线，经典案例与最新科研成果相结合导入课堂，启发式教学贯穿教学始末。对原有的教学内容进行分类整合，以参与式教学为主，引导学生构建解决实际问题的能力。不断思考创新人才的培养，历时10年完成《融合中美教学模式构建创新型人才培养体系与实践》，基于方法学课程特点研发出“243创新型人才培养体系”。针对当前学生上课手机依赖现象严重，开展了《大学生手机依赖症对课堂教学效果的影响及对策研究》《手机依赖症对本科生心理健康及学习动机影响研究》系列研究，研发出课堂手机依赖症诊断标准，为学生抬头听课，回归课堂制定精准防控措施。

2.教学方法创新提高学生实践能力

以小组为团队，形成对抗辩论模式，分组成员各自对试验内容进行数据处理和具体分析，启发学生的自主学习和团队互助。应用主题发言和团队成员补充、对方组员反驳和质疑的形式，在教师引导和指导下对实验内容的重点和难点进行全面的分析和解答。通过实验课的学习，加深学生对理论课的理解。将教师的研究项目与本科生专题实习和硕士生学位论文相结合，让学生参与项目实施过程，开展流行病学调查、数据的收集与管理等工作，为本科生和研究生提供了理论与实践相结合的学习平台，培养了学生的组织管理能力、协调能力、科研创新能力与高度总结和概括能力。

3.科研实例融入课程促进教研相长

以理论教学为先导，在理论课授课过程中，要求教师认真备课，查阅最新研究成果，为学生提供最新参考资料，结合理论基础知识，讲解教材中的难点和重点。结合本研究团队研究成果，引导学生追踪学科动态，激发学生主动学习的积极性。在流行病与卫生统计学教学团队的共同努力下，通过多年的凝练，基本形成了人群卫生干预与评价、西部高发肿瘤防控、疾病负担与卫生费用评价、传染病预测预警、健康医疗大数据开发与应用等研究方向，将最新科研成果融入理论教学环节，形成了科研与教学相长的良好局面。

三、取得成效

（一）扎实教学 成绩斐然

“流行病学”获评“甘肃省精品课程”，教学团队承担全校所有医学专业本科、研究生流行病学、卫生统计学的教学，指导预防医学、卫生事业管理专业本科生毕业专题30余年，培养了大批优秀毕业生，在国内外医疗机构、高等学校、科研院所等机构供职，在用人单位受到广泛好评。1989级预防医学校友李文辉博士荣获全球乙肝研究和治疗领域最高奖——巴鲁克·布隆伯格奖。近十年带教大学生创新创业百余项，胡晓斌老师指导本科生荣获第八届“挑战杯”甘肃省大学生课外学术科技作品竞赛特等奖，被评为优秀指导教师；朱素玲老师指导本科生在全国大学生数学建模竞赛甘肃赛区荣获特等奖；申希平老师指导研究生在全国SAS大赛连续取得佳绩。

近五年，团队承担教学研究项目6项，发表教学论文20余篇，2016年荣获甘肃省教学成果一等奖。团队中1名教师荣获中国流行病学优秀奖、宝钢优秀教师奖、甘肃省优秀专家、甘肃省第一层次领军人才，1名教师荣获全国青年教师教学竞赛二等奖，甘肃省青年教师讲课比赛第一名、甘肃省“五一劳动奖章”、甘肃省技术标兵，1名教师荣获全国高等医药大学教师讲课比赛三等奖、兰州大学“隆基教学”骨干奖，2名教师荣获兰州大学“隆基教学”新秀奖，1名教师荣获国华杰出学者青年英才奖，“流行病学”获批甘肃省2020年省级线下一流本科课程。

（二）教研协同 学术攀登

团队历时5年建立了自主知识产权的大样本多金属暴露队列，该队列的建立为开展多种暴露因素与多种疾病的关联性研究、宏观与微观相结合研究、环境-基因交互作用研究搭建了综合性研究平台，使慢性病从环境外暴露、环境内暴露、机体反应、疾病发生、疾病发展到疾病结局的证据链研究成为可能，也为癌症筛查和早诊早治的效果评价提供了平台。该队列的建立对高等学校、研究机构、与企业联合创新进行了有益尝试，提供了校-研-企合作可借鉴的协同创新模式。研究团队近年来发表论文260余篇，其中SCI 40余篇，CSCD 150余篇。主编《出生缺陷干预工程指南》《甘肃省卫生总费用研究（1995—2009）》等科研专著；先后承担了国家自然科学基金项目6项，国家“十一五”到“十三五”科技攻关、科技支撑计划、重大专项、重点专项等7项，国家国际合作项目3项等30余项科研项目。获省部级科技进步奖二等奖4项，省部级科技进步奖三等奖2项。研究平台的搭建及高水平项目的实施，为教学团队成员教学水平的提高和本科生创新能力的培养奠定了坚实的基础。

（三）学以致用 服务社会

教学团队发挥学科特点，积极服务地方经济建设，在甘肃省人群疾病防控、公共卫生政策制定，健康甘肃建设及新冠肺炎疫情防控中都发挥了重要作用。白亚娜老师任甘肃省人民政府决策咨询委员会委员，胡晓斌老师任甘肃省卫生健康委政策咨询委员会委员。多名老师在中华预防医学会、中国卫生经济学会、中国卫生信息学会、中国抗癌协会等国内重要学术机构担任常委或委员；在甘肃省医学会、甘肃省预防医学会、甘肃省医师协会、甘肃省性病艾滋病协会等省内相关学术组织承担负责工作。

四、经验启示

（一）课程思政领航 彰显教书育人初心

教师要提高政治站位，深耕教书育人，挖掘学科、专业中蕴含的思政资源，将专业教育与思想政治教育有效融合，用功准备，用情传播，在知识传授过程中强化思想价值引领和文化自信，让专业课程与思政课同向同行，大大提升了人才培养质量。

（二）支部党建引领 促进研究所发展

加强党支部自身建设，落实“双带头人”工作要求，建设标准化、规范化的党支部。坚持教书和育人相统一，坚持言传和身教相统一，坚持潜心问道和关注社会相统一，坚持学术自由和学术规范相统一，充分发挥党员的创新精神和先锋模范作用，发挥党组织在人才引进、科技攻关、对外合作等方面的作用，探索党建工作新模式，才能有效促进党建工作和学科建设同步发展。

（三）优良传统传承 助力青年教师培养

将“传帮带”融汇于教学实践中，传承师德师风，弘扬教育的正能量，带动青年教师在教书育人的道路上顺利成长。老中青三代人携手，发挥榜样的力量，共同诠释了如何做党和人民满意的好老师，共同践行了立德树人、教书育人的责任和使命。

（胡万军、胡晓斌、吕艳丽、刘文铎，公共卫生学院）

49

坚持“五位一体” 协同推进实践育人

——药学院实践育人的创新探索

《《《《

每年暑假，组织本科生开展药用植物学野外实习

》》》》

引　言

实践是高校育人工作的重要环节，是对大学生进行思想政治教育、培养创新精神和责任意识的重要载体，是广大青年学生锻炼自我、认识社会、服务基层的重要渠道。兰州大学药学院始终坚持以习近平新时代中国特色社会主义思想为指引，紧紧围绕立德树人根本任务，将育人内容与实践资源深度融合，加强第二课堂建设，搭建实践育人平台，通过开展“教育型”实践、“服务型”实践、“专业型”实践、“创新型”实践、“就业型”实践，引导学生把理论学习与实践体悟相统一，把实现自我价值与家国梦想相融合，提升了思想政治工作的主动性、针对性和实效性。

一、背景情况

习近平总书记指出，要重视和加强第二课堂建设，重视实践育人，坚持教育同生产劳动和社会实践相结合，广泛开展各类社会实践，让学生在亲身参与中认识国情、了解社会，受教育、长才干。《教育部等八部门关于加快构建高校思想政治工作体系的意见》中提出：“把思想政治教育融入社会实践、志愿服务、实习实训等活动中，创办形式多样的‘行走课堂’。”兰州大学药学院多年来通过凝聚育人合力、深化机制创新、加强活动指导等方式，扎实推进实践育人工作。

二、主要做法和取得成效

（一）坚持价值引领 以“教育型”实践坚定理想信念

理想指引人生方向，信念决定事业成败。没有理想信念，就会导致精神上“缺钙”。药学院通过参观红色教育基地、加强校史校情教育、认真组织军事训练、大力弘扬抗疫精神等方式，引导学生坚定理想信念，“小我”融入“大我”。

1. 参观红色教育基地

组织学生赴会宁红军长征胜利纪念馆、哈达铺红军长征纪念馆、八路军驻兰州办事处纪念馆、兰州战役纪念馆等红色教育基地参观，现场感悟革命传统、接受革命精神洗礼，利用红色富矿铸魂补钙。

2.加强校史校情教育

组织学生参加“开学第一课”、参观校史馆博物馆，深切感受兰州大学110余年来的坚守与奋斗，感悟新一代兰大人的使命和职责，以自强不息、独树一帜的精神追求卓越，把中国梦、兰大梦和个人梦深度融合。

3.认真组织军事训练

选派责任心强的辅导员担任军训带队教师，协助开展军事训练，加强党的知识、校纪校规、安全防范、学术诚信等教育培训，培养学生爱国主义、集体主义精神和艰苦奋斗、吃苦耐劳作风，为大学生活筑牢良好开端。

4.大力弘扬抗疫精神

通过主题党日、主题团日、班会等形式，组织学生同上抗疫思政课，让学生从中国抗疫的成功实践中，体会中国特色社会主义制度的优势；从“最美逆行者”群体身上，理解初心和使命、责任和担当。

（二）坚持面向需求 以“服务型”实践强化责任担当

社会实践是学生练就过硬本领的“大熔炉”。药学院引导学生走出教室校园，走向广袤河山，扎根祖国大地，摸真情况、求真学问、练真本领。

1.服务国家战略 助力脱贫攻坚

学生深入扶贫一线，跟随导师转战在实验室和田埂之间，带知识、带技术、带项目，帮助甘肃礼县等13个贫困乡镇发展甘草、党参、大黄等特色中药产业，带动当地种植农户增收，促进陇药资源优势向产业和经济优势转化，为打赢脱贫攻坚战按下“加速键”。

2.服务社会需求 奉献青春力量

发挥专业特长，打造“家庭小药箱”“细胞宝宝大作战”“益报相伴”等志愿服务项目，走进社区、农村、幼儿园，科普安全用药知识，助力健康中国梦想。“家庭小药箱项目”入选全国“四个100”之“最佳志愿服务项目”先进典型名单。兰州大学红十字志愿服务队获得“全国红十字模范单位”荣誉称号。

3.服务西部教育 爱心护航梦想

鼓励学生参与“志愿服务西部计划”等项目，把思想、知识、援助等带向大山里的校园。多名学生参加研究生支教团，1名学生获得“广河县优秀西部计划志愿者”荣誉称号。借助“益报相伴”，开展关爱留守儿童项目，搭建城乡小学生交流互助平台，为贫困儿童寻求资助。

（三）坚持知行合一 以“专业型”实践提升技能素养

纸上得来终觉浅，绝知此事要躬行。药学院倡导将学到的东西，不能仅停留在书本上、只装在脑袋里，而应该落实到行动上，做到知行合一、以知促行、以行促知。

1.推行本科生导师制

与“三走进”相结合，“本科生导师”全方位指导学生成长发展，尤其是发挥专业教师在课堂学风塑造、学习习惯养成、专业辅导和学业规划中的指导作用，为低年级学生走进实验室、参与科研实践提供了机会和平台。

2.组织开展野外实习

赴甘肃省陇南市武都区、天水市小陇山等开展药用植物学野外实习，对药用植物进行辨识采集、标本压制，巩固了课堂所学知识，考验了学生的体力、意志力和团队精神，在实践中学真知、悟真谛，探药求源。

3.搭建协同育人平台

与解放军联勤保障部队第九四〇医院、甘肃省药品检验研究院、中国科学院兰州化物所等建立研究生联合培养示范基地，赴扬子江药业集团江苏紫龙药业有限公司、山东鲁抗医药股份有限公司等开展项目和实习，提升研究生实践创新、产品研发等能力。

4.举办研究生学术年会

邀请专家学者做客“药学领军讲堂”“药学前沿讲堂”，召开研究生学术经历分享会，通过相互交流，产生思维碰撞，激发创新火花，不断提高学术水平和科研能力，激励研究生永攀学术高峰。

（四）坚持问题导向 以“创新型”实践激发创新创造

青年学生富有想象力和创造力，是创新创业的有生力量。药学院倡导学生要敢于做先锋，而不做过客、看客，要勇于创新、善于创新，切实担负起“创药之新”的责任。

1.开设创新创业课程

深化与政府、企业的合作，邀请各界创新创业导师进课堂，促进学生对专业相关领域的了解，加强创新创业教育，激发创新创业意识。

2.培育创新创业项目

加强项目申报宣传、组织和指导，坚持可行性、创新性和实用性原则，做好国家级、校级大学生创新创业项目立项和过程指导，锻炼学生的钻研意识、科研思维与研究能力。

3.参加创新创业大赛

鼓励学生参加各级各类创新创业大赛和学科竞赛，“以赛促学、以赛促教、以赛促改”。近五年获得“互联网+”大学生创新创业大赛国家级铜奖3项（省级金奖3项），“挑战杯”国家级铜奖1项（省级特等奖1项）、省级银奖1项，其他各类创新创业大赛奖项20余项。

（五）坚持多点发力 以“就业型”实践增强综合素质

就业是最大的民生。通过就业实习，使学生更好地了解外在的职业需求，更清晰地找准成长定位，形成更理性的求职态度和职业规划。

1.组织学生就业实习

组织学生赴扬子江药业集团紫龙药业有限公司、甘肃省人民医院、兰州大学第一医院、兰州大学第二医院等进行就业实习，了解岗位内容，积累实践经验，增强就业能力。

2.拓展建立实践基地

近年暑假分别赴珠三角、华北、川渝等地区走访了30余家生化医药类企业，就建立实习实践基地、开设企业定制班、讲授创新创业课程、推进产学研合作与技术转化等进行深入交流，达成部分合作意向。

3.创新开展“云”实践

疫情防控常态化形势下，加强校企合作，联合鲁南制药集团共同举办暑期社会“云”实践，帮助学生了解行业知识及专业发展前景，提升职业竞争力。

4.举办生化医药行业类专场招聘会

自2018年连续3年举办行业双选会，共邀请200余家国内知名医药企业参会，为毕业生和用人单位搭建了交流和双向选择的平台，也让低年级学生对招聘流程、就业形势、生化医药行业人才需求情况以及自身的短板和不足有了进一步认识，为学生更好地提升自我能力素养提供了参考、指明了方向。

三、经验启示

（一）要落实立德树人 注重价值引领

价值是行为的先导。推动实践育人工作，必须充分发挥正确价值观的引领作用，把社会主义核心价值观和中国特色社会主义道路自信、理论自信、制度自信和文化自信贯穿其中，引导学生在实践中不断深化对世界和中国发展大势、中国特色和国际比较、时代责任和历史使命、远大抱负和脚踏实地的正确认识。

（二）要加强协同联动 凝聚育人合力

实践育人是一个系统工程，要以服务学生为出发点，在校内外最大程度整合资源。院内学工和教务协同，校内学院和职能部门联动，校外与政府、企业、社区合作，并广泛发动校友力量，各司其职、各尽其责、相互配合、形成合力，构建协同育人机制，促进资源优化配置，推动形成全员、全方位、全过程的实践育人模式。

（三）要践行五育并举 促进全面发展

培养德智体美劳全面发展的社会主义建设者和接班人是教育的根本任务。实践育人要加强顶层设计，不断优化实践板块设计，丰富实践内涵与形式，将“五育”内容涵盖其中。打造具有专业特色的品牌活动，与“第二课堂”成绩单相结合，鼓励更多的学生参与到实践活动中，全面提高学生综合素质。

（曹茜，药学院）

50

坚持“三全育人”工作理念力促护理专业学生高质量就业

《《《《

2020年5月20日“木槿天使”人文素养提升计划之模拟面试

》》》》

引 言

护理学院自2015年成立以来，将毕业生就业工作纳入人才培养的系统工程中，以服务学生就业需求为导向、以提升就业服务水平为目标、以实现学生高质量就业为核心，积极探索适用于护理专业学生实际需求的就业指导服务体系，努力让毕业生“好就业”和“就好业”。

受新冠肺炎疫情和经济下行压力叠加影响，2020年毕业生求职困难增多，就业形势复杂严峻，为促进毕业生多渠道就业，扎实做好新冠肺炎疫情防控形势下的毕业生就业工作，努力实现更高质量和更充分就业，学院通过全员参与促就业、就业服务精准化等做法，全员全程全方位做好毕业生就业工作。

一、背景情况

2020年新冠肺炎疫情暴发，学校停课，企业停工，受新冠肺炎疫情和经济下行压力叠加影响，毕业生求职困难增大，就业形势严峻。李克强总理在2020年政府工作报告中强调“六稳”“六保”。就业居于“六稳”“六保”之首，是民生之本，高校毕业生就业工作更是就业工作中的重中之重。

护理学院党委高度重视毕业生就业工作，落实一把手工程，以确保每一位同学好就业、就好业为目标，结合疫情防控，做好毕业生思想政治教育工作，全员参与促就业，精细化开展就业服务，取得了良好的成效。

二、主要做法

（一）坚定思想引领 加强专业信念

1.听抗疫故事 悟医者仁心

疫情期间，许许多多的医护人员义无反顾地奔赴抗疫前线为战胜疫情做出了巨大贡献，为进一步了解前线医护人员的突出贡献，深入体会医务工作者使命担当，学院组织2020届毕业生参与“白衣执甲，护佑生命”抗疫故事讲述会，听取甘肃省第二批援鄂护理专业医疗队队长、甘肃省人民医院急诊科副护士长宋霞，甘肃省第六批援鄂医疗队队员、兰州大学第一医院呼吸治疗师/主管护师、兰州大学护理学院2018届校友岳伟岗，兰州大学第一医院预检分诊护士、兰州大学护理学院2019届校友、甘肃省新冠肺炎疫情防控优秀志愿者房淑艳讲述战疫故事，分享抗疫感受。通过聆听讲述会，毕业生们深受感触，备受鼓舞，并纷纷表示要向此次前去一线的白衣天使们学习，练就过硬的本领，掌握扎实的理论基础，时刻做好准备，在祖国需要的时候，能够勇敢地站出来，成为逆行者中的一员，用实际行动诠释南丁格尔精神的精髓：奉献。

2.助力返校季 志愿我先行

疫情发生以来，根据学校返校工作安排，2019—2020学年春季学期本科生、研究生分批错时有序返校，为配合学校、学院做好防疫工作，助力学生返校复课，学院在2020届毕业生中招募志愿者，发挥专业优势，做好返校防疫工作。返校期间，志愿者们积极做好体温测量、信息登记、公寓消杀等工作，充分保障疫情期间的学生返校工作顺利进行，确保教育教学活动正常有序开展。在此期间，志愿者们也收获了很多，增强了集体意识与奉献精神，对护理专业也有了更深层次的认识与理解。

3.授圣洁之帽 传护理之光

为致敬逆行者，欢送2020届毕业生，对优秀毕业生进行表彰，学院举办2020届毕业生毕业典礼暨授帽仪式。授帽仪式上，毕业生身着洁白的护士服，老师们为他们戴上圣洁的燕尾帽并递过手中的蜡烛，全体毕业生手捧蜡烛庄严宣誓，声声誓词展示了2020届毕业生为护理事业奉献终身的决心与信心，也体现了他们的使命与担当。毕业生们深受触动，表示在今后的工作中将尽职尽责，用实际行动践行南丁格尔誓言，不忘初心，为护理事业奉献终生。

（二）紧抓工作重点 全员参与就业

1.提高认识 落实责任

学院通过党政联席会议专题研究2020年就业工作，就应对新冠肺炎疫情期间做好学生就业帮扶提出了具体措施和要求。学工组认真学习贯彻教育部、学校党委相关文件，细化帮扶措施，力求在学生求职全过程给予最好的帮助和服务。

学院领导班子认真落实“一把手”工程，迎难而上积极解决学生就业问题，主动与省内三家三甲医院联系，邀请前来学院开展专场招聘，毕业生70人次参加了此次专场招聘会，取得了良好的成效。

2.毕业生辅导员、班主任尽责履职

毕业生辅导员持续开展生涯指导、就业指导、就业帮扶和就业服务，并认真完成就业相关工作。疫情发生后学生未返校前，毕业生辅导员、班主任为60余名毕业生邮寄电脑、证明材料、求职材料拍照复印等，为学生解决实际困难，争取把疫情对学生就业的影响降到最低。

3.全员参与 精准帮扶

学院领导班子成员、毕业班班主任、研究生导师、青年教师、研究生秘书、辅导员等对未就业毕业生开展一对一帮扶。通过“三走进”行动，学院教职工关心关爱学生，积极参与就业工作，推送相关招聘信息，并进行就业指导。学院还发动校友资源，为学生提供招聘信息、用人单位情况等。

（二）就业服务精准化

1.采取多种措施 做好就业服务

对学生进行网上签约、派遣信息填写培训和指导，并通过就业网对毕业生开展就业意向调研，通过“问卷星”设计问卷对毕业生开展就业进程调研等工作，从而有针对性地对毕业生开展就业指导和帮扶。不定期为学生推送相关就业信息，为参加线上面试、线上考研复试、考博面试的学生提供面试场地。通过学院微信公众号等平台推送相关就业服务信息，为学生进行复试和调剂指导。

2.实施“一生一策”动态管理

学院主要负责同志、副书记、辅导员、班主任、研究生导师积极参与学生就业指导和帮扶，通过线上线下了解就业情况、帮助修改个人简历、推送就业信息等方式帮助学生更好就业，并根据帮扶人反馈的信息建立毕业生就业台账，进行动态管理，即时掌握毕业生就业进程。

3.拓宽渠道 促进就业

2020年5月，鉴于甘肃省内医院未开展招聘这一情况，学院领导班子积极与省内三家三甲医院联系，并积极部署和安排，促成三家医院来学院开展专场招聘会，三家医院由此启动了护理岗位的招聘工作，毕业生共计70余人次参加了此次招聘会。

4.多层次、精细化进行就业指导

在日常工作中，与学生经常沟通就业相关情况，帮助学生解决困难和问题。开展护理专业就业去向分析会、模拟面试等活动，对毕业生在个人简历制作、面试礼仪、微笑管理、回答问题技巧等方面进行指导。开展未就业毕业生座谈，与就业困难学生一对一交流，并进行有针对性的就业指导和帮扶。

三、取得成效

护理学院2020届毕业生就业率为92.86%，本科生就业率为91.25%，研究生就业率为96.88%。

在疫情影响之下，学院2020年就业率不仅没有下降，相较2019年还有小幅上升。

2020年学院有2名硕士研究生到北京大学、四川大学继续攻读博士学位；14名本科生升学，分别在中山大学、山东大学、西安交通大学等高校或科研院所继续攻读学位。72.57%的毕业生分别在甘肃省人民医院、兰州大学第一医院、兰州大学第二医院等医疗机构或医疗相关行业就业，毕业生就业的专业相关度高。77.28%的毕业生选择在西部地区就业，服务西部发展和建设。

四、经验启示

通过建立健全全员参与就业工作机制，成立以党政负责人为组长的就业工作领导小组，加强组织领导，落实责任。

通过开展讲述会、毕业典礼暨授帽仪式等，加强毕业生思想政治工作，辅导员、班主任、研究生导师、专业教师做好毕业生就业思想工作，对毕业生进行就业形势教育，引导学生树立正确的就业观念，帮助学生处理好深造与就业、学习的关系，营造良好的就业氛围，并帮助毕业生做好就业心理以及其他各个方面的准备工作。

做到精准化就业服务，对毕业生开展就业政策解读，对未就业学生进行一对一帮扶，跟踪落实，及时掌握就业情况，分析判断就业形势，实施一生一策动态管理。

（徐婕、赵幸，护理学院）

后 记

高校立身之本在于立德树人。党的十八大以来，习近平总书记就加强和改进高校思想政治工作做出一系列重要论述，深刻阐明了思想政治工作对于办学治校、育人育才的特殊重要性，促使全社会对高校思想政治工作的认识提升到了一个新的高度。

回望走过的四年，在学校党委的精心统筹和系统部署下，全校各级党组织和干部、师生全面贯彻落实高校思想政治工作会议精神，推动思想政治工作体系不断贯穿和融入人才培养体系，构建完善一体化育人工作体系，努力实现全员、全过程、全方位育人，立德树人能力和水平显著提升。

新时代提出新要求，新时代面临新任务。如何更好汇聚思想政治工作的合力，进一步增强思想政治工作的实效？在庆祝党的百年华诞之际，我们采用“管中窥豹”的方式，结集出版这本思政工作典型案例，来总结分析和宣传展示近年来学校思想政治工作取得的成效、特色和经验，以达到思政工作交流互鉴的意义和作用。

在学校党委的部署和编委会的组织下，全校各中层单位认真梳理本单位思想政治工作的创新做法，总结凝练形成了50篇优秀思想政治工作案例。在兰州大学出版社的鼎力支持下，本案例集得以顺利出版。我们衷心希望其成为近年来学校思想政治工作凸显生机活力、特色成效的生动缩影。

出版一本高质量且令人满意的思政工作案例集是不易的。在此，要感谢积极参与此项工作的各中层单位，特别要感谢认真参与撰写案例的各位作者们，感谢大家一起为学校思想政治工作的成果再添一臂之力；也要向为本案例集出版工作给予宝贵指导意见的各位领导、付出辛勤劳动的编委会成员和出版社编辑同志们，表达我们最诚挚的谢意。

客观来看，一方面，我们在思政育人的实践中，还要不忘初心、继续前行，让思政工作增强吸引力、更具亲和力，更多体现“思政味”，更加符合育人规律，让党的思想和声音为青年学生广泛认同，让青年学生在成长成才中更多受益；另一方面，囿于时间、精力和能力，本案例集一定还存在需要完善之处，希望广大读者提出宝贵意见和建议，以指导我们进一步推动学校思政工作的创新发展，不断总结产生更好的经验做法，产出更好的思政育人成果。

百年风华正茂，育人初心不改。让我们以庆祝中国共产党成立100周年为新的历史起点，继续从“心”出发，坚守育人使命，在培养德智体美劳全面发展的社会主义建设者和接班人的新征程上，取得新的更大进步。

编　者

2021年5月